LE PERSONNEL EST POLITIQUE

Purdue Studies in Romance Literatures

Editorial Board

Íñigo Sánchez Llama, Series Editor Deborah Houk Schocket
Elena Coda Gwen Kirkpatrick
Paul B. Dixon Allen G. Wood
Patricia Hart

Howard Mancing, Consulting Editor
Floyd Merrell, Consulting Editor
Joyce L. Detzner, Production Editor
Susan Y. Clawson, Assistant Production Editor

Associate Editors

French
Jeanette Beer
Paul Benhamou
Willard Bohn
Thomas Broden
Gerard J. Brault
Mary Ann Caws
Glyn P. Norton
Allan H. Pasco
Gerald Prince
Roseann Runte
Ursula Tidd

Italian
Fiora A. Bassanese
Peter Carravetta
Benjamin Lawton
Franco Masciandaro
Anthony Julian Tamburri

Luso-Brazilian
Fred M. Clark
Marta Peixoto
Ricardo da Silveira Lobo Sternberg

Spanish and Spanish American
Catherine Connor
Ivy A. Corfis
Frederick A. de Armas
Edward Friedman
Charles Ganelin
David T. Gies
Roberto González Echevarría
David K. Herzberger
Emily Hicks
Djelal Kadir
Amy Kaminsky
Lucille Kerr
Howard Mancing
Floyd Merrell
Alberto Moreiras
Randolph D. Pope
Elżbieta Skłodowska
Marcia Stephenson
Mario Valdés

 volume 75

LE PERSONNEL EST POLITIQUE

Médias, esthétique et politique de l'autofiction chez Christine Angot, Chloé Delaume et Nelly Arcan

Mercédès Baillargeon

Purdue University Press
West Lafayette, Indiana

Copyright ©2019 by Purdue University. All rights reserved.

∞ The paper used in this book meets the minimum requirements of
American National Standard for Information Sciences—Permanence of
Paper for Printed Library Materials, ANSI Z39.48-1992.

Printed in the United States of America
Template for interior design by Anita Noble;
template for cover by Heidi Branham.
Cover image:
Les Confidentes, Virginie Jourdain, 2016, aquarelle sur papier

Library of Congress Cataloging-in-Publication Data

Names: Baillargeon, Mercédès, 1984– author.
Title: Le personnel est politique : médias, esthétique et politique de
   l'autofiction chez Christine Angot, Chloé Delaume et Nelly Arcan /
   Mercédès Baillargeon.
Description: West Lafayette, Ind. : Purdue University Press, 2019. | Series:
   Purdue studies in Romance literatures ; 75 | Includes bibliographical
   references and index.
Identifiers: LCCN 2018036917| ISBN 9781557538574 (pbk. : alk. paper) |
   ISBN 9781612495682 (epub) | ISBN 9781612495699 (epdf)
Subjects: LCSH: Autobiographical fiction--History and criticism. | French
   fiction—Women authors—History and criticism. | French fiction—21st
   century—History and criticism. | French fiction—20th century—History
   and criticism. | Self in literature. | Angot, Christine—Criticism and
   interpretation. | Delaume, Chloé, 1973—Criticism and interpretation. |
   Arcan, Nelly, 1973–2009—Criticism and interpretation.
Classification: LCC PQ637.A96 B35 2019 | DDC 843/.082099287--dc23
   LC record available at https://lccn.loc.gov/2018036917

"La liberté consiste à pouvoir faire tout ce qui ne nuit pas à autrui."
   Article 4, Déclaration des droits de l'homme et du citoyen, 26 août 1789

"La violence commence dès qu'on sort de chez soi."
   Christine Angot, *Interview*

Table des matières

xi **Remerciements**
1 **Introduction**
L'autofiction contemporaine des femmes: scandale, posture et imposture
    3 Autofiction: débats et enjeux
    11 Posture et imposture médiatiques
    14 Pacte autofictionnel, engagement et politique

PREMIÈRE PARTIE
CHRISTINE ANGOT: VICTIME OU MARTYRE?

25 **Chapitre un**
Autofiction, métafiction et personnage médiatique chez Christine Angot
    27 Autofiction et paranoïa: quels effets pour la lecture?
    33 Paranoïa, métacommentaire et pacte autofictionnel
    38 Autofiction, provocation: Angot dans la tradition littéraire
41 **Chapitre deux**
Lecture, provocation et scandale dans *L'Inceste*: déjouer le lecteur
    41 Homosexualité et scandale
    47 Famille, homosexualité, inceste
    51 Sadomasochisme? Le rapport au lecteur
55 **Chapitre trois**
***Quitter la ville*: naissance d'une tragédie?**
    57 La création d'un mythe: Angot et le tragique
        57 L'obsession des chiffres de vente
        61 Œdipe devient Antigone
        68 Victime ou martyre?

DEUXIÈME PARTIE
CHLOÉ DELAUME: LA VICTIME ENFIN BOURREAU

77 **Chapitre quatre**
L'autofiction expérimentale de Chloé Delaume
    79 L'invention de Chloé Delaume
    81 Le pacte autofictionnel de Chloé Delaume

91 Chapitre cinq
Les Mouflettes d'Atropos: l'individu dans le collectif
- 92 "Le poids de l'impact" ou l'agressivité détournée
- 99 Contes de fée et post-porno
- 101 L'invention de la "prostituée" et le travail de sexe
- 108 Un tort à réparer? Le rapport au lecteur

111 Chapitre six
Le Cri du sablier: déconstruire les fictions individuelles
- 112 Dévoilement de soi et culture du secret, un dilemme impossible
  - 112 L' "autopsy" et la volonté de savoir
  - 115 Sauver les apparences, ou comment taire le traumatisme
- 116 Honte, culpabilité et traumatisme
  - 116 Glissement de personnes et indifférenciation personnelle
  - 118 Ironie et distance critique
  - 120 Briser le cycle de la culpabilité, briser le cycle de la violence
  - 121 Politique de la terre brûlée, ou la politique du sujet

127 Chapitre sept
La Vanité des somnambules, ou le rapport au lecteur
- 128 Possible parjure?
  - 128 Vérité, mensonge, fiction
  - 130 La figure de l'anacoluthe
- 133 Une éthique de la lecture
  - 133 La place du lecteur
  - 135 La/le politique de/et l'autofiction

TROISIÈME PARTIE
PARI MANQUÉ? NELLY ARCAN, LES MÉDIAS ET LE DESTIN TRAGIQUE D'UNE ÉCRIVAINE

141 Chapitre huit
Le pacte auto/métafictionnel chez Nelly Arcan
- 145 Nelly Arcan, pseudonyme et mise en abyme de l'écriture
- 148 Agentivité littéraire et métafiction
- 152 Transfiguration du passé et esthétique de l'excès

159 Chapitre neuf
Miroir, narcissisme et projection
   159 *Folle*, ou le rapport au public
   160 Sentiment amoureux et projection narcissique
   165 Médias, lecteur et littérature
169 Chapitre dix
"La honte": postface
   169 "La honte" et les médias
   173 Autofiction et controverse médiatique
   175 Nelly Arcan et le don de soi
   178 Hospitalité et prostitution
183 Conclusion
Engagement, médias et nouveaux médias
189 Bibliographie
201 Index

Remerciements

Ce livre marque une étape importante dans un parcours commencé en tant qu'étudiante de premier cycle. C'est au département d'études littéraires et à l'Institut de recherches et d'études féministes à l'Université du Québec à Montréal que j'ai découvert les univers de Marguerite Duras, Christine Angot, Virginie Despentes, Nelly Arcan et d'autres, et que je découvrais finalement, à travers ces écrivaines, une langue que je comprenais. Ces écrivaines ont toutes en commun de se tenir sur la limite entre la confession et l'exhibitionnisme, le personnel et le politique, la subjectivité et la menace de se perdre dans les abysses de soi-même ou quelque chose de plus grand que soi. Je suis reconnaissante envers Martine Delvaux, qui m'a d'abord fait découvrir ce corpus d'écrivaines, et envers Lori Saint-Martin, pour l'aide et le soutien inestimables qu'elle m'a offerts tout au long de mon parcours scolaire.

Mon périple m'a ensuite amenée aux États-Unis, à l'Université de la Caroline du Nord à Chapel Hill, où l'on m'a encouragé à pousser davantage ma curiosité intellectuelle sur la voie de la théorie féministe et queer, de la critique littéraire et des études culturelles. Grâce au soutien constant de ma directrice de thèse, Dominique Fisher, est née la dissertation à partir de laquelle ce travail a grandi. Le soutien financier du Conseil de recherches en sciences humaines du Canada et de la Graduate School à UNC-Chapel Hill m'a permis de conduire mes recherches à bien dans un contexte où les pressions des universités et les contraintes budgétaires dans les sciences humaines se font sentir; je suis très reconnaissante envers ces deux organismes subventionnaires pour leur aide.

Je voudrais également souligner la contribution de l'Université du Maryland, qui m'a offert un Research and Scholarship Award, ainsi que le soutien de la School of Languages, Literatures and Cultures, qui m'ont permis de consacrer une année entière à retravailler et réviser cet ouvrage au printemps et à l'automne 2017. À une époque où les emplois qui mènent à la titularisation dans les sciences humaines sont rares, je me considère chanceuse d'avoir obtenu un poste de professeure adjointe dans une institution aussi dynamique et collégiale que l'École de langues à l'Université du Maryland. Un grand merci à Valerie Orlando et à la directrice

Remerciements

de la SLLC, Fatemeh Keshavarz, pour leur soutien tout au long de ce processus. Je suis particulièrement reconnaissante aussi envers ma collègue Erica Cefalo pour ses commentaires sur les premières versions de ce livre. Je voudrais également souligner la contribution inestimable de mes étudiants aux cycles supérieurs, qui ont fait partie de mes séminaires de maîtrise et de doctorat, "Dire le sexe: Esthétique et politique du témoignage sexuel dans la littérature française d'aujourd'hui," à l'automne 2014 et "La littérature des femmes en France, 20e et 21e siècles," à l'automne 2016. C'est en tant qu'étudiante que j'ai été amenée à réfléchir aux questions de féminité, d'écriture, de traumatisme et de politique, et les points de vue de mes étudiant(e)s nous amènent à créer un dialogue entre expériences, perspectives et politique personnelle—tous des principes au cœur d'une véritable pédagogie féministe que je tente de mettre en pratique dans mes enseignements et ma recherche.

Certaines parties de ce livre ont déjà été publiées sous forme d'articles, bien qu'elles aient été révisées et retravaillées. Je tiens à remercier Juliette Rogers, la rédactrice en chef de la revue *Women in French Studies*, pour l'autorisation à reproduire mon article "Victime ou martyre? Scandale, paranoïa et tragédie dans *L'Inceste* et *Quitter la ville* de Christine Angot," publié dans *Women in French Studies* (n° 23, 2015, p. 85–103), et Liverpool University Press, pour l'autorisation à reproduire mon article "Médias, hypersexualisation et mise en scène de soi: le pari dangereux de Nelly Arcan," publié dans *Québec Studies* (n° 63, 2017, p. 9–18). Je voudrais aussi remercier l'artiste féministe Virginie Jourdain de m'avoir permis d'utiliser son dessin "Les Confidentes" (2016), présenté en couverture de ce livre.

Introduction

L'autofiction contemporaine des femmes
Scandale, posture et imposture

Depuis le début du millénaire, la littérature française a souvent été marquée par des scandales, des accusations et des poursuites judiciaires. En 2007, Camille Laurens provoque toute une controverse en accusant Marie Darrieussecq de "plagiat psychique," lui reprochant d'avoir copié son autofiction *Philippe* pour écrire son roman *Tom est mort*. En 2003, l'ex-mari de Camille Laurens a également intenté une poursuite en justice contre l'écrivaine pour atteinte à la vie privée suite à la parution de *L'Amour, roman*. En 2013, Marcela Iacub publie *Belle et bête,* où elle brosse un portrait peu flatteur de sa liaison avec Dominique Strauss-Kahn en le dépeignant comme un homme à l'appétit sexuel vorace et aux valeurs morales douteuses. Les tribunaux la condamnent à verser 50 000 euros de dommage. Christine Angot est de même reconnue coupable en mai 2013 d'atteinte à la vie privée et doit payer des dédommagements de 40 000 euros à Élise Bidoit, selon qui l'écrivaine se serait inspirée de sa vie non seulement pour écrire *Les Petits,* pour lequel elle a été condamnée, mais aussi pour *Le Marché aux amants*. Les procureurs accusent l'écrivaine d'avoir utilisé des informations fournies par l'ex-conjoint de Bidoit (qui est aussi le partenaire de Christine Angot) pour brosser un portrait injuste de sa situation personnelle et qui ne tient compte que d'un côté de l'histoire. Christine Angot dépeindrait donc Bidoit comme un personnage manichéen et manipulateur, le "côté sombre de la puissance féminine," comme le dit la quatrième de couverture. Contrairement à ce que soutient l'écrivaine, les juges concluent que la multitude de détails relatifs à la vie privée de Bidoit inclus dans le livre ont pour effet de lever "…dans l'esprit du lecteur tout doute sur l'enracinement dans la réalité du récit," comme le rapporte Pascale Robert-Diard. Toujours selon le jugement rendu

Introduction

par le tribunal, *Les Petits* sortirait ainsi de la définition du roman comme étant "…l'expression d'une vérité universelle touchant à la condition humaine":

> L'auteur, observe le jugement, ne peut utilement prétendre avoir transformé cette personne réelle en un personnage exprimant "une vérité" qui n'appartient qu'à lui comme étant le fruit de son "travail d'écriture," cette représentation, certes imaginaire, étant greffée sur les multiples éléments de la réalité de la vie privée d'Élise Bidoit qui sont livrés au public. (Robert-Diard)

Ce procès soulève donc de sérieuses questions au sujet de la division du public et du privé, et du rapport entre le réel et l'imaginaire dans la littérature.

Ceci apparaît d'autant plus important dans les œuvres de Christine Angot, de Chloé Delaume et de Nelly Arcan qui brouillent à dessein les univers intra- et extradiégétiques. Dans ce livre, je propose donc d'étudier plus spécifiquement les œuvres de ces trois écrivaines, qui se distinguent du reste de la production littéraire actuelle de par leur relation particulièrement tumultueuse avec leur public, à cause de la nature très personnelle (ou semi-autobiographique) de leurs textes, et à cause de leurs représentations publiques dans les médias. Souvent associé aux femmes, le genre de l'autofiction parvient difficilement à obtenir une reconnaissance critique et académique en dépit de son succès grand public. En effet, plusieurs écrivaines adoptent le genre de l'autofiction pour livrer des récits très personnels traitant de leurs expériences sexuelles, d'homosexualité, d'abus ou d'harcèlement sexuels, ou de prostitution. Les femmes depuis l'an 2000 parlent ouvertement de sexualité de manière détaillée, graphique et ostentatoire, sans remords, ce qui n'est pas sans attirer l'attention des médias qui sont avides de récits crus. Cet ouvrage s'inscrit donc dans une perspective féministe qui veut réévaluer les rapports de pouvoir au cœur du récit de soi, de l'aveu et de sa mise en fiction, mais aussi les rapports de pouvoir qui ont rendu ce genre de prise de parole invisible, voire impossible, par le passé et qui se présente dans la façon dont l'autofiction des femmes est à la fois produite et reçue. Les *bestsellers L'Inceste* (1999) et *Quitter la ville* (2000) de Christine Angot, *Putain* (2001) et *Folle* (2004) de Nelly Arcan, ainsi que les romans acclamés par la critique, mais relativement obscurs *Le Cri du sablier* (2000), *Les Mouflettes d'Atropos* (2001) et *La Vanité des somnambules* (2003) de Chloé Delaume s'inscrivent dans cette tendance. Dans cette perspective, en racontant des histoires intimes de traumatisme et de sexualité qui sont normalement gardées privées, Angot, Delaume et Arcan refusent de taire leur expérience individuelle et de considérer celle-ci comme étant purement personnelle. Elles soulignent ainsi la dimension politique et collective de leur vie privée en dénonçant les structures sociales qui ont rendues possibles les traumatismes qu'elles ont vécus. Ce faisant, elles refusent de dissiper le doute quant à la nature fictive ou factuelle de leurs textes et aident à redéfinir les catégories de genre littéraire et d'identité de genre.

C'est dans cette perspective que le slogan "Le personnel est politique" est repris comme titre de cet ouvrage. En effet, le mouvement féministe des années soixante et soixante-dix revendique la dimension politique de questions jusqu'alors considérées comme privées pour souligner les liens entre l'expérience personnelle des femmes, et les structures sociales et politiques plus larges. Cette expression, que l'on doit à la féministe américaine Carol Hanisch et qui cherchait à réfuter l'idée qu'une panoplie de problèmes liés aux femmes, dont la sexualité, l'apparence, l'avortement, la garde des enfants et la division du travail domestique, n'étaient que des questions personnelles sans importance politique. De même, l'usage de ce slogan en première page de cet ouvrage a aussi pour objectif de souligner le dialogue théorique, philosophique et littéraire entre la France et l'Amérique du nord sur lequel ma réflexion s'appuie. Si la distinction entre les sphères publique et privée est demeurée, jusqu'à récemment, plus imperméable en Europe qu'aux États-Unis, des écrivaines telles que Christine Angot, Chloé Delaume et Nelly Arcan participent à rendre publique et politiser leur expérience personnelle à travers le genre de l'autofiction.

Autofiction: débats et enjeux

Il importe d'abord de mieux comprendre les enjeux du genre autofictionnel, au cœur duquel se situe le brouillage entre fiction et réalité. De même, l'autofiction demeure un genre controversé qui, certains diront, a toujours eu partie liée avec le scandale. En effet, le scandale éclate lors de la publication du *Livre brisé* de Serge Doubrovsky en 1989, et tant l'opinion publique que les

Introduction

critiques littéraires se demandent si le "père de l'autofiction" serait allé trop loin. Dans *Le Livre brisé*, l'écrivain et professeur, marié à une étudiante de vingt-trois ans sa cadette, entreprend de relater ses histoires d'amour passées; jalouse, sa femme le met au défi de parler plutôt de leur relation et réclame sa place dans l'écriture. Au récit de ses premiers amours et de l'Occupation s'ajoute celui de leur vie conjugale, incluant les déboires de sa femme, alcoolique et dépressive. Doubrovsky intègre, en outre, les commentaires de lecture de sa femme (qui est aussi sa première lectrice) et leur discussion sur le roman en train de s'écrire. L'écriture du livre sera cependant compromise avant que Doubrovsky n'en ait terminé la rédaction, car, ne pouvant supporter l'étalage public de sa déchéance, Ilse met fin à ses jours: "Entre mes mains, mon livre s'est brisé, comme ma vie. Je me suis alors aperçu, avec horreur, que je l'avais écrit à l'envers. Pendant quatre ans, j'ai cru raconter, de difficultés en difficultés, le déroulement de notre vie, jusqu'à la réconciliation finale. Mon livre, lui, à mon insu, racontait, d'avortements en beuveries, l'avènement de la mort" (Doubrovksy, *Le Livre* quatrième de couverture). À partir de ce moment, le reste du texte est consacré à comprendre ce qui a pu pousser sa femme à commettre l'irréparable. Un parfum de scandale entoure dès lors le genre de l'autofiction: le roman de Doubrovsky aurait-il pu tuer sa femme? Cette question est d'autant plus choquante que l'écrivain, dans ses remords et sa culpabilité, semble affirmer que c'est justement la dimension autobiographique de son écriture qui a tué sa femme: "L'autobiographie est un genre posthume. Elle voulait de nous un récit à vif" (*Le Livre* 452). L'autofiction est, dès lors, considéré comme un genre controversé qui, s'il est insaisissable parce qu'il est en transformation constante, est caractérisé par sa relation ténue, voire tendue, avec la réalité.

Parallèlement, la même année où paraît *Le Livre brisé*, Vincent Colonna défend une thèse de doctorat intitulée "Autofiction: Essai sur la fictionalisation [sic] de soi en littérature," dirigée par Gérard Genette. Il s'agit de la première étude dédiée à l'autofiction de laquelle il ressort que le terme, depuis sa définition par Doubrovksy dans la quatrième de couverture de *Fils* en 1977, a certes évolué. Si ce dernier définissait l'autofiction comme étant une "…fiction d'événements et faits strictement réels; autofiction, si l'on veut, d'avoir confié le langage d'une aventure à l'aventure du langage" (s.p.), l'expression en est venue à désigner toute une panoplie de textes écrits à la première personne qui se distinguent de l'autobiographie, particulièrement depuis la seconde moitié des années quatre-vingt-dix. On reconnaît d'ailleurs, dans cette citation de Doubrovsky, un clin d'œil au nouveau roman et à l'expression de Jean Ricardou selon laquelle "le roman n'est plus l'écriture d'une aventure, mais l'aventure d'une écriture." Né dans les années cinquante, le nouveau roman remet en question le roman traditionnel en détruisant la notion de personnage et l'analyse psychologique, et en refusant de mettre en place une intrigue. De façon semblable à l'autofiction et à ce qui est revendiqué par les écrivaines étudiées ici, l'accent est mis sur le travail de l'écriture. Règle générale, on dira que l'autofiction est caractérisée par la présence contradictoire d'un pacte autobiographique et d'un pacte romanesque. Sur le plan théorique, la plupart des débats autour de l'autofiction sont liés à son rapport à l'autobiographie et à la réalité ainsi qu'aux questions de vérité et de mensonge, d'identité et d'énonciation. Certains critiques s'accordent pour dire que l'autofiction serait la forme que prend l'autobiographie à l'ère du soupçon (Laouyen 3–7). En effet, cette rupture du pacte autobiographique à la faveur d'un pacte autofictionnel aux règles mal définies, voire indéfinissables, "…doit s'interpréter comme un élément de la culture postmoderne: le déclin des dogmes historicistes et des explications mécanistes ouvre jour à une pensée de l'autorégulation, de l'aléatoire et du polymorphisme," selon Daniel Madelénat (18). Ainsi, le genre de l'autofiction semble contenir à la fois ses propres limites et les limites de toute division générique, mettant l'accent sur la plurivocalité de la littérature contemporaine (Bessière 127–28). Ceci n'est pas sans entraîner des problèmes sur le plan de la réception, car les critères génériques de l'autofiction restent infiniment variables, ce qui a pour effet de brouiller l'horizon d'attente du lecteur (Laouyen 4). L'autofiction emprunte donc à divers genres—autobiographie, témoignage, aveu, mais aussi à la science-fiction et au polar, par exemple—afin de créer un genre hybride en évolution constante.

Si les débats théoriques autour de l'autofiction se limitent surtout à des questions de légitimité et à la pertinence du genre, paradoxes et controverses sont aussi au cœur des ouvrages autofictionnels, car ils questionnent les notions de fiction et de réalité. Alors que certains raffolent de ce genre pour ses thèmes

Introduction

provocateurs et chauds, d'autres le critiquent avec véhémence à cause du rapport étroit qu'il entretient avec l'intimité et la vie personnelle de son auteur. Comme Chloé Delaume le soulève, les critiques ont souvent tendance à rejeter l'autofiction et à croire qu'il ne s'agit que d'une variante de la téléréalité sans grande qualité littéraire (*La Règle* 28). Plus encore, Christine Angot, Chloé Delaume et Nelly Arcan ont ceci de particulier qu'elles mettent directement en jeu, questionnent et redéfinissent la distinction entre vérité et mensonge. Elles entretiennent aussi une relation particulièrement tumultueuse avec leur public, tant par leurs textes très personnels qu'à travers leurs représentations publiques dans les médias. Ainsi, bien qu'Angot, Delaume et Arcan s'inscrivent au sein d'une tendance récente pour les récits de sexualité féminine, elles se distinguent aussi de leurs contemporaines en offrant des récits autofictionnels particulièrement agressifs, voire cruels, tant au niveau de leur contenu que de la forme. Trois figures majeures du genre autofictionnel au tournant du nouveau millénaire, à la fois pour leur popularité et pour leur visibilité dans la sphère publique, elles participent à réinventer et à redéfinir l'autofiction comme un genre faisant éclater les limites du livre et en l'inscrivant dans le monde des médias. Ces trois écrivaines proposent une nouvelle forme de l'autoreprésentation, fermement ancrée dans le vingt-et-unième siècle, car elles utilisent les médias de masse et les nouveaux médias comme une extension de leurs œuvres littéraires, liant ainsi médias, esthétique et politique dans une approche novatrice de l'autofiction; voilà l'angle sous lequel j'aborderai ces trois écrivaines, et la question de l'autofiction de façon plus large, dans cet ouvrage.

Or, la mise en scène de soi n'est pas sans écueils et il s'agit là d'un pari risqué. Puisque leurs livres mettent en scène une narratrice à la première personne qui partage le nom et plusieurs éléments biographiques avec l'auteure, le lecteur est porté à aborder ces textes en reliant l'histoire racontée à la vie de l'auteure. En effet, Philippe Lejeune attire notre attention sur le fait que, "[p]our qu'il y ait autobiographie (et plus généralement littérature intime), il faut qu'il y ait identité de *l'auteur*, du *narrateur* et du *personnage*" (15). L'impression de concordance entre l'identité de l'auteure, de la narratrice et du personnage est d'autant plus accentuée dans le cas de Christine Angot, de Chloé Delaume et de Nelly Arcan que leur *persona* connaît une extension dans le domaine des médias et qu'elles semblent presqu'en tout point reconnaissables et identifiables dans leurs œuvres. Le pacte autofictionnel, comme l'avance Angot dans *L'Usage de la vie*, reposerait ainsi sur un paradoxe: "…la seule chose autobiographique ici, attention, c'est l'écriture. Mon personnage et moi sommes collés à cet endroit-là. À part ça tout le reste est littérature" (39). Or, la recherche esthétique à travers l'écriture ne semble (re)connaître les limites entre vérité et mensonge, fiction et réalité, ce qui lui permettra, entre autres pugilats, d'inclure dans *L'Inceste* des extraits d'une lettre que l'avocate de l'éditeur Stock lui a adressée, dans laquelle cette dernière relève certains passages du roman qu'elle juge problématique, car portant atteinte à la vie privée des proches de l'auteure (41–43). Elle cite ainsi un avertissement qui lui reproche justement d'inclure des éléments de la réalité dans son univers fictionnel. Ces écrivaines sont donc provocatrices, surtout parce qu'elles entretiennent à dessein un pacte ambigu avec le lecteur qui brouille constamment la distinction entre vérité et mensonge, fiction et réalité. Par cela même, le lecteur ne peut adhérer ni au pacte autobiographique ni au pacte de fiction puisque les auteures étudiées compromettent sans cesse l'une et l'autre possibilité. Chloé Delaume écrit dans son essai *La Règle du je* que "[l]'auteur ne s'engage qu'à une chose: lui [le lecteur] mentir au plus juste" (67). En somme, que ces écrivaines rejettent tout pacte autobiographique et refusent simultanément de lever le doute quant à la nature fictionnelle ou factuelle de leurs œuvres a pour effet de saper leur relation avec le lecteur, qui a pour réflexe d'appréhender son œuvre sur la base d'un tel pacte et voudra alors savoir quels éléments sont réels et lesquels participent de la fiction.

Par ailleurs, les thèmes de sexualité et de traumatisme dont traitent Christine Angot, Chloé Delaume et Nelly Arcan ajoutent aussi à l'impression de réel qui se dégage de leurs textes. En effet, les sujets personnels que l'on retrouve chez plusieurs de ces écrivaines—on y parle de corps et de sexualité, de traumatisme, d'identité, de relations amoureuses, de maternité et de quête identitaire—sont typiquement associés à la littérature de soi et, plus particulièrement, à la littérature au féminin. Aussi ces récits personnels et intimistes, s'ils ne sont pas garants du pacte autobiographique, donnent-ils l'illusion d'être sincères; j'avancerai

Introduction

donc qu'elles mettent en place un pacte de sincérité avec le lecteur en exploitant le rapport entre l'aveu et la vérité, car la sincérité ne peut reposer que sur une vérité à soi, une vérité subjective, qui peut ou ne peut pas être pleinement connaissable. Or, en relatant les mêmes traumatismes personnels d'un ouvrage à l'autre, ces écrivaines intensifient, chez le lecteur, la sensation qu'on lui parle avec sincérité et que les faits qu'on lui rapporte sont certainement vrais, réels. Ainsi, l'expérience incestueuse d'Angot avec son père traverse toute son œuvre. De même, Delaume situe l'origine de son écriture dans son désir de se détacher de son traumatisme d'enfance alors qu'elle est témoin du meurtre de sa mère suivi du suicide de son père. Quant à Arcan, tous ses livres, incluant *Putain* qui parle de son expérience comme escorte de luxe, sont obsédés par le culte de la beauté et les apparences. On retiendra donc plus généralement de ces écrivaines qu'elles parlent de sexualité et de traumatisme de façon crue et détaillée. C'est aussi partant de ce fait que certains critiques diront qu'il s'agit là d'œuvres de goût douteux; pour ne donner que quelques exemples, la narratrice de *L'Inceste* décrit avec détails une fellation faite à son père dans la voiture en face d'une église, la narratrice de *Putain* détaille les scènes sexuelles avec ses clients et la narratrice chez Delaume brosse un portrait très imagé des scènes de violence dont elle est témoin. Lucie Ledoux avance alors qu'il s'agit d'une littérature pornographique (127), car s'approchent la confession, elles mettent en scène une sexualité non simulée; c'est donc le rapport à la vérité que problématisent ces œuvres. Dans cette perspective, si l'on prend pour acquis que la volonté de savoir relative au sexe fait fonctionner les rituels de l'aveu, l'on s'attendra alors à ce que ces œuvres soient sincères tandis qu'elles cherchent à subvertir l'horizon d'attente du lecteur. Plutôt, elles dénaturalisent et déconstruisent les mécanismes de production de "la vérité du sexe," des corps et des genres; j'aborderai donc à travers cet ouvrage la façon dont ces trois écrivaines s'inscrivent dans une redéfinition actuelle du féminisme qui vise à revoir le rapport entre sexualité et vérité, et entre la sexualité et les mécanismes de contrôle des corps et des identités.

Le rapport entre réalité et fiction, ainsi que l'effet que cette remise en cause a sur le lecteur, doit donc être repensé dans le cas de l'autofiction au-delà de préoccupations génériques pour proposer une analyse qui lie esthétique et politique. Il est nécessaire de réévaluer les liens entre littérature, histoire et mémoire, dont le rapport ambigu constitue, en réalité, la base du pacte autofictionnel. En effet, Dominique D. Fisher souligne avec acuité que les nouvelles formes de littérature nous obligent à repenser les liens unissant réalité et fiction non plus sur le mode de l'exclusion; elle parle d'une *réhistorisation* de la fiction selon laquelle "…penser le politique à partir de l'articulation forme-contenu ouvre une conception du politique qui, au lieu de se centrer sur le contenu, se tourne vers les modes de représentation des discours dits fictifs et factuels" (60). Si les liens entre fiction et histoire, normalement pensés en rapport avec la réalité, sont compris en termes de vérité et de mensonge, alors l'autofiction permet de repenser cette relation en problématisant "…son mode opératoire effectif en tant qu'acte énonciatif…" (Schaeffer, "À propos de" 161). Ainsi, "[l]a fiction ne s'éprouve pas selon sa définition canonique de 'production de l'imaginaire' mais comme interrogation des représentations (intimes ou sociales) qui traversent le sujet ou le corps social" (Viart 195). En recadrant la question de l'autofiction en interrogeant les liens entre esthétique et politique, cet ouvrage propose donc d'examiner les rapports de pouvoir, de légitimité et de normativité qui structurent et limitent ce qui peut, ou non, gagner (et ce, dans quelle mesure) une visibilité dans le régime de la représentation.

Dans cet ouvrage, je propose d'analyser la politique de l'autofiction chez Christine Angot, Chloé Delaume et Nelly Arcan à travers l'étude du pacte autofictionnel ainsi que la réception de leurs œuvres. Il s'agira non seulement de regarder quels thèmes, quels genres et aussi quel(le)s écrivain(e)s obtiennent du succès, mais surtout de comprendre les raisons pour lesquelles certain(e)s écrivain(e)s, dont Christine Angot, Chloé Delaume et Nelly Arcan, sont dénoncées et discréditées, et pourquoi les médias et la critique tentent souvent de réduire leur voix au silence et de reléguer les préoccupations qu'elles soulèvent à la sphère privée. J'avancerai, dans cet ouvrage, que la façon dont les médias traîtent ces écrivaines est liée au fait qu'il s'agit de femmes (et non d'hommes) qui abordent des thèmes liés au traumatisme et à la sexualité. Or, comme je le verrai plus loin, particulièrement dans le chapitre dédié à l'œuvre de Nelly Arcan, les médias jouent un rôle important dans la façon dont l'œuvre de certain(e)s écrivain(e)s est appréhendée par le public, mais leur permet aussi de manipuler les

Introduction

médias comme une extension de leur œuvre littéraire. Le malaise de la société française face à la revendication féminine d'une sexualité ouverte et impudique, mais aussi avec des questions liées à l'inceste, à la prostitution et au traumatisme, nous en dit long sur les valeurs et les croyances de la société actuelle et sur son fonctionnement. Mais Christine Angot, Chloé Delaume et Nelly Arcan choisissent de transgresser le tabou entourant ces problématiques pour en discuter publiquement et ce, à travers un récit à la première personne toutefois ambigu et qui enfreint les codes de l'autobiographie tout en refusant de fournir explicitement ses propres règles. Fondamentalement contradictoire, l'autofiction chez ces trois écrivaines repose sur le brouillage continuel des limites entre fiction et réalité; à cet effet, Christine Angot écrit, dans *Sujet Angot,* que "[l]e lecteur a besoin d'un mur le plus fin possible entre réalité et fiction lui aussi, si ça doit faire sa vie" (114). J'examinerai la manière dont ces écrivaines offrent un nouveau traitement de l'autofiction au niveau thématique (provocation, scandale, violence, cruauté, etc.) et formel (métafiction, langage, inscription du lecteur à l'intérieur du récit, violence de l'écriture, dialogue avec les médias, mélange des genres, etc.). Cependant, au lieu de limiter leur travail au domaine littéraire, les médias de masse et l'engouement autour du genre de l'autofiction leur ont permis d'investir une nouvelle dimension de l'écriture qui permet d'investir la mise en scène de soi dans la sphère publique. Ainsi, l'esthétique et la politique chez Christine Angot, Chloé Delaume et Nelly Arcan s'élaborent conjointement dans la fiction et le réel, la représentation de soi étant constamment mise en jeu dans leurs interactions avec la critique et le public. Elles visent en cela à interpeler et à choquer le lecteur, qui est appelé à participer activement au récit qui s'élabore tant à l'intérieur de l'univers fictionnel que dans son extension médiatique. Ainsi, le lecteur sera entendu ici à la fois comme un lecteur implicite et un narrataire construit à l'intérieur de l'univers textuel. Un peu à la manière du lecteur modèle d'Umberto Eco, ces écrivaines anticipent les réactions du lecteur dans la construction de leur texte en concevant l'acte de lecture non pas exactement comme un acte de coopération, car elles provoquent aussi le lecteur à dessein, mais à tout le moins comme une pratique dynamique. Le pacte autofictionnel dépasse donc le cadre du livre pour devenir un processus qui implique directement le public en tant que lecteur et en tant que spectateur.

Posture et imposture médiatiques

À une époque où la téléréalité est un phénomène croissant et où tout le monde a droit à ses "15 minutes de gloire," bon nombres de critiques littéraires dénoncent la popularité croissante de l'autofiction, accusant ses auteures d'être nombrilistes, individualistes et indifférentes au monde. C'est ce que dénonce Pierre Jourde dans son pamphlet *La Littérature sans estomac,* dans lequel il distingue les vedettes, qui ne seraient que de vulgaires "fabricants de littérature" des écrivains, qui, eux, seraient de véritables artistes. Les critiques, les prix et les maisons d'édition seraient coupables de culte du vedettariat et de copinage, et de privilégier les intérêts pécuniaires d'éditeurs et des médias plutôt que de faire justice à la réelle qualité de la littérature contemporaine. Il apparaît ainsi que les écrivaines auxquelles je m'intéresserai ici, Christine Angot, Chloé Delaume et Nelly Arcan, participent toutes trois à la culture médiatique du vingt-et-unième siècle, multipliant les pugilats télévisés, les entrevues choc et les séances photo. Or, comme je propose de le voir, la façon dont elles récupèrent leurs prestations médiatiques à l'intérieur de leurs œuvres littéraires fait véritablement la nouveauté de ces écrivaines. Le travail de Jérôme Meizoz sur la posture littéraire, qu'il définit comme étant "…la manière singulière d'occuper une 'position' dans le champ littéraire" (*Postures I* 18), permettra de mieux comprendre les stratégies médiatiques qu'adoptent Angot, Delaume et Arcan. La posture agit alors comme un masque, une *persona,* inscrivant le rapport de l'auteur à son public dans le monde du spectacle. Meizoz explique que la posture se construit sur deux plans: à travers l'œuvre littéraire comme telle, c'est-à-dire à travers les effets de texte, le ton et, dans le cas d'écrits autobiographiques ou d'autofiction, la concordance ou la tension entre les identités du personnage, du narrateur et de l'auteur (il s'agit là du niveau rhétorique); et à travers les conduites de l'auteur sur la scène publique lorsqu'il est appelé à agir en tant qu'écrivain, que ce soit lors d'interventions dans les médias, de discours, de notices biographiques, de lettres à la critique, etc. (il s'agit là du niveau sociologique) ("La fabrique"). Cette "identité littéraire" est ensuite relayée par les médias qui la donnent à lire au public. Nelly Arcan, Christine Angot et, dans une mesure moindre, Chloé Delaume jouent ainsi le jeu des médias en cultivant une posture particulièrement provocatrice en partie pour répondre à une exigence marketing qui les pousse à obtenir une

Introduction

plus grande notoriété et à vendre davantage de livres. Entre autres choses, on entend souvent dire que Christine Angot doit le succès de *L'Inceste* à une habile campagne publicitaire plutôt qu'à son véritable talent d'écrivaine. Adoptant une stratégie quelque peu exhibitionniste, son éditeur Jean-Marc Roberts invite ainsi les médias à suivre le lancement, qui est minutieusement préparée par la maison d'édition Stock. À cette occasion, l'écrivaine est invitée à l'émission *Bouillon de culture*, où elle confronte Jean-Marie Laclavetine, l'éditeur qui avait refusé un de ses manuscrits, en lui reprochant la médiocrité de son dernier roman. À l'émission *Tout le monde en parle,* elle fait face aux rires de l'assemblée lorsque Thierry Ardisson lit un passage sexuellement incestueux de l'ouvrage. À la radio, à l'émission *Le Masque et la Plume*, elle est violemment critiquée, voire insultée. Ces apparitions sont alors remarquées et créent une image de l'écrivaine particulièrement provocatrice et agressive. De manière analogue, on reproche souvent à Nelly Arcan de jouer le jeu de la surenchère en tentant de publiciser son intellect avec ses charmes. Elle n'hésite pas à apparaître en tenues très sexy lors de ses campagnes de promotion, ou encore d'étaler ses préférences sexuelles dans les magazines et les émissions de télé (*Summum, Les Francs-tireurs*) tout en exigeant, l'instant d'après, qu'on se concentre sur ses idées plutôt que sur son image hypersexualisée.

Comme Meizoz le soulève, la posture "…relève d'un processus *interactif:* elle est co-construite, à la fois dans le texte et hors de lui, par l'écrivain, les divers médiateurs qui la donnent à lire (journalistes, critiques, biographes, etc.) et les publics" (*Postures II* 83). Ainsi, "[u]n auteur n'est jamais, pour le public, que la somme des discours qui s'agrègent ou circulent à son sujet, dans le circuit savant comme dans la presse de boulevard" (*Postures I* 45). Ceci est d'autant plus vrai dans le contexte actuel où les apparitions publiques, les moyens d'entrer en rapport avec le public et la variété des types d'interaction (éditorial, lettre ouverte, entrevue, "24h dans la vie de…," etc.) se multiplient. La question de la posture à l'ère des médias de masse, de l'internet et de la spectacularisation du quotidien acquiert donc un autre niveau de complexité avec l'importance de multiples technologies et médias, de la logique marketing et du règne des apparences qui prévalent dans la société de consommation. Examinant la popularité croissante des récits traitant de traumatismes personnels liés à la sexualité des femmes, et ce par des écrivaines publiées par d'importantes maisons d'édition françaises, cet ouvrage s'intéresse à la façon dont l'institution littéraire et ses impératifs marketing poussent ces écrivaines à devenir des personnalités de plus en plus publiques. En examinant les références qu'elles font à leurs propres textes et la façon dont ces écrivaines récupèrent les discours qui circulent autour de leur œuvre à l'intérieur même de leurs ouvrages autofictionnels, je chercherai à mieux comprendre le processus de mise en scène de soi qui se dessine dans les interactions entre ces auteures, leurs œuvres littéraires et leur public de façon à dégager la politique de la représentation de soi à l'œuvre chez elles.

Dans cette perspective, le concept de posture permet de réinscrire l'auteure et son œuvre à l'intérieur du champ culturel en tant que production culturelle et discursive. Les questions qui émergent de l'étude des textes de Christine Angot, Chloé Delaume et Nelly Arcan s'inscrivent de ce fait dans un débat théorique et politique spécifique. Elles sont propres à un contexte particulier de "politisation de l'ordre sexuel," pour reprendre l'expression d'Albert Le Dorze, et, de plus, dans le cas de la France hexagonale, de certaines revendications identitaires péjorativement associées au communautarisme, c'est-à-dire à la tendance (américaine) à faire prévaloir les spécificités d'une communauté en particulier (ethnique, religieuse, culturelle, sociale, etc.) par-delà les valeurs universalistes de la République. Par ailleurs, l'étude de la politique et de l'esthétique de l'autofiction chez ces écrivaines s'avère un terreau fertile pour interroger la manière dont l'époque contemporaine transforme la littérature, ses interactions avec les nouveaux médias, et gère la politisation du privé en France. Somme toute, il appert que l'étude de la posture peut mener à une meilleure compréhension de certains phénomènes culturels et sociaux propres à l'époque contemporaine. Comme l'expliquent Denis Saint-Amand et David Vrydaghs, la posture d'auteur englobant à la fois des dimensions rhétoriques (ou *textuelles*) et actionnelles (ou *contextuelles*), elle se trouve au cœur d'un débat animant la sociologie qui réfléchit à l'articulation subtile de l'individuel et du social. Il s'agit donc d'une façon de réinscrire la littérature dans l'histoire du contemporain, mais aussi de procéder à une "réhistorisation" de la littérature qui, du coup, porte les marques de son époque. Comme le suggère avec acuité Éric Fassin, ce nouveau pacte autofictionnel permet à "…l'écrivain[e] [de] devance[r] la critique du sociologue, qu'il la rende redondante (tout est déjà dit dans l'œuvre) ou déplacée (l'œuvre ne dit pas ce qu'elle semble dire)" (159). L'œuvre est ainsi *toujours déjà* inscrite dans le champ du social en le réfléchissant et le remaniant de façon à ce qu'émerge un mouvement social. Dans cette perspective, cet ouvrage adoptera une approche interdisciplinaire qui combine la critique sociale, la psychanalyse, la philosophie, la sémiotique et la narratologie, les études culturelles, le féminisme et les études queer. Ce faisant, il mettra l'accent sur l'esthétique, l'éthique et la politique du récit à la première personne au tournant du vingt-et-unième siècle en focalisant sur la lecture et la réception de ces œuvres en France et au Québec.

Pacte autofictionnel, engagement et politique

Un autre aspect où se situe certes l'intérêt de l'étude des œuvres de Christine Angot, de Chloé Delaume et de Nelly Arcan est dans leur transformation du pacte autofictionnel qui s'inscrit désormais dans une logique d'engagement—de la littérature, de l'écrivaine et du lecteur—afin de poser un regard critique sur les normes et les contraintes qui gouvernent les identités individuelles et collectives, et sur la vie en société de manière plus générale. Dans sa collection d'essais intitulée *L'Engagement littéraire*, Emmanuel Boujou contredit les idées reçues au sujet de la dépolitisation et de l'individualisme de la littérature contemporaine. À ce sujet, il écrit que "...si l'engagement désigne, dans une première approximation, le geste par lequel un sujet promet et se risque dans cette promesse, entreprend et met en gage quelque chose de lui-même dans l'entreprise, ce geste, entre caution et pari, semble devoir déterminer des choix d'écriture [et] contraindre des modes de lecture..." (11). Cette étude propose donc, parmi ses divers objectifs, d'examiner comment, et pour quelles raisons Christine Angot, Chloé Delaume et Nelly Arcan s'exposent au danger d'être mal reçues et de voir leur œuvre, qui traite surtout d'aventures sexuelles scandaleuses et d'histoires de famille traumatiques, réduite à sa dimension personnaliste tout en cultivant une relation délibérément conflictuelle avec leur public dans leurs œuvres et à travers leur rapport avec les médias. Elles reviennent de manière incessante sur les mêmes traumatismes (la prostitution chez Arcan, l'inceste chez Angot et le meurtre de la mère suivi du suicide du père chez Delaume) qui structurent leurs œuvres et gouvernent leur rapport au public. Citons Angot, qui écrit à cet effet: "je veux rester l'hameçon c'est décidé, puisque c'est mon projet littéraire, le bout de viande pour leur montrer le cannibalisme à l'œuvre, sans me faire dévorer c'est ça. Sinon il n'y a plus de projet littéraire, il n'y a plus rien" (*Quitter* 94). Comme je l'ai déjà mentionné, ces écrivaines mettent en place un pacte de sincérité, car, même si les événements racontés ne sont pas nécessairement véridiques ni réels, et même s'ils ne sont pas garants du pacte autobiographique, ces récits personnels et intimistes donnent du moins l'illusion d'être sincères. Ces écrivaines jouent sur l'identification du lecteur en lui racontant des histoires intimes tout en le choquant tant par les thèmes que par l'esthétique provocatrice et quasi pornographique qu'elles exploitent, incitant par là même le lecteur à se distancier de l'œuvre qu'il est en train de lire. En le provoquant, il s'agit d'une façon pour Angot, Delaume et Arcan de faire "entrer" le lecteur dans le texte, à la manière d'un Artaud ou d'un Brecht qui refuse au spectateur un rôle passif. Promettant une confession, elles appâtent leur lectorat pour ensuite profiter de la tribune pour faire un commentaire sur les formes de violence mineure à l'œuvre dans la société du spectacle occidentale du nouveau millénaire. Comme l'écrit Christine Angot dans *Quitter la ville,* qui répond aux détracteurs de *L'Inceste*: "Je ne RACONTE pas. Je ne raconte pas MON histoire. Je ne raconte pas une HISTOIRE. Je ne débrouille pas MON affaire. Je ne lave pas MON linge sale. Mais le drap social" (161–62). Elles visent donc à choquer leur public, mais l'invitent aussi à réévaluer ses propres croyances, attentes et stéréotypes.

Pour ce faire, Angot, Delaume et Arcan déjouent encore une fois les attentes du lecteur. Et c'est là que le pacte se complique, car aucune des œuvres ne parle véritablement de ce qu'elle annonce: si *Putain* fait directement référence à la prostitution, il ne s'agit pas de son sujet central de même que *L'Inceste* ne parle pas non plus d'inceste au premier plan. Dans cette perspective, si tous les livres de Christine Angot font retour, de manière implicite ou explicite, sur son expérience incestueuse avec son père, elle y développe néanmoins une logique incestueuse à travers laquelle elle accuse l'ensemble de la société d'être complice de l'inceste dont elle a été victime, tentant de confronter le lecteur sur son silence non seulement par rapport à l'inceste, mais face à

Introduction

toute forme d'agression et de discrimination qui établit la frontière entre l'*humain* et l'*inhumain*; selon Judith Butler, il s'agirait là de l'espace même qu'occupe le personnage d'Antigone, devenue une figure féministe pour avoir défier l'autorité patriarcale de Créon et pour avoir enterré Œdipe (*Humain, inhumain* 47). Parallèlement, si la narratrice chez Nelly Arcan est obsédée par la chirurgie esthétique, la représentation de soi et la séduction, elle exagère des comportements et des attitudes qui, à plus petite échelle, en finissent non moins par être le propre de la féminité de toutes les femmes. Quant à Chloé Delaume, elle parle effectivement de la façon dont elle a été témoin de la mort violente de ses parents alors qu'elle n'avait que 10 ans, mais elle mélange cette histoire avec d'autres récits de sa vie personnelle (son enfance abusée, son exclusion, ses expériences sexuelles et amoureuses passées, son travail dans un bar d'hôtesses, etc.). Ce faisant, elle semble dire que la véritable violence ne vient pas nécessairement de celle qui lui a été imposée par son père, mais plutôt d'une série de dispositifs de normalisation que lui a fait subir sa famille après son arrivée du Liban afin qu'elle s'intègre à l'idéal français d'une société blanche, bourgeoise et cultivée, puis la façon dont il lui a fallu demeurer "normale" après avoir été témoin d'événements inimaginables. Aux yeux de Chloé Delaume, il s'agit là d'une autre construction discursive issue du biopouvoir qu'elle entreprend de déconstruire. Le choix d'aborder à travers l'écriture des thèmes où violence, provocation et scandale ont partie prenante permet à ces écrivaines d'interpeler le lecteur et de l'impliquer dans la narration. Ses attentes étant déjouées à dessein, le pacte est déstabilisé et le lecteur, directement pris à partie, est accusé de perpétuer les formes de violence quotidienne que dénoncent Angot, Delaume et Arcan.

Par ailleurs, en maintenant une présence active dans les médias et en récupérant régulièrement la réception de leur œuvre, Angot, Delaume et Arcan mettent véritablement en place un échange bidirectionnel avec leur public. Dans une tradition propre au théâtre d'avant-garde, elles font éclater le quatrième mur et effacent la distance entre la scène et le public en inscrivant la réception anticipée de leur œuvre à l'intérieur même de leurs livres. L'engagement se situe alors sur le plan de l'investissement esthétique, mais aussi sur celui de la réception. Bruno Blanckeman crée une distinction entre l'écrivain *engagé* (il s'agirait là du niveau du contenu) et l'écrivain *impliqué*, c'est-à-dire qu'à son avis "…*l'implication* se joue d'emblée en termes de modélisation esthétique: trouver la juste forme, désagencée/réagencée, pour désigner le bât qui blesse et penser la question de fond, le principe politique et éthique mis en cause à travers des dysfonctionnements éprouvés" (72). Il souligne aussi la façon dont des écrivaines telles que Chloé Delaume, en jouant avec les possibilités qu'offrent la technologie et les nouveaux médias, déplacent les frontières du romanesque. De même, en créant un dialogue avec leur public et en multipliant les échanges avec les médias, Christine Angot et Nelly Arcan participent à cette dynamique de l'implication. De plus, ces trois écrivaines vont au-delà de la seule notion de représentation pour impliquer le lecteur à l'intérieur même du processus de création. Dans *Quitter la ville,* Christine Angot relate l'expérience qu'elle a vécue une année plus tôt, lors du lancement de son *bestseller L'Inceste.* De manière obsessive, le livre rapporte l'évolution des chiffres de vente, et les difficultés et résistances que rencontre une écrivaine qui publie un ouvrage aussi scandaleux que *L'Inceste*. La voix du public y est distillée à travers les coupures de journaux, les questions d'entrevues et les rencontres avec les lecteurs qu'elle rapporte en vrac. Le lecteur est ainsi pris à partie, et est directement interpelé et mis en jeu dans l'œuvre angotienne. Nelly Arcan, quant à elle, fait référence dans *Folle* au succès retentissant qu'a connu *Putain* tant en France qu'au Québec et fait retour, dans la nouvelle "La honte," publiée de façon posthume dans le recueil *Burqa de chair*, sur son passage à l'émission *Tout le monde en parle* en 2007. Ces différentes stratégies de récupération donnent à l'écrivaine un espace pour répondre à ses détracteurs et s'attaquer à la critique sur son propre terrain, celui de l'exploration littéraire. Finalement, l'œuvre expérimentale de Delaume implique le lecteur à différents niveaux. Je m'intéresserai particulièrement ici à ses trois premiers livres, qui traitent de manière plus directe de son expérience traumatique et des médias. Chloé Delaume n'hésite pas à intégrer l'internet et les jeux vidéo dans ses univers romanesques de façon à inviter le lecteur à faire l'expérience de l'œuvre. Ainsi, dans *Corpus Simsi,* elle démontre la façon dont les nouveaux médias peuvent transformer l'autofiction en brouillant encore davantage la frontière entre fiction et réalité, et en permettant au lecteur de réellement devenir un participant actif dans la fiction. Ce jeu recrée les interactions quotidiennes entre des personnages qui habitent dans une même maison avec l'objectif de satisfaire

Introduction

leurs désirs et réguler leurs humeurs. Le lecteur est ainsi invité à investir le personnage de Chloé Delaume et peut, dans l'espace du jeu vidéo, littéralement "devenir Delaume." La politique de l'autofiction chez ces écrivaines se joue donc dans son rapport intradiégétique au lecteur, qui est inscrit de différentes façons dans le texte et dont on sollicite la participation à différents niveaux, mais elle intervient également dans le rapport extradiégétique du lecteur vis-à-vis des médias et de la société de spectacle de manière plus générale, et dans l'effacement de la frontière entre le public et le privé. Le travail esthétique de Christine Angot, de Chloé Delaume et de Nelly Arcan transfigure alors la question du politique:

> [l]a posture initiale de l'implication politique se retrouve ainsi placée au cœur même de l'échange instauré par le texte avec l'expérience de lecture: la "coopération," ou la connivence sollicitée par le geste même de l'engagement littéraire n'efface pas la question d'une représentation du réel et de l'histoire, ni même d'une intervention dans l'ordre du politique et de l'universalisme éthique, mais font de cette question un problème poétique qui se pose et agit aux divers lieux de déploiement du texte. (Bouju 14)

J'argumenterai que la dimension politique des œuvres de Christine Angot, de Chloé Delaume et de Nelly Arcan se joue à deux niveaux: d'abord, sur le plan narratif, en critiquant plusieurs lieux communs autour des questions de traumatismes et de sexualité, et en tentant d'éclairer les rapports de pouvoir sous-tendant la (dé)légitimation de certains discours; mais aussi sur le plan textuel, en bousculant les conventions liées à l'écriture à la première personne (autobiographie, autofiction, témoignage), et plus particulièrement en ce qui a trait à la voix, au temps et à la mémoire.

La première partie de cet ouvrage est dédiée à l'œuvre de Christine Angot, et plus particulièrement au rapport spéculaire qui unit *L'Inceste* et *Quitter la ville*, les deux ouvrages qui abordent l'expérience incestueuse de l'auteure de la façon la plus explicite. Écrivaine adulée ou détestée, elle ne laisse personne indifférent. Sur les plateaux de tournage, elle ne manque jamais de se faire remarquer en cherchant la confrontation. En particulier ses échanges avec le quotidien *Libération* sont constamment provocateurs. Par exemple, quand l'affaire Dominique Strauss-Kahn éclate en 2011, Angot publie un billet intitulé "Le problème de

DSK avec nous," dans lequel elle dénonce les rapports de pouvoir qui ont joué à la faveur de DSK contre Nafissatou Diallo—lui est un homme blanc candidat à la présidence, en position de haut pouvoir, elle est une femme noire, une femme de ménage au bas de l'échelle sociale—et les discours des médias autour de cette affaire, qui ont tenté de prendre l'un ou l'autre côté tandis que c'est la dynamique culturelle de la soi-disant "galanterie française" qui a permis à Strauss-Kahn de poser le geste qu'il a posé, d'accumuler les maîtresses et ce, sans grandes conséquences pour sa carrière, du moins jusqu'alors, selon Angot. Considérée comme "…la grande prêtresse de l'autofiction…," pour reprendre l'expression de Marianne Payot, Christine Angot est une écrivaine majeure dans le champ de l'autofiction contemporaine. Plusieurs études lui ont été consacrées, le plus souvent au sujet de son traitement de l'autofiction, du traumatisme, de sa difficulté à se constituer comme sujet cohérent ou de son rapport au lecteur. On trouve également des réflexions sur le brouillage entre public et privé, particulièrement à l'ère des médias de masse, qui caractérise l'œuvre d'Angot et qui découle d'un processus de mise en scène de soi constant (den Toonder). Je propose de franchir un autre pas en argumentant que le brouillage entre personnalité publique et personne privée chez Christine Angot provoque une lecture paranoïaque de ses textes afin d'amener le lecteur à réaliser la façon dont lui-même reproduit différentes formes d'appropriation, majeures et mineures. À partir de là, je montrerai comment *L'Inceste*, en refusant de donner au lecteur le récit d'inceste auquel il s'attend, résiste aux conventions du dévoilement autobiographique de façon à empêcher le lecteur d'être rassuré dans ses propres convictions vis-à-vis l'horreur de l'inceste. Elle entend ainsi mettre en lumière la distinction entre l'acceptable et l'inacceptable comme plus subtile qu'il n'y paraît de prime abord. Son œuvre vise donc à mettre au jour certains des paradoxes qui structurent le vivre-ensemble, particulièrement en France au tournant du vingt-et-unième siècle. Or, si l'on se fie à ce que l'écrivaine rapporte dans *Quitter la ville,* il semblerait que le public n'ait pas compris son projet et qu'on l'ait réduit au témoignage d'une relation incestueuse sordide, et au désir narcissique d'une femme célèbre qui utilise les médias comme tribune pour attirer l'attention sur elle-même en optant de plein gré pour la provocation et l'obscénité.

Introduction

Dans la deuxième section de cet ouvrage, je me pencherai sur l'autofiction expérimentale de Chloé Delaume, pour qui la règle de l'autofiction peut se résumer à l'expression suivante: "[v]écu mis en fiction, mais jamais inventé" (Delaume, "S'écrire" 7). Mon étude se focalisera ici sur ses trois premières œuvres, *Les Mouflettes d'Atropos, Le Cri du sablier* et *La Vanité des somnambules,* qui se penchent plus spécifiquement sur son traumatisme d'enfance. Si certains lecteurs trouvent l'œuvre de Delaume difficile à décrypter, elle n'en est pas moins bien reçue par la critique littéraire même si elle reste perçue comme une "anomalie littéraire," son association avec l'OULIPO (Ouvroir de littérature potentielle—un groupe d'écrivains qui voient les contraintes comme source de créativité) donne un caractère assez vieillot à son œuvre (Décimo). Ainsi, la plupart des études à son sujet saluent l'aspect novateur de son travail sur le plan formel et se concentrent sur la façon dont elle transforme la narration pour transporter le lecteur dans une expérience singulière (vocabulaire vieilli, dédoublement de personnes narratives, sauts dans le temps et l'espace, ponctuation et structure de phrases elliptiques, hybridation des formes, etc.). Or, on retiendra que certains critiques avancent que ces "expérimentations littéraires" mettent en péril la lisibilité de ses textes en les rendant presque incompréhensibles (Cornelio). On la fera alors souvent rentrée dans la catégorie d' "objet littéraire non identifié" (O.L.N.I.) tandis que Delaume rappelle que "[s]a démarche expérimentale s'inscrit dans une historicité et une technicité d'outils (injecter du *cut*, technique du *sample*…) et de référents" ("Un livre"). D'autres études s'intéressent aussi à la façon dont le personnage de Chloé Delaume est virtuellement construit à travers différents médiums, dont l'internet, la musique, les jeux vidéo, etc. (Ducas). Dans tous les cas, on peut être certain que l'œuvre de Chloé Delaume repose sur des techniques et des problématiques qui sont bel et bien engagées dans les problèmes de leur époque. Et si la narration est "minée," pour reprendre l'expression de Dawn Cornelio, c'est justement parce que l'essentiel de son travail ne se situe pas du côté du message (même si elle présente un point de vue critique sur plusieurs questions controversées, dont le travail du sexe, la bourgeoisie française et le traumatisme), mais bien parce que ses textes se concentrent principalement autour de l'expérience du lecteur. C'est bien là que se rejoignent l'esthétique et la politique de l'autofiction chez Chloé Delaume: en tentant de contrer le biopouvoir et de déconstruire les récits, petits et grands, qui jusqu'alors ont produit son identité pour les remplacer avec sa propre fiction, elle invite le lecteur à faire de même. L'expérience de l'œuvre delaumienne se veut éclairante et transformative ; c'est donc dans cet engagement tant de l'auteur que du lecteur que l'on reconnaîtra la portée politique de l'œuvre de Chloé Delaume.

Dans la dernière partie de cet ouvrage, je propose d'examiner l'œuvre de Nelly Arcan en portant une attention particulière à sa réception. En effet, il semble qu'une incompréhension fondamentale marque le rapport de cette écrivaine à son public ; comme elle le confie à Pascale Navarro, "[j]'ai écrit ce roman [*Putain*] dans la haine. ... Puis, je me suis détachée de cette histoire. Elle est autobiographique, c'est vrai ; mais en même temps, je l'ai écrite 'à côté de la réalité.'" De même, j'avancerai qu'elle est lue "à côté d'elle-même." Cette jeune écrivaine a fait couler beaucoup d'encre en devenant une célébrité quasi instantanée avec la parution de *Putain*, son premier roman. Douée d'un charme certain face à la caméra, Nelly Arcan s'exhibe tout en demeurant énigmatique et en refusant de dénouer le mystère quant à la part de factuel et de fictionnel dans son œuvre, particulièrement dans son rapport à la prostitution, à la sexualité, au corps et à la haine de soi, thèmes qui traversent l'ensemble de son œuvre. Au Québec plus qu'ailleurs, les médias et le monde culturel se sont entichés de la jeune femme, faisant d'elle une sorte d'ambassadrice littéraire chez les cousins français. Ainsi, bien que ses livres soient un succès, Arcan se plaindra toujours d'être incomprise par son public, qui semble s'intéresser davantage à son personnage sulfureux (qu'elle exhibe d'elle-même) qu'à ses livres et à leur qualité littéraire. Plusieurs études ont été dédiés à l'œuvre de Nelly Arcan, incluant le récent ouvrage collectif *Nelly Arcan : trajectoires fulgurantes*, dirigé par Isabelle Boisclair, Christina Chung, Joëlle Papillon et Karine Rosso, mais leur perspective est demeurée jusqu'à présent centrée sur son rapport à la prostitution, au corps et à l'aliénation féminine dans une perspective souvent très politisée. Ainsi, on dira de ses romans qu'ils représentent le mal-être des femmes dans la société contemporaine et leur obsession avec la corporalité (Havercroft, "(Un)tying" 208–09). On a trop souvent récupéré le personnage de Nelly Arcan (en tant que personnalité médiatique et personnage littéraire) pour lui faire dire ce qu'on voulait alors qu'on a manqué d'écouter sa voix, et c'est justement ce dont

Introduction

Nelly Arcan accuse le public en dernière instance dans sa nouvelle posthume "La honte." Je propose donc d'étudier dans ce chapitre la manière dont elle réagit à cette violence et à cette victimisation à travers ses prestations médiatiques et ses livres et, au final, la manière dont elle brouille la distinction entre réalité et fiction tout en dénonçant une lecture qui réduirait son œuvre à son seul caractère autobiographique. En faisant référence à des événements connus du public, dont ses textes publiés antérieurement et son passage à l'émission *Tout le monde en parle,* elle renforce l'impression que peut se faire le lecteur d'avoir affaire à une seule et même personne (auteure, narratrice et personnage) alors qu'elle s'en défend vivement. Cela semble n'être qu'un des paradoxes structurant son œuvre et son esthétique qui vire très souvent dans l'excès. Dénonçant l'hypersexualisation dans ses "romans" ou ses "récits," elle joue malgré tout le jeu de la séduction dans les médias. En exacerbant ses propres contradictions, Arcan montre aussi les paradoxes au cœur de la société de spectacle et la façon dont on "consomme" nos célébrités pour répondre à nos propres besoins. On ne s'étonnera pas alors qu'on ait pris Arcan pour cible, car son œuvre choque en renvoyant au public ses propres failles; et c'est ce qui, ultimement, rejoint les trois écrivaines étudiées ici.

**PREMIÈRE PARTIE
CHRISTINE ANGOT:
VICTIME OU MARTYRE?**

Chapitre un

Autofiction, métafiction et personnage médiatique chez Christine Angot

De toutes les auteures étudiées, Christine Angot est certainement celle qui a fait couler le plus d'encre. Avec la parution de son huitième roman, *L'Inceste,* à l'automne 1999, Christine Angot est projetée à l'avant-scène de l'actualité littéraire et devient, du coup, l'une des écrivaines françaises les plus controversées des années deux mille. Se multiplient alors les entrevues pour les journaux et les magazines, et les apparitions aux émissions de variétés. Encensée par certains, ouvertement critiquée par d'autres, l'œuvre d'Angot ne laisse personne indifférent et *L'Inceste* devient rapidement un *bestseller.* Certains comparent le livre à une séance de psychanalyse publique au cours de laquelle l'auteure "…met à nu le fantasme œdipien" (Vincent); d'autres en parlent comme d'un témoignage "angotcentrique" (Faerber 48) dans lequel l'écrivaine ne ferait qu'exhiber ses problèmes personnels, y compris l'inceste qu'elle a vécu avec son père. D'autres encore considèrent le roman comme un coup marketing et les rumeurs dans le milieu littéraire veulent qu'Angot doive le succès de *L'Inceste* davantage à une habile campagne publicitaire qu'à son talent d'écrivaine. Quoiqu'on en dise, l'œuvre angotienne provoque de vives réactions et c'est cette controverse entourant le lancement de *L'Inceste* que l'écrivaine rapportera dans *Quitter la ville,* qui paraît l'année suivante. Ici encore, Angot jouera à brouiller la distinction entre la fiction et le réel en exploitant son expérience personnelle pour appâter le lecteur. Surnommée "la grande prêtresse de l'autofiction" dans les médias (Payot; Colin-Simard), elle utilise ainsi la confusion entre son personnage littéraire "Christine Angot," narratrice et écrivaine, et sa personne réelle pour accrocher son public et le provoquer. Par conséquent, brouiller la distinction entre fiction et réalité en exploitant ses expériences personnelles permet d'appâter le lecteur en lui promettant une histoire scabreuse d'inceste. Par contre, plutôt que de parler d'elle-même en divulguant ses problèmes personnels, l'écrivaine en profite pour régler ses comptes avec la société française de la fin du vingtième siècle. Comme elle s'en réclame, Angot ne lave pas son linge sale en public, mais bien "le drap social" (*Quitter* 162), ne laissant intacts ni ses proches, ni l'institution littéraire française, ni son lecteur (ou spectateur). À la manière d'Antonin Artaud et de son Théâtre de la cruauté, elle semble vouloir choquer son public pour le faire réagir. Ce faisant, elle inclut de manière anticipée les réactions discordantes d'aversion et de fascination que provoque la thématique de l'inceste afin de renvoyer au lecteur une image de lui peu flatteuse, mais qui en dit long sur ses pulsions et ses mécanismes de défense, incluant le blâme, le déni et l'évitement, lorsqu'il est publiquement confronté à un traumatisme intime de ce type.

Il s'agira ici de tenter de cerner les différentes raisons derrière la réception controversée de l'œuvre de Christine Angot, qui repose en partie sur une mise en scène polémiste de la part de l'écrivaine—une mise en scène qui dépasse le cadre du livresque pour englober aussi son personnage médiatique—, mais aussi dans son rapport au lecteur—dans la façon dont elle tente de contrecarrer ses attentes et à cause de l'image de lui-même peu flatteuse qu'elle lui renvoie. Il semble alors que l'écrivaine tente de déstabiliser le lecteur et de déjouer ses attentes de différentes façons. C'est ainsi que, dans un premier temps, j'avancerai que le pacte autofictionnel chez Angot se distingue de celui d'autres écrivaines particulièrement à cause de la façon dont elle discute explicitement du rapport ambigu qu'elle entretient entre réalité et fiction, presque comme une façon de narguer le lecteur. Prenant appui sur la proposition d'Eve Sedgwick dans "Paranoid Reading and Reparative Reading, or, You're So Paranoid, You Probably Think This Essay Is About You," je proposerai que l'œuvre d'Angot déploie une structure paranoïaque de telle façon à simultanément provoquer certaines réactions de la part du lecteur tout en les dénonçant du même geste comme injustes et réductives. Dans un deuxième temps, j'étudierai aussi les différentes façons dont Angot mine les attentes du lecteur avec sa logique incestueuse; à travers son style, sa ponctuation, et ses commentaires sur l'homosexualité et la famille (elle crée un rapprochement entre l'homosexualité et l'inceste), Angot vise à provoquer le lecteur pour le faire réagir et l'amener à se questionner sur ses propres préjugés. Finalement, je m'intéresserai à la façon dont *Quitter la ville* récupère la polémique de *L'Inceste* pour solidifier la posture de l'écrivaine, qui se présente simultanément comme polémiste et comme victime de l'opinion publique. Co-construite à l'intérieur et à l'extérieur de ses textes, la narratrice se présente ici comme un personnage digne des plus grandes tragédies grecques, sacrifiée pour le bien du public; tel est du moins, le tableau que l'écrivaine dépeint d'elle-même. Ce faisant, je verrai de quelle façon Angot se taille elle-même la place qu'elle veut dans l'institution littéraire en s'y inscrivant en faux, en contestant et en mettant en scène l'expérience de l'écrivain.

Autofiction et paranoïa: quels effets pour la lecture?

L'article "Paranoid Reading and Reparative Reading, or, You're So Paranoid, You Probably Think This Essay Is About You" de Sedgwick fait partie de l'ouvrage *Touching Feeling: Affect, Pedagogy, Performativity,* dans lequel la pionnière de la théorie queer examine les rapports entre l'émotion et l'expression artistique. À son avis, il serait grand temps de se défaire de l' "herméneutique du soupçon," héritée de la tradition marxiste, nietzschéenne et freudienne, qui hante l'analyse littéraire et culturelle, et dans laquelle on se heurterait toujours aux mêmes deux questions, à savoir si ce que l'on sait est vrai et si tel est le cas, comment peut-on en être certain? Elle propose d'investiguer la façon dont la paranoïa se déploie et se solidifie à travers un processus mimétique et réflexif sur le mode de l'anticipation et de la négativité. J'avancerai que l'œuvre d'Angot est paranoïaque à plusieurs égards, dans sa façon d'anticiper la réaction du lecteur, de tenter de la contrecarrer (ou de la provoquer) à travers une attaque du lecteur, et comment la réception de ses textes se fait aussi à travers une perspective paranoïaque. La paranoïa serait, de surcroît, le mode mis en jeu dans l'œuvre angotienne à cause de son rapport ambivalent à la réalité et la fiction. Il s'agit aussi d'une question directement thématisée dans *L'Inceste,* comme je le verrai un peu plus loin.

Vu à travers la proposition de Sedgwick, il me semble que les textes d'Angot mettent en place, à travers leur mise en marché, leur jeu avec les codes autobiographiques, et leur façon d'attirer le lecteur, les conditions nécessaires à provoquer une lecture paranoïaque. Dès sa parution en 1999, *L'Inceste* devient rapidement un *bestseller*. On invite Angot sur tous les plateaux

Chapitre un

de tournage, on retrouve le livre en lice pour les prix les plus prestigieux et les entrevues se multiplient. On joue sur l'aspect scandaleux du thème de l'inceste et on cherche à savoir à tout prix si les histoires scabreuses qu'elle relate sont bel et bien réelles. Plus encore, en posant le choix d'intituler son livre simplement *L'Inceste*, Angot n'était certainement pas sans se douter que cela choquerait son lectorat. En effet, il existe un consensus auprès des anthropologues selon lequel l'interdit de l'inceste transcende les cultures, car l'inceste déstabilise la cellule familiale; et si le principe d'exogamie, lui, varie de manière culturelle, l'interdit de l'inceste demeure à travers les époques et les lieux, et occupe un rôle fondamental dans toute société humaine (Lévi-Strauss 14–33). La nature proprement scandaleuse de l'inceste se situe dans le fait qu'il s'agit d'un geste contraire à la morale et aux usages et qui apparaît donc comme étant contre nature. Partant de ce fait, il n'est guère étonnant que le seul geste d'aborder ouvertement la question de l'inceste provoque de vives réactions, car il s'agit d'un tabou fondamental. C'est ainsi que, pour le lecteur qui cherche à vivre une expérience qui ne soit pas sienne, le choix de lire un récit autobiographique à la première personne mettant en scène des éléments vécus n'est pas le seul fruit du hasard et correspond à certaines attentes, le lecteur voulant "entrer" dans le texte et s'y investir pleinement. Selon Jean-Marie Schaeffer, qui examine dans son ouvrage *Pourquoi la fiction?* la façon dont les œuvres d'art mimétiques ne s'opposent pas aux formes quotidiennes de l'activité fictionnelle, mais en sont le prolongement naturel et remplissent une fonction aussi bien cognitive que culturelle et symbolique, la fiction permettrait au lecteur de vivre indirectement une expérience extrême dans le confort de sa propre demeure:

> La fiction est ce domaine qui n'est ni la réalité ni la pure affabulation. Elle est ce avec quoi on peut jouer sans s'y abîmer. Si on peut jouer avec le danger, et si tout le monde veut y jouer, c'est sans doute parce que, de cette façon-là, l'être humain peut vivre mentalement des situations soit attrayantes soit traumatisantes sans avoir à en payer le prix mais tout en pouvant en retirer certains profits en tant que situation qu'il aura plutôt intérêt à éviter dans l'avenir ou à reconnaître avant qu'elles ne s'enclenchent aussi loin qu'elles sont enclenchées dans la fiction qu'il vient d'imaginer. ("Pourquoi")

Autofiction, métafiction et personnage médiatique

De ce fait, il apparaît que le lecteur est motivé par une pulsion voyeuse qui cherche à pénétrer l'intimité de l'autre, ses affects, ses secrets. Pour emprunter la terminologie lacanienne, le récit d'inceste devient de cette façon l'objet a que le lecteur recherche, duquel il a dû se séparer pour se constituer comme sujet, et qu'il tente de recouvrer pour retrouver sa complétude. La pulsion scopique, contrairement à d'autres, ne se situe plus au niveau de la demande, mais du désir, du désir de l'Autre (Lacan, *Séminaire XI* 104). Je discuterai plus en profondeur le rapport à l'abjection, mais pour l'instant, soulignons que le lecteur projette ainsi sur l'œuvre d'Angot les parts inavouables de lui-même. À la fois fasciné et révulsé par le récit de l'inceste, le lecteur est aussi attiré par le genre autofictionnel qui est propulsé par le récit à la première personne et mélange à la fois des éléments fictionnels et factuels.

Cependant, si l'on peut penser que la centralité du *je* autofictionnel facilite l'identification avec la narratrice et permet au lecteur d'"entrer" dans le texte et de s'y investir pleinement, une des principales difficultés que présente le genre de l'autofiction se situe précisément dans l'ambiguïté du pacte passé avec le lecteur, à qui l'on présente de manière contradictoire les pactes à la fois autobiographique *et* romanesque. Bref, s'il a tendance à aborder *L'Inceste* en tentant de distinguer le vrai du faux, de même le lecteur tente-t-il d'arriver à une conclusion claire face au récit d'Angot: *L'Inceste* est soit réalité soit fiction, car elle ne peut logiquement être l'une *et* l'autre, croit-on. En permettant la coexistence des pactes autobiographique et fictionnel, l'autofiction mine trois principes fondamentaux sur lesquels repose toute logique: "le principe d'identité (A reste A), le principe de contradiction (on ne peut être simultanément A et non-A) et le principe du tiers-exclu (on est soit A, soit non-A)" (Lamoureux 94). Si, d'une part, elle semble créer un rapprochement entre réel et imaginaire pour faire croire au lecteur que son récit est véridique; d'autre part, elle met l'accent sur la différence irréductible entre réalité et fiction. Comme le soulève Marie Darrieussecq dans son article "L'autofiction, un genre pas sérieux?," l'autofiction apparaît ainsi comme un affront logique qui combine à la fois fiction et autobiographie, deux genres normalement mutuellement exclusifs: "...face à la fiction, sa position [est] intenable puisqu'en effet l'autofiction n'est pas *que* fictive. Mais elle n'est pas non plus que factuelle, et on ne peut donc l'exclure complètement du critère fictif" (371–72). Darrieussecq argumente que l'autofiction remplit une fonction qui lui est propre en remettant en cause des pratiques littéraires fortement ancrées—roman et autobiographie—dans des pactes de lecture qui leur soient spécifiques.

Lorsqu'il ouvre *L'Inceste,* le lecteur réalise rapidement que le récit de l'inceste avec le père occupe une place secondaire dans le roman. En fait, ce roman raconte la rupture amoureuse de la narratrice Christine Angot au terme d'une relation homosexuelle passionnée. Il plonge le lecteur dans un univers de folie où il est difficile de différencier le vrai du faux. Sa structure hybride mêle les crises d'angoisse, les définitions du *Dictionnaire de la psychanalyse* de Michel Plon et d'Élisabeth Rudinesco, les paroles de son amante Marie-Christine, une lettre d'avocat l'accusant de porter atteinte à la vie privée de ses proches, entre autre choses. Le roman, narré à la première personne, donne l'impression au lecteur d'être face à un personnage qui se livre en toute sincérité. La narratrice y est à fleur de peau, comme le traduisent bien les passages où elle confie les moments de crise qu'entraîne sa peine d'amour, lui faisant dire que "*L'Inceste* est vraiment le livre où [elle] [s]e présente comme une grosse merde" (*L'Inceste* 202). D'après Jeanette den Toonder, cette absence de pudeur fonctionne comme "…révélateur de l'authenticité des faits rapportés" (50). Ce n'est qu'à la fin du livre que l'auteure dédie une vingtaine de pages, très condensées, au récit de son expérience incestueuse. La narratrice emprunte, à ce moment-là, un ton froid et distancié pour rapporter avec détails certains moments marquants de sa relation avec son père. Cette manière de retenir le récit de l'inceste jusqu'au dernier moment apparaît ainsi comme une métaphore pour l'ensemble de l'œuvre d'Angot, qui refuse de confirmer les attentes du lecteur et s'amuse, comme je propose de le voir, à brouiller les pistes.

Dans son article "'Il faut que le lecteur soit dans le doute': Christine Angot's Literature of Uncertainty," Gill Rye souligne une des particularités du pacte autofictionnel chez Angot, c'est-à-dire que le pacte est le même à travers presque toutes ses œuvres et qu'il s'étend même pour inclure la persona de l'écrivaine telle qu'elle apparaît dans les médias et dans ses prestations publiques:

> Angot's grammar of uncertainty is vast and, across the breadth of her work, involves extratextual aspects (rhetorical and literary devices, narrative voice, tropes, double-endings), intertextual elements (references to previous—and future—texts,

> as well as other authors and texts), extratextual factors (TV appearances, interviews), and paratextual features (back-cover blurb, cover images, genre classification). (117–18)

Or, le pacte se situe bien, suivant Rye, dans son "...*oscillation* of different elements as the texts slide between apparent autobiography, fiction, and performance" ("Il faut" 117). En d'autres termes, il existe plusieurs glissements dans ses textes qui maintiennent le lecteur dans l'ambiguïté; cette ambiguïté est d'ailleurs au cœur de bon nombre d'études portant sur Angot (Havercroft, "Le refus"; Rye, "Il faut"; Cata et DalMolin; Sadoux). Dans "Christine Angot et *l'écriture de soi*," Rye souligne la façon dont l'œuvre d'Angot explore les relations de pouvoir en les mettant directement en jeu dans le processus de lecture, ce qui mène à leur intensification. Elle affirme que "[l]a lecture devient donc trope de la narration de l'inceste, tout comme la narration de l'inceste devient trope de la lecture" (Rye, "Christine Angot" 435). Pour ma part, je proposerai que la paranoïa permet d'appréhender le rapport entre la narration et la lecture afin de mieux comprendre la façon dont Angot inscrit la réception de ses textes à l'intérieur de ses œuvres suivant un principe rétroactif qui ferait en sorte que la réaction du public est toujours donnée d'avance et, du même geste, provoque certaines réactions du public en jouant avec les attentes du lecteur et en le confrontant.

Dans cette perspective, le lecteur aura tendance à prendre pour acquis la concordance entre écrivaine, narratrice et personnage, et privilégie une lecture paranoïaque des textes d'Angot en tentant à tout prix de faire entrer sa lecture dans les catégories du témoignage et de l'autobiographie. En effet, Sedgwick est d'avis que la paranoïa est devenue un mode d'appréhension (du monde, de la littérature, etc.) qui répond à un impératif majeur: elle vise à éviter toute mauvaise surprise (130). Dans sa résistance, la paranoïa est à la fois anticipative et rétroactive. Selon Sedgwick, c'est donc à travers un processus inductif que l'on aborde le monde et que l'on cherche à confirmer ses hypothèses. De cette manière, le lecteur a tendance à privilégier les informations qui confirment ses préjugés et hypothèses par rapport aux textes d'Angot, à savoir qu'il s'agit d'un témoignage réel livré par la personne Christine Angot, sans considération pour la véracité de ces informations; inversement, il aura tendance à accorder moins d'importance aux hypothèses jouant en défaveur de ses conceptions. En conséquence, il n'est pas surprenant que le lecteur, reconnaissant certains codes propres à l'autobiographie (récit rétrospectif, concordance auteur, narrateur et personnage), soit porté à lire *L'Inceste* en reliant l'histoire racontée à la vie de l'auteure. En effet, son œuvre est souvent assimilée à un travail autobiographique, analogue à celui de la confession. Aussi le lecteur, de la même manière que bon nombre de critiques, interprète-t-il le roman comme "…un dévoilement total et autobiographique sans aucun art, sans aucun mensonge, sans aucune distance par rapport à [sa] vie privée…" (Cata et DalMolin 95). Il s'agit d'ailleurs du même reproche qui a longtemps été fait à la littérature au féminin; longtemps a-t-on pensé que les femmes "…n'étaient capables d'écrire que des textes intimistes, narcissiques, repliés sur eux-mêmes, qui ne contribuaient pas véritablement à explorer les grands problèmes du monde" (Morello et Rodgers 27). En d'autres termes, il est clair qu'en jouant avec les codes propres à la littérature de l'aveu avec le thème de l'inceste, lié au traumatisme et à la confession, son style près du flux de conscience et la préséance du *je*-Christine Angot tout au long de ses livres, l'écrivaine donne l'impression au lecteur de reconnaître, tant à l'intérieur qu'à l'extérieur de ses textes, une seule et même Christine Angot.

Or, comme elle tente de le démontrer dans *Quitter la ville*, *L'Inceste* aurait reçu une interprétation erronée où les lecteurs auraient eu l'impression de la connaître à travers ses prestations à la télévision et son témoignage de l'inceste. Rapporter, dans *Quitter la ville,* des extraits d'entrevues et des événements entourant le lancement de *L'Inceste*, qui s'avèrent être des faits vérifiables, ne fait que bâtir les attentes du lecteur pour un récit autobiographique et accentuer sa confusion. Dans cet ordre d'idées, Eva Domeneghini déclare que c'est "[l]e thème du livre [qui] entraîne sans doute ces libertés prises à l'encontre de la plus banale bienséance: puisqu'elle déballe tout, disent-ils, alors on va la juger, elle. Pas l'écrivain, mais la femme." Parce qu'elle aurait choisi de discuter d'expériences privées, très personnelles et qui parlent de sexualité en public, la distinction entre l'individu-écrivain et le personnage serait abolie aux yeux du lecteur. Partant de ce fait, il semblerait que le lecteur se soit laissé prendre au piège que l'écrivaine semblait justement vouloir éviter: que "[c]e livre [soit]…pris comme une merde de témoignage" (Angot, *L'Inceste* 171). Soulignons, au surplus, que cette dernière phrase—"Ce livre va être pris comme une merde de témoignage"—revient dans *L'Inceste* comme un leitmotiv, voire une façon de contrecarrer une lecture paranoïaque en cherchant la provocation. Citant *Le Dictionnaire de la psychanalyse,* Angot écrit que la paranoïa "…est un mode pathologique de défense, les gens deviennent paranoïaques parce qu'ils ne peuvent tolérer certaines choses, à condition naturellement que leur psychisme y soit prédisposé" (*L'Inceste* 132–33). Ainsi, si l'on peut associer ce genre de rebuffades au délire de persécution qui caractérise le paranoïaque—la narratrice se sent prise à partie et s'en défend, elle s'attend au pire—, l'écrivaine semble vouloir se défendre contre le lecteur et une lecture biographique de son œuvre; une lecture dont elle a elle-même semé le germe en reprenant les codes de l'autobiographie.

Paranoïa, métacommentaire et pacte autofictionnel

On dit aussi de la paranoïa qu'il s'agit d'un délire extrêmement organisé qui ne ressemble nullement à la folie ou à la déraison. Parmi les éléments disparates réunis dans *L'Inceste*, on retrouve une définition de la paranoïa tirée du *Dictionnaire de la psychanalyse* de Plon et de Roudinesco. Elle écrit: "*Paranoïa*: …peut être définie comme le développement insidieux, sous la dépendance de causes internes et selon une évolution continue, d'un système délirant, durable et impossible à ébranler, qui s'instaure avec une conservation complète de la clarté et de l'ordre dans la pensée, le vouloir et l'action" (*L'Inceste* 132). Plus encore, comme l'expliquent Plon et Roudinesco, la paranoïa "…se caractérise par un délire systématisé, la prédominance de l'interprétation et l'absence de détérioration intellectuelle" (778). À la lumière de cette idée, il faut alors se tourner vers la façon dont la narratrice, tant dans *L'Inceste* que dans *Quitter la ville,* parvient à créer toute une "théorie de la fiction," si l'on peut dire, qui apparaît comme une des manifestations de la pensée paranoïaque angotienne. Autrement dit, bien qu'on ait l'impression qu'Angot tente d'éclaircir son projet d'écriture à travers un commentaire métadiscursif sur la distinction entre réalité et fiction, et sur le rapport au lecteur qui s'étend à presque toutes ses œuvres, cela ne fait, en réalité, que le rendre encore plus obscur.

Effectivement, il semblerait que le métadiscours, c'est-à-dire les commentaires sur le processus d'écriture, parmi lesquels j'inclurai aussi ses nombreuses adresses au lecteur au sujet de la nature de son œuvre et de son interprétation, souligne à grands traits les éléments paradoxaux de ses textes. Concept souvent associé à la littérature postmoderne de langue anglaise, la métafiction est définie par Mark Currie comme étant "…recent fictions that were somehow about fiction itself…, …a kind of writing that places itself on the border between fiction and criticism, and which takes that border as its subject" (1–2). Pour Carole Bisenius-Penin, la métafiction "…design[e] une œuvre littéraire qui fait référence à la littérature au cœur de sa diégèse, qui se joue des conventions textuelles, interroge les modes de production de la fiction et ses effets sur les lecteurs, grâce à l'intériorisation de commentaires sur l'écriture du texte littéraire lui-même et sur sa lecture." En effet, les textes d'Angot sont truffés d'énoncés contradictoires sur la nature et le statut de ses textes. Elle fait retour sur les ouvrages qu'elle a déjà publiés et sur leur réception (comme elle le fait dans *Quitter la ville* en parlant de *L'Inceste*) en faisant référence à des événements vérifiables (entrevues, apparitions télévisées, etc.), ce qui brouille encore davantage la limite entre réalité et fiction et donne l'impression que la personne qui nous parle dans ses textes est, en réalité, la même Christine Angot qu'il est possible de reconnaître dans le monde extérieur. Ou plutôt, s'il semble y avoir coïncidence entre les identités du personnage, de la narratrice et de l'écrivaine, qui partagent tous le même nom et la même biographie. Plus encore, le fait que nous n'ayons pas affaire à une narratrice au sens conventionnel du terme, mais plutôt à un sujet parlant, c'est-à-dire à une voix narrative qui s'exprime librement dans un style semblable au flux de conscience, accentue cette confusion. Les textes *Une Partie du cœur* et *L'Usage de la vie,* quant à eux, focalisent particulièrement sur la pratique d'écriture de l'écrivaine; ils apparaissent donc métafictionnels et agissent, à l'intérieur de l'œuvre d'Angot, comme un commentaire métafictionnel sur ses autres œuvres. Tout se passe comme si elle devait rectifier la perception du lecteur, qui aurait mal compris son œuvre; de là, la plupart de ses réflexions métatextuelles sont théoriques ou défensives (ou paranoïaques?). Bref, en plus de mettre en place tout un système, toute une esthétique qui dispose çà et là de "preuves," de faits vérifiables, de noms réels, de pistes d'interprétation, etc., le caractère métafictionnel des textes d'Angot lui permet d'entretenir un discours paradoxal sur la nature même de son œuvre où, d'un côté, l'auteure répète constamment que ses inventions ne sont que littéraires (*Une Partie* 26); et où, de l'autre, elle s'emploie à faire croire au lecteur que son récit est véridique. Retenons alors, à la suite de la proposition de Rye, l'oscillation qui caractérise l'autofiction angotienne.

Dans *Une Partie du cœur,* l'écrivaine emprunte l'histoire de l'agneau et du loup, tirée des *Fables* de La Fontaine, pour expliquer de façon plus détaillée sa vision de la relation entre la littérature et la réalité. Succinctement, la fable décrit la rencontre entre un agneau candide et un loup affamé qui cherche n'importe quelle raison pour pouvoir punir l'agneau et le dévorer. Elle décrit, au-delà de la violence inhérente aux rapports de domination, l'attitude choquante de ceux qui se permettent d'exercer leur pouvoir sur plus faibles qu'eux en prétendant justifier leurs comportements par des arguments trompeurs. Ainsi, l'issue de ce face à face ne laisse pas à douter et l'auteur annonce sa leçon dès la première phrase: "La raison du plus fort est toujours la meilleure" (La Fontaine 62). Le sort de l'agneau est scellé dès le départ et, bien qu'il tente de se défendre avec des arguments naïfs, le loup, qui agit de mauvaise foi, expédie son procès en le condamnant à mort. Le bourreau, tout au long de son argumentation, tente de justifier l'exécution de sa proie en masquant son véritable motif—la faim—et en se posant comme une victime exigeant réparation. Le loup déploie donc un argumentaire qui donne lieu à un renversement brutal. Le prédateur justifie son envie de tuer l'agneau en l'accusant d'abord d'avoir causé des dégâts matériels en viciant sa source d'eau, d'avoir médit à son sujet, puis de prendre part à une conspiration contre lui; tandis que l'agneau, naïf, fait appel à des arguments rationnels pour se défendre. Dans la relecture d'Angot, la littérature devient l'agneau et la réalité, le loup en ce sens où la littérature serait injustement accusée de porter atteinte à des personnes et à des situations réelles. Toutefois, littérature et fiction existeraient dans deux sphères différentes:

> Le signifiant de la littérature était accusé de porter préjudice à un référent de la réalité alors que les deux agissaient dans deux champs différents, étaient de composition différente chimiquement, et que le signifiant buvait une eau déjà souillée *vingt pas au-dessous, et que par conséquent en aucune façon je ne puis troubler sa boisson.* La littérature était l'agneau, et bouc émissaire. (Angot, *Une Partie* 15)

C'est ce qui permet à Angot de réclamer qu'elle peut tout dire dans ses livres—dire vrai, dire faux, mentir tout en affirmant que l'on dit la vérité et *vice versa*: "Que son enfant, on voudrait la voir morte. Que les Juifs, on leur crache dessus" (Angot, *L'Usage* 17–18). Angot se permet donc d'écrire ce qu'elle veut sur qui elle veut parce qu'il s'agit de fiction et qu'elle considère que la réalité et la fiction constituent deux univers distincts même s'ils sont limitrophes. Elle revendique la liberté la plus complète d'écrire ce qu'elle veut. Au surplus, comme elle l'explique en entrevue à Thierry Guichard, la morale n'existe pas en littérature pour elle: la mise en fiction de certains événements permet à l'œuvre de se dégager de tout jugement moral, le bien et le mal n'existant que dans la réalité ("En littérature"). Ainsi, si l'écrivaine affirme qu'elle ne fait rien de mal (ce qui, en soi, semble une stratégie quelque peu manipulatrice), d'un point de vue extérieur, elle défie les règles du "politiquement correct" et franchit la frontière entre ce qui se dit et ce qui ne se dit pas. Ce faisant, elle repousse les limites du bon gout tout en clamant son innocence. À ce sujet, elle écrit dans *L'Usage de la vie*:

> Une dame qui habite Paris dans le douzième me fait remarquer qu'on ne peut pas tout écrire. "Une écriture sans éthique n'a pas de valeur. Les mots ont un sens au-delà du symbolique. Je ne peux laisser proclamer en public que Hitler n'était qu'un pauvre type qui a raté sa vie, et que l'on peut cracher sur les Juifs. Que vous écriviez votre journal ou vous soulagiez devant votre psychanalyste, grand bien vous fasse. Un conseil, si vous avez des problèmes avec quelqu'un, dites-lui à cette personne, sans passer par des tiers, qu'il est un pauvre type, et crachez-lui à la figure. On ne peut pas donner n'importe quoi au public." Mme G. dans le douzième, je crache sur elle, on a le droit dans l'écrit si on a envie. Oh toi, toi, toi, tu as le droit de tout, me disait ma mère, et c'était vrai. On peut bien tout dire quand on n'a rien fait. (58)

Bref, utilisant Mme G. à la fois comme bouc émissaire et comme exemple, elle s'adresse directement au lecteur pour le confronter au sujet de son opinion (négative) de ses textes. Ce faisant, elle tente de contrôler dans un sens ou dans l'autre l'expérience de lecture; cette stratégie s'apparente à la paranoïa en ce sens où elle semble toujours s'attendre au pire et qu'elle est prête à se défendre et à contrecarrer toute mauvaise interprétation du lecteur. Ce faisant, elle se dépeint comme victime et le lecteur comme un agresseur. Plus encore, l'hostilité à l'égard du lecteur—fictionnel ou réel— donne une dimension conflictuelle aux rapports entre son personnage d'écrivaine et le lecteur tel qu'il est figuré dans ses textes. Ainsi, ce genre d'interpellation agressive agit comme une sorte de provocation. Currie explique que "…metafictions dramatise the boundary between fiction and criticism, either as illusion-breaking authorial intervention or as integrated dramatisation of the external communication between author and reader" (4). Il existe donc un aller-retour constant dans *L'Inceste* entre le récit et le métarécit ou, pour le dire autrement, entre le discours et son explication; le métarécit apparaît alors comme une façon névrotique de tenter sans cesse de contrecarrer l'interprétation du lecteur. C'est ce qui fait dire à Éric Fassin qu'il est particulièrement difficile d'écrire sur *L'Inceste* puisque la sociologie du littéraire y est, en fait, déjà incluse; tout au plus le critique fait-il la description, ou encore la sociologie du pacte littéraire d'Angot, pacte qui repose justement sur le fait qu'elle donne, à la fois, les premier et deuxième niveaux, c'est-à-dire l'histoire et son interprétation. De façon semblable, Rye remarque que la métafiction "…engage les lecteurs dans le texte, mais réduit leur possibilité de prendre leur distance et de mettre en place un dialogue de lecture" ("Christine Angot" 430). Ce que ces deux commentateurs soulèvent est le fait que la métafiction, chez Angot, a l'effet paradoxal de réduire la distance entre le discours et le métadiscours de telle façon que les deux coïncident, créant l'illusion que l'écrivaine elle-même intervient à l'intérieur de son texte. À l'inverse, Gérard Genette, dans son traité de narratologie *Figures III,* laisse entendre que le métadiscours a d'habitude l'effet de souligner la discontinuité entre ces deux niveaux de discours plutôt que de brouiller la limite (239–40). Fiction, métafiction et posture médiatique se nourrissent l'une l'autre, au point où on ne peut plus voir la différence entre l'auteure, la narratrice, le personnage et la personnalité médiatique de Christine Angot, qui se présentent tous sous la même identité, ni bien percevoir la différence entre les univers intra- et extradiégétiques. L'autofiction devient alors englobante et dépasse le cadre du livresque pour inclure aussi le monde à l'extérieur du livre.

Chapitre un

Autofiction, provocation : Angot dans la tradition littéraire

À la lumière des observations ci-haut, il apparaît que l'œuvre d'Angot soulève des questions fondamentales par rapport à la relation qu'entretiennent la réalité et la fiction; effectivement, c'est bien dans le débat sur la *mimesis* de l'art qu'Angot intervient à sa manière en créant un dialogue avec la tradition littéraire. En effet, déjà à l'époque de l'Antiquité, Platon investit la poésie d'un pouvoir mimétique; par conséquent, la littérature se donne à lire comme le reflet le plus fidèle possible de la réalité. La problématique surgit à nouveau, mais quelque peu différemment, lorsque Théophile Gautier expose la théorie de l'art pour l'art dans la préface de son roman *Mademoiselle de Maupin*. Il y défend deux valeurs principales: le fait que l'artiste possède une liberté totale dans sa création; et le fait qu'on ne puisse juger d'une œuvre d'art selon des critères moraux, mais bien selon sa qualité artistique. Puis, le débat refait surface de façon d'autant plus urgente quand l'État français intente un procès pour atteinte aux bonnes mœurs à Gustave Flaubert pour son roman *Madame Bovary*. De manière semblable, le roman *L'Inceste* provoque, au moment de sa publication, le même genre de réactions. Son œuvre est d'autant plus choquante qu'elle est perçue par la critique comme un témoignage qui, *ipso facto*, serait représentatif de la réalité. Or, le projet d'Angot serait tout autre: en refusant tout pacte autobiographique, Angot dynamite la relation qui unit l'auteur, le narrateur et le personnage tandis que le lecteur a le réflexe d'appréhender son œuvre sur la base d'un tel pacte. De façon semblable, ceci semble corroborer ce qu'écrit Fassin dans son article "Le double 'je' de Christine Angot: sociologie du pacte littéraire"; faisant un parallèle entre le scandale entourant le lancement des *Particules élémentaires* de Michel Houellebecq l'année précédente et *L'Inceste,* il avance que "[l]'une et l'autre écrivains prennent place dans une histoire du statut de la littérature en France: après s'être affranchie, dans un moment formaliste, de toute responsabilité de rendre compte de la réalité sociale, la littérature a recouvré son ambition de parler du monde" (166). De même, en jouant avec les codes, la lecture et les différents genres, l'œuvre d'Angot agit comme une sorte de commentaire sur la tradition littéraire. Par conséquent, la nature même du récit angotien demeure difficile à déterminer, ce qui complique en retour la réception de ses textes; comme l'écrit Sylvain Marcelli, "[Angot] est inclassable, inassimilable dans notre société bien balisée, elle ne se range pas facilement dans une case, elle parvient toujours à s'échapper. ..." Malgré toutes ces pistes métafictionnelles—ou plutôt, à travers tous ses commentaires métafictionnels—, Angot refuse de reconnaître un quelconque pacte référentiel à son œuvre: "Claude pose la question: À balader le lecteur ainsi entre réalité et fiction, est-ce que tu jouis? Il n'y a même que ça qui me fait jouir, je réponds" (*L'Usage* 31). Son objectif est clair: elle prend plaisir à forcer le lecteur à demeurer dans l'indécidable en bafouant constamment la frontière entre fiction et réalité.

Il semble donc que le pacte autofictionnel chez Angot se distingue de celui d'autres écrivaines particulièrement à cause de la façon dont elle discute explicitement du rapport ambigu qu'elle entretient entre réalité et fiction, presque comme une façon de narguer le lecteur. Il apparaît alors que tout se passe comme si le fait d'avoir enfreint l'interdit de l'inceste lui permettait maintenant de traverser d'autres frontières d'ordre logique, incluant celles entre réalité et fiction: "Comme si ma tête, articulée sur un pivot, avait deux faces toujours présentes, je connecte, j'associe, tout communique, c'est ce que j'appelle ma structure mentale incestueuse" (Angot, *L'Inceste* 154). Le pacte autofictionnel, qui permet la coexistence paradoxale de la fiction et de la réalité, apparaît de cette façon comme une des multiples manifestations de la logique incestueuse d'Angot, qui lui permet de faire des liens entre des termes en apparence opposés. Dans un autre commentaire métatextuel, la narratrice souligne qu'il n'y a "[a]ucun ordre [dans le texte], tout est mélangé, incestueux d'accord c'est ma structure mentale, j'atteins la limite, je ne plaisante pas, je le sens. ... Stop. Jusque-là, je l'ai montrée ma folie, je l'ai exposé, mon univers mental débile" (104–05). Le discours d'Angot entourant son œuvre ainsi que son métarécit n'en sont pas à une contradiction près, d'autant plus que fiction, métafiction et posture médiatique se nourrissent l'une l'autre, ajoutant encore davantage à la confusion. Or, comme l'écrit Patricia Waugh, les auteur(e)s métafictionnel(le)s "...all explore a *theory* of fiction through the *practice* of writing fiction" (40; c'est l'auteure qui souligne). Dans cette perspective, Angot non seulement réfléchit-elle sur la distinction

Chapitre un

entre réalité et fiction, mais elle la met directement à l'œuvre dans ses textes. Ce faisant, elle joue avec le lecteur, elle tente de déjouer, confirmer ou contrecarrer ses attentes, et semble vouloir s'attirer des ennuis à force d'insultes, de provocations et de commentaires déplacés.

Chapitre deux

Lecture, provocation et scandale dans *L'Inceste*
Déjouer le lecteur

Homosexualité et scandale

Comme je l'ai déjà suggéré précédemment, il semble qu'Angot développe une logique singulière qu'elle qualifie d'incestueuse dans son refus constant des formes figées. En fait, elle cherche à fragiliser la logique dominante qui s'appuie sur un raisonnement dichotomique—la même logique selon laquelle réalité et fiction seraient séparées. Le geste de mettre en parallèle des idées normalement opposées apparaît aussi comme une critique implicite de la logique aristotélicienne, qui valorise une schématisation dichotomique, et par laquelle on explique souvent la division du monde en catégories binaires (c'est ce que démontre l'anthropologue féministe Françoise Héritier à travers son concept de valence différentielle des sexes, une idée selon laquelle la culture valoriserait le masculin en l'opposant au féminin). Cependant, c'est à travers le travail d'un autre anthropologue que je propose d'examiner les fonctionnements internes de la logique incestueuse d'Angot. Dans *De tout petits liens,* François Laplantine affirme que l'époque contemporaine a délaissé les grands récits explicatifs du monde et de l'histoire, et que c'est en observant "…ce qui se rétracte, se resserre, se précise et ne concerne plus—à l'instar des *Glaneurs et la Glaneuse* d'Agnès Varga—que des bouts d'existence" (10) que l'on peut mieux saisir les enjeux éthiques, politiques et j'ajouterais esthétiques de notre époque. Laplantine se tourne donc vers la littérature, le cinéma et la philosophie en les comparant à une activité artisanale "…qui consiste à lier, à coudre, à nouer, à assembler…, suppose une *discontinuité* des matériaux (vois, verre, tissu), d'émotions, de formes hétérogènes," et il s'intéresse aux "…chocs, si minimes soient-ils, provoquant des éclats, des brisures, des fissures, des zébrures, que les minuscules

Chapitre deux

attaches (sutures, boutures, jointures), [qui] ne sont en aucun cas les grandes soudures" (11–12). Ce qui m'intéressera particulièrement dans le travail de Laplantine est qu'en posant l'absence de liaisons majeures (syntaxiques, sociales, etc.), il voit un parallèle avec "…des comportements—en apparence anodins—observés dans l'espace des grandes villes contemporaines," et propose que cela "…pourrait bien avoir des implications dans les domaines de l'éthique et du politique, pour lesquels n'ont été jusqu'à présent observées que des liaisons 'fortes' et indéfectibles soit d'appartenance à une communauté, soit d'intégration à la nation, soit d'exclusion ou de délinquance" (13). Pour ma part, je vois ici un lien avec la travail critique des normes et la subtile façon dont il crée des conditions d'intelligibilité sociale, des conditions normatives qui déterminent qui peut être reconnu dans les cultures sociopolitiques contingentes comme un sujet capable de vivre une vie qui compte. Comme le déclare Butler dans *Frames of War: When Is Life Grievable?*, "[w]hen we ask what makes a life livable, we are asking about certain normative conditions that must be fulfilled for life to become life" (2–3). Dans cette perspective, l'œuvre d'Angot introduit le scandale d'abord au niveau du thème de l'inceste, scandaleux en soi, mais ensuite dans la façon dont son œuvre entière brouille la distinction entre réalité et fiction. De plus, elle tient des propos scandaleux et conteste les normes narratives et stylistiques courantes. Il s'agit d'autant de façons de provoquer le scandale et de souligner les petits liens qui créent la division entre *humain* et *inhumain*, pour reprendre l'expression de Butler, là où la disjonction fait ressortir les processus de déshumanisation subtilement à l'œuvre dans la société.

Plus précisément, Laplantine définit le scandale en l'opposant à la preuve et la révélation, qui lui apparaissent comme deux types de liens majeurs. Il explique:

> Ce n'est pas la signification extrême (d'abomination dans son acception ecclésiologique) qui [retient] ici mon attention, mais l'expérience que dans le scandale, contrairement à la preuve et à la révélation, il n'y a plus d'univers homogène explicable (la preuve), interprétable (la révélation), c'est-à-dire pouvant se résoudre dans une totalité cohérente. Dans l'aveu et le miracle, il n'y a pas d'écart entre la question et la réponse, mais l'instauration de liaisons majeures décisives par irruption brusque ou progressive du sens mis en lumière et s'imposant

> sans défaillance. En revanche, dans le scandale il y a cassure, brisure, rupture, faille, brèche, mise en question des liens (perceptifs, affectifs) pouvant conduire à de l'hésitation, du moins à de la perplexité. (365–66)

La façon dont *L'Inceste* met en jeu des formes de scandale mineures et majeures semble alors remplir une double fonction: questionner, voire fragiliser les liaisons logiques habituelles, et provoquer le lecteur, le garder dans une position dérangeante sur un mode mineur et le scandaliser sur un mode majeur.

Dans cet ordre d'idées, la logique incestueuse d'Angot apparaît centrale dans l'articulation du scandale sur plusieurs plans. Comme j'en ai brièvement discuté plus tôt au sujet du paradoxe de l'autofiction, cette logique incestueuse possède la particularité de permettre à la narratrice de créer des associations de termes contraires qu'elle relie au lieu de les opposer: "Comme si sa tête, articulée sur un pivot, avait deux faces toujours présentes, je connecte, j'associe, tout communique, c'est ce que j'appelle ma structure mentale incestueuse" (Angot, *L'Inceste* 154). Pour le dire autrement, la logique incestueuse permet de mettre en lumière les différentes façons dont ce qui semble, règle générale, opposé serait, en fait, intimement lié, presque comme s'il s'agissait des deux côtés de la même médaille. Parmi les rapprochements scandaleux proposé dans *L'Inceste*, le lien entre homosexualité et inceste apparaît certainement comme étant le plus choquant; il apparaît aussi comme jouant un rôle structurant dans le déroulement du récit. En effet, dès l'*incipit* de *L'Inceste,* la narratrice compare sa propre expérience homosexuelle avec le SIDA d'Hervé Guibert et déclare: "J'ai été homosexuelle pendant trois mois. Plus exactement, trois mois, j'ai cru que j'y étais condamnée. J'étais réellement atteinte, je ne me faisais pas d'illusions. Le test s'avérait positif" (11). En assimilant l'inceste à l'homosexualité, et l'homosexualité à une maladie, Angot récupère certains stéréotypes qui ont émerger avec le discours médical et qui pathologisent l'homosexualité (Tamagne). Elle choque aussi le lecteur avec des phrases telles que "…un mur de lamentations, inceste, folie, homosexualité, holocauste…" (Angot, *L'Inceste* 33), ou "[l]'homosexualité c'est quand on ne peut pas faire autrement…" (31); "Baiser une femme, tu as raison, c'est de l'inceste" (36). Angot joue aussi avec la forme même de la langue. Suivant, on retrouve plusieurs passages semblables à celui qui suit, dans lequel la narratrice enchaîne, sans

Chapitre deux

ponctuation et sans marqueurs de relation, une série de mots, en apparence, absurdes:

> Léonore je l'appelle Marie-Christine et Marie-Christine je l'appelle Léonore je ne savais pas quand on l'a mise sur ma poitrine que c'était ça avoir une petite fille la Sainte Vierge séparée de l'Enfant je pleurais ne riez pas pas de Marie mon mari, veillait sur nous, Joseph, j'étais la mère du Christ et le Christ, les doigts de Marie-Christine avaient six ans de moins, j'accouchais Léonore Marie-Christine Marie-Christine Léonore. …En accouchant je suis devenue homosexuelle en accouchant Léonore Marie-Christine Léonore Léonore Léonore Léonore-Christine faudra qu'on y aille dans ce restaurant À Copenhague Le Léonore-Christine Léonore Marie-Christine Léonore Léonore Mon trésor Allez le but le but le foot. (Angot, *L'Inceste* 78–79)

Si de tels passages ont l'effet de confondre le lecteur, voire de provoquer son impatience, son irritation et son exaspération, ils ne sont pas non plus sans rappeler la langue inventée de certains malades psychiatriques, parfois pour des raisons ludiques, d'autres fois pour s'assurer de ne pas être compris des autres. De même, ils rappellent aussi les glossolalies religieuses, à savoir "une langue inintelligible que parlent les mystiques en début d'extase"; ce qui fait écho à la posture d'écrivaine martyrisée qu'elle dépeint dans *Quitter la ville*. Plus encore, il s'agit aussi de la violence que faisait subir Artaud au langage, pour qui il fallait "…abandonner le langage et ses lois pour les tordre" (*Les Œuvres complètes* 9:170) et "…vaincre le français sans le quitter…" (*Les Œuvres complètes* 22:13). Il s'agit alors, chez Angot, d'une affirmation et d'une exploration de la littérarité du langage ainsi qu'une contestation de la langue en tant qu'institution normative. D'ailleurs, son usage de la virgule permet de mettre en place un habile jeu où s'enchaînent des retournements, des permutations, des glissements de sens, plutôt que de clarifier son propos, ce qu'elle ne manque pas de souligner dans un commentaire métatextuel:

> J'ai d'habitude une ponctuation un peu particulière. Je ponctue mes phrases d'une façon inhabituelle, je vais tenter d'arrêter. Ma ponctuation aura seulement pour but la clarté, que les gens s'y retrouvent. La clarté du propos. Que mes propos soient clairs, compris. Un peu fastidieux peut-être, mais en ordre cette fois. Je n'écrirai plus, un exemple, "j'ai léché moi cette femme

> dont l'enfant est une chienne," je n'écrirai plus ça, qu'est-ce que
> ça apporte? À part de se retrouver seule. On est séparées défi-
> nitivement maintenant, vraiment définitivement. Je n'écrirai
> plus, Nadine Casta, NC, haine c'est, c'est la haine. Ça non plus.
> (Angot, *L'Inceste* 106)

Comme Rye l'a soulevé, la syntaxe fait aussi écho à la violence du sujet dont elle traite et agit comme une forme de provocation ("Christine Angot" 436): "Ma ponctuation, il faut que je m'en défasse, que j'en prenne une plus courante, plus naturelle, que les gens aient moins d'efforts à faire, c'est ridicule, c'était ridicule. Surtout que virgule étymologiquement ça veut dire petite verge" (Angot, *L'Inceste* 106).

Par ailleurs, il ne faudrait pas croire que ces mots d'esprit, ces jeux de mots et ces glissements syntaxiques soient entièrement naïfs. Dans un commentaire autoréflexif, la narratrice répond à son ex-mari, qui la taquine quant aux nombreux jeux de mots qui parsèment ses romans: "Non, pas du tout. Ce n'est pas du tout coquin et impertinent. Ce n'est pas du tout un jeu. Je ne me fous pas du tout de votre gueule" (Angot, *L'Inceste* 104). En effet, comme le propose Lucie Joubert dans *Le Carquois de velours: L'ironie au féminin dans la littérature québécoise*, la littérature au féminin serait traversée d'une volonté "…de dépasser l'innocence d'un jeu de mots ou d'un trait d'esprit pour aller vers une contestation, si ténue soit-elle" (18). Plus encore, la narratrice cite *Le Dictionnaire de la psychanalyse* de Plon et Roudinesco, selon lequel les jeux de mots seraient une expression de l'inconscient qui permet de rire tant de soi-même que des réalités les plus obscures (Angot, *L'Inceste* 154), et qui "[…] aid[e] à supporter les désirs refoulés en leur fournissant un mode d'expression socialement acceptable" (155). Or, ce qui serait inacceptable, ce serait justement toute la discrimination entourant l'homosexualité, qui, à son avis, perdure dans la société, mais dont il n'est pas "politiquement correct" de se réclamer. En affirmant ouvertement ce que les autres nient, elle semble vouloir dénoncer ce que l'on tait, de façon analogue au déni qui entoure souvent l'inceste:

> Hier, je disais à X, Eustache, tu m'excuseras, c'est mieux que
> Nadine Casta. Elle, que c'était différent, je répondais "oui,
> comme l'homosexualité, toujours le même argument." Et elle,
> tu dis vraiment n'importe quoi. Mais j'insistais: Modiano c'est

Chapitre deux

> mieux que Rouaud, Eustache que Nadine Casta, l'hétérosexualité que l'homosexualité, les médecins que les ouvriers. (45)

Si d'un premier coup d'œil, l'on peut avoir l'impression qu'Angot confirme ici la supériorité d'un terme sur l'autre, il m'apparaît plutôt qu'en tenant des propos qui semblent renforcer l'homophobie et qui même dépassent les propos homophobes qui circulent dans la société, Angot tente de confronter le lecteur à ses propres préjugés; comme si le fait de lui faire réaliser que les préjugés homophobes que la narratrice martèle sans cesse étaient absurdes l'amènerait à réévaluer ses propres préjugés; tous les préjugés ne seraient-ils pas alors absurdes? C'est ainsi que je ne partage pas l'avis de Fassin, pour qui les propos le narratrice apparaissent comme une forme d'homophobie intériorisée (153). Dans son article "Genre et homosexualité. De l'influence des stéréotypes homophobes sur les représentations de l'homosexualité," Florence Tamagne explique que, "[s]i des arguments religieux, médicaux, anthropologiques, sociologiques ou politiques ont été mis en avant pour tenter de justifier le rejet de l'homosexuel(le), ils ont en commun de défendre une conception hiérarchisée et sexiste de la sexualité…" (61). Il apparaît, suivant Daniel Borrillo, que "[l]'homophobie devient ainsi la gardienne des frontières sexuelles (hétéro/homo) et celles du genre (masculin/féminin)" (6). Dans cette perspective, les représentations homophobes serviraient normalement à "…fixer les limites de la 'normalité'…" (6); or, il me semble que le parallèle créé chez Angot serait plutôt de nature subversive et qu'il s'agirait d'une façon de critiquer la distinction entre *humain* et *inhumain*. Il est d'ailleurs important de souligner la façon dont le concept de "vivabilité" (*livability*), s'il était déjà sous-jacent aux discussions de genre, d'hétérosexualité et de performativité pour lesquelles Butler a d'abord été reconnue, devient central dans la réflexion de la philosophe. La question qui se trouve alors au cœur de son travail se trouve à être la crédibilité des distinctions entre *humain* et *inhumain,* qui sont construites sur une base normative, et l'ambition plus ouvertement politique de vouloir repenser la façon dont il serait possible d'avoir des vies plus vivables (*livable lives*) pour tous. Serait alors "vivable" ce qui peut être compris à travers la grille d'intelligibilité dominante. C'est bien ce qu'elle démontre dans *Gender Trouble,* son premier ouvrage majeur, en démontrant la façon dont l'hétérosexualité obligatoire institue et maintient une sorte de cohérence et de continuité entre sexe, genre, pratiques sexuelles et désir qui finit par marginaliser ceux et celles qui ne rentrent pas dans cette matrice normative. En revanche, conformément aux règles du bon goût et du "politiquement correct," il serait inacceptable d'affirmer à voix haute qu'un homosexuel est moins *humain* qu'un hétérosexuel. Ce qu'Angot semble suggérer, à sa manière, est qu'il serait tout aussi grossier et de mauvais goût de considérer quelqu'un ayant connu l'inceste comme étant moins *humain* que quelqu'un ne l'ayant pas vécu. Par conséquent, le mauvais goût devient comme une forme de provocation afin d'amener le lecteur à une remise en question éthique de ses préjugés et des stéréotypes qui circulent dans la société. La critique apparaît alors plus ouvertement lorsque la narratrice déclare: "Un homme c'est mieux qu'une femme. (Comme amant.) Un médecin c'est mieux qu'un ouvrier, un Blanc c'est mieux qu'un Noir. Elle était scandalisée. J'avais beau préciser 'aux yeux de la société'" (37). C'est ainsi que Jacques Dubois voit juste lorsqu'il avance que "…tout le texte…frappe sur un seul clou: la violence symbolique que génère le social" ("Angot ou la guérilla" 228). Au total, il s'agit là d'une des nombreuses méthodes qu'emprunte Angot afin de subvertir l'hégémonie du discours social.

Famille, homosexualité, inceste

Par ailleurs, il faut se rappeler le contexte dans lequel *L'Inceste* paraît à l'automne 1999 quand les débats autour du Pacte civil de solidarité (PaCS) battent leur plein et que plusieurs discours homophobes trouvent une tribune avec la montée de la droite et de l'extrême-droite que connaît la France depuis le tournant du millénaire. Les opposants au PaCS avancent des arguments pseudo-freudiens qui reposent sur le caractère sacrosaint de la famille traditionnelle, composée d'un père, d'une mère et d'enfants biologiques, alors que l'expérience de l'inceste mine toute possibilité de famille dite "normale" chez Angot. Plus encore, l'inceste se produit par définition "en famille"; l'idée même de famille (et, plus encore, de vouloir protéger l'idée de "famille traditionnelle") devient dès lors suspecte aux yeux d'Angot. Inversement, il semblerait que le fait que la famille existe ait rendu l'inceste possible. De plus, il y a un rapprochement à établir entre l'inceste et l'homosexualité sur le plan de la division entre public et privé, un autre thème qui traverse l'œuvre d'Angot (Jordan, "Reconfiguring the Public"; Rye, "Public Places"). Si les détracteurs du PaCS veulent reléguer l'homosexualité à une question de préférence sexuelle, en faisant une question privée, et semblent considérer que l'homoparentalité mette en péril la famille nucléaire, vu sous cet angle, l'inceste apparaît également être une menace face à l'idée que l'on peut se faire de la famille traditionnelle. Si la famille est souvent perçue comme l'unité de base de la société, dénoncer l'inceste reviendrait, selon Angot, à critiquer l'ensemble de la société et ses mécanismes de reproduction.

Jusqu'ici, j'ai démontré la façon dont *L'Inceste* récupère pour les subvertir plusieurs stéréotypes associés à l'homosexualité; je verrai maintenant plus spécifiquement de quelle façon elle conteste l'institution de la famille traditionnelle et les liens de parenté qui, non seulement apparaissent comme condition à l'inceste, mais qui apparaissent aussi, plus généralement, comme lieu de reproduction des rapports de pouvoir entre individus et des normes qui produisent l'individu en sujet intelligible. La narratrice crée de cette façon un rapprochement entre la famille dite légitime (donc hétérosexuelle) et celle illégitime qu'elle forme avec Marie-Christine et Léonore. Le parallèle que je propose de voir serait, qu'en enfreignant la règle d'exogamie, qui participe au maintien de la famille traditionnelle à la base de laquelle se trouve le couple hétérosexuel, l'inceste menace aussi l'hétéronormativité; ce faisant, la victime d'inceste doit être exclue, car elle menace toute la cohésion du vivre-ensemble.

À l'approche de Noël, la narratrice propose ainsi à Marie-Christine l'idée d'un réveillon peu orthodoxe avec sa fille Léonore et un ami homosexuel, mais Marie-Christine insiste que Noël se célèbre en famille et préfère aller à Paris sans Christine pour passer les Fêtes avec les siens. Elle explique que c'est "…un rite immémorial qui se pratique depuis toujours avec des gens qui l'ont aidée qu'elle ne peut pas abandonner. Par fidélité, oui, par devoir, oui. Oui. C'est sa famille, elle a une famille, oui" (Angot, *L'Inceste* 124). Il apparaît alors que Marie-Christine se laisse dominer par sa cousine Nadine sous prétexte qu'il s'agit d'une relation ancestrale. Ce geste révolte la narratrice d'autant plus que la famille traditionnelle de Marie-Christine semble réduire cette dernière au stéréotype de la lesbienne. Effectivement, une corrélation problématique entre la féminité et l'idée d'une nature soignante, aimante et maternelle perdure dans l'imaginaire populaire et la lesbienne semble menacer cette idée préconçue. Dans cette perspective, il n'est pas rare d'entendre des préjugés selon lesquels la lesbienne doit combler son désir de maternité par procuration, car on tente de la ramener à un cadre hétérosexuel qui ne menace pas le régime d'hétérosexualité obligatoire; on a donc l'impression qu'elle est souvent reléguée à un rôle de second plan dans la famille, tout de même associée à la sphère domestique, mais sans le capital symbolique que la maternité pourrait lui apporter. Pendant que Marie-Christine téléphone à Christine, leur conversation est interrompue: "…on entend la cousine Nadine, l'actrice, la voix qui porte, qui appelle du fond de la cuisine 'Marie-Christine…' Une lesbienne dans la famille rend plein de services. Habile, disponible, malin, pas chochotte. 'On t'appelle, vas-y'" (Angot, *L'Inceste* 92). Il semble qu'elle dénonce ainsi l'emprise de la famille traditionnelle, qui marginalise, voire rend invisible, tant l'homosexuel que la personne incestuée.

Bien que la narratrice ne puisse supporter l'idée que "…la famille légitime l'emporte sur la famille bancale…" (Angot, *L'Inceste* 165), elle tient des propos particulièrement dénigrants au sujet de sa relation avec Marie-Christine. Tout se passe comme si ce n'était pas une relation "normale," ou "comme les autres." Parmi les images les plus choquantes qu'elle utilise, elle parle de façon dégradante de l'attachement de Marie-Christine envers sa chienne, réitérant le cliché selon lequel les homosexuels, privés du rôle procréatif, compensent en s'attachant souvent et de manière obsessive à leurs animaux domestiques. De cette manière, elle répète à plusieurs reprises que "…notre enfant [à elle et à Marie-Christine] était un monstre à force d'unions dégénérées" (63); le monstre référant ici à la chienne Baya. Ainsi, en alignant l'homosexualité sur l'inceste, la narratrice entend faire des deux types de relations une rencontre dite illégitime entre *je* et *je*, qui ne pourrait alors que produire un monstre. Ceci fait aussi écho à ce que dit Freud au sujet de l'homosexualité; dans *Trois essais sur la théorie de la sexualité,* Freud avance que le fondement psychique de l'homosexualité serait le déni de la différence des sexes, qui déboucherait sur un déni de l'altérité. Homosexualité et inceste partageraient, vu sous cet angle, une base commune. À cet effet, il me semble que si Angot utilise une image aussi forte, c'est bien

Chapitre deux

avec une visée polémique qui sert son projet littéraire, c'est-à-dire de rappeler l'interdit de l'inceste (entendue à la fois au sens littéral et figuré) et, du coup, rappeler que *"je est un autre."*

Par ailleurs, l'inceste—entendu au sens large comme une rencontre entre *je* et *je*—se produirait d'abord et avant tout avec la mère dans une relation de même sexe, selon Angot. Dans *Une Partie du cœur,* elle affirme que l'amour maternel serait l'exemple par excellence d'une relation implicitement incestueuse, ou incestueuse sur un mode mineur: "Le mot amour était l'outil par excellence de cette hypocrisie, on taxait d'amour ce qui n'était qu'inceste, la mère qui étouffait l'enfant: amour. Qui le niait: amour. Tous les excès et tous les débordements: amour et émotion" (41–42). Suivant cette logique, on ne ferait pas de distinction dans l'inceste entre l'amour qu'on peut avoir pour un individu et le désir incestueux de l'objet aimé, selon Angot. Elle rapporte ainsi une conversation avec Marie-Christine: "J'avais dit 'c'est horrible d'aimer.' Elle m'avait dit 'non, horrible, c'est quand quelqu'un vous est arraché.' Et j'avais répondu 'justement.' On est bien arraché à soi-même" (Angot, *L'Inceste* 23). Il me semble que l'arrachement dont elle parle ici rappelle aussi le rapport entre la mère et la fille, et que l'accouchement peut être perçu comme le moment où les deux individus se séparent pour devenir distincts. Ou tel serait le scénario idéal, car cette séparation n'est pas aussi facile qu'il n'y paraît, comme l'explique Angot dans *Une Partie du cœur:*

> À ma naissance, les pouvoirs publics eux-mêmes avaient été incapables de désolidariser ma mère de moi. En 72 (loi sur la filiation), ils avaient essayé en me faisant changer de nom, et prendre celui de mon père, mais selon le principe des vases communicants, l'inceste avec mon père s'était alors produit annulant leur tentative vouée à l'échec, et j'étais encore restée solidaire de ma mère. (52–53)

On peut même aller jusqu'à dire que c'est la confusion entre la mère et la fille qui, à terme, aurait permis l'inceste avec le père, car la fille, dans la relation incestueuse, va prendre la place de la mère dans la relation avec le père. Elle devient le double de la mère: "Tu as la peau très douce, comme ta maman…" (*L'Inceste* 209), lui dit-il, entre autres choses. Angot aurait ainsi franchi la limite entre mère et fille; voilà ce qui serait incestueux et aurait mené jusqu'à l'inceste réel, commis avec le père: "…dans l'inceste, il n'y a pas de

Lecture, provocation et scandale

dialogue, puisque la mère et la fille sont une seule et même personne, il n'y a rien à dire, un même corps bafouant la règle Je est un autre" (*Une Partie* 49–50). L'écrivaine inclut aussi la définition de l'inceste du *Dictionnaire de la psychanalyse:* "On appelle inceste une relation sexuelle sans contrainte ni viol entre consanguins, au degré prohibé par la loi propre à chaque société. ... La prohibition est le versant négatif d'une règle positive: l'obligation de l'exogamie. L'acte est réprouvé par l'opinion et toujours vécu comme une tragédie issue de la déraison et conduisant à la folie ou au suicide" (*L'Inceste* 131). Pour cette raison, l'inceste aurait partie liée avec la tragédie, un point sur lequel je reviendrai dans ma discussion de *Quitter la ville*. Elle s'insurge donc contre les bonnes mœurs et la tradition, tout un ensemble de normes qui régissent le vivre-ensemble en société, car le respect de ces règles est ce qui a mené à l'inceste. Ironiquement, la narratrice dépeint son père comme étant un homme très porté sur les bonnes manières, cultivé et élégant, mais qui paradoxalement est capable d'avoir des rapports sexuels avec sa propre fille—ce qui, si l'on peut dire, n'est pas très poli! En somme, la colère et la frustration de la narratrice semble bien évoquer celle de l'écrivaine, qui dénonce la façon dont on l'a prise à partie et marginalisée et qui, du coup, semble prédire la réception de *L'Inceste:* "Ce n'est pas possible, les termes famille, filleuls, obligation par rapport à des gens qui ont toujours été là, ce n'est pas parce que tout d'un coup, moi, je suis là, que ça va changer, que ça va changer quoi que ce soit. Tout est normal, tout est vu comme tout à fait normal. C'est moi qui délire. Je n'ai qu'à regarder autour de moi" (109). La paranoïa apparaît ainsi dans son délire de persécution, qu'elle retourne contre le lecteur.

Sadomasochisme? Le rapport au lecteur

À la lumière de ce dont je viens de discuter, il ressort que la narratrice démontrerait "...un rapport au public sadomasochiste," pour citer Angot dans *L'Inceste* (152). Comme elle le souligne en citant Plon et Roudinesco, le sadomasochisme serait une "[p]erversion sexuelle fondée sur un mode de satisfaction lié à la souffrance infligée à autrui et à celle provenant d'un sujet humilié, et sur la réciprocité entre une souffrance passivement vécue et une souffrance activement infligée" (136). Ainsi, le plaisir du sadomasochisme serait double: celui d'infliger de la douleur à autrui

Chapitre deux

et celui de sa propre humiliation face à autrui. Bien qu'elle sache que le geste de prendre la parole en public pour témoigner de son inceste soit risqué, cela n'empêche pas la narratrice de le faire. La narratrice se plaint de la façon dont les lecteurs la percevront, créant un effet Pygmalion:

> Ce que ça va provoquer, à elle, et à vous, ce sera la même chose, ce sera de la pitié, vous ne pourrez plus m'aimer, ni elle ni vous. Elle ne pourra plus m'aimer. On ne pourra plus faire l'amour. Vous ne voudrez plus me lire. Je crois que tant pis il faut que je prenne le risque. On n'aime pas les gens qui ont souffert, on les plaint, on n'aime pas les fous, on les plaint. On ne veut pas vivre avec un asile de fous à côté de chez soi. C'est normal, je le comprends moi, ça. Je suis pareille. Je suis une pauvre fille. On n'a pas envie de faire l'amour à une pauvre fille, sauf si on est pervers. Quoi d'autre? (Angot, *L'Inceste* 170)

Voilà pourquoi la narratrice exhibe son inceste même si elle croit que cela aura des effets destructeurs; ou peut-être le fait-elle justement *parce que* cela aura des effets destructeurs? Faisant écho à cette idée, un de ses personnages lui objecte le fait qu'elle semble prendre plaisir à montrer ses souffrances au public en lui reprochant, du même souffle, de ne pouvoir rien faire pour les atténuer (Angot, *L'Inceste* 152). Il ressort ici que les positions de la narratrice et du lecteur ne sont plus clairement définies: qui souffre? Qui inflige la souffrance à l'autre? Et qui prend plaisir à en *témoigner*, c'est-à-dire tant à être témoin des événements qu'à en rendre compte? Et de quels événements parle-t-on, au final—de l'inceste en tant que tel, ou de son témoignage rapporté dans le livre? Tandis que le public accuse Angot d'exhibitionnisme, elle s'en défend en accusant le lecteur de l'y avoir poussée. À la manière d'un Artaud ou d'un Jarry, elle a recours aux artifices du théâtre de la cruauté de façon à provoquer le lecteur et à le forcer à s'engager dans le texte:

> En ce moment, je me dis pareil, faire silence. Si je parle ça va être pire qu'avant: ça fait du bien d'en parler on va me dire. Je déteste avoir à écrire ça. Je vous déteste. Je vous hais. Je voudrais ne pas savoir ce que vous pensez. Je sais ce que vous pensez. Toujours la même chose, et tous pareil. Des veaux et je vous déteste. C'est ça, ou la clinique. Je suis obligée. C'est la clinique ou vous parler. À vous. L'écriture est une sorte de rempart

> contre la folie, j'ai déjà bien de la chance d'être écrivain, d'avoir au moins cette possibilité. C'est déjà ça. (Angot, *L'Inceste* 171)

Dans cette perspective, l'écrivaine crée un rapport dynamique, voire même cruel vis-à-vis du lecteur, lequel est forcé à participer à la lecture. Comme l'observe Rye, le lecteur est directement interpelé dans *L'Inceste,* ce qui bouleverse l'expérience du lecteur réel qui ne sait plus s'il doit s'identifier avec Angot, la narratrice et personnage principal, ou avec ce "vous" qui est censé le représenter ("Christine Angot" 430–31). De cette façon, la narratrice fait la vie dure au lecteur en lui reprochant sa soif de sensationnalisme en le traitant de pervers qui jouerait avec ses pulsions sadiques: "Cette opération ne peut s'accomplir que par le biais d'une identification à l'autre dans le registre du fantasme. Dans le sadisme, on inflige des douleurs à l'autre et l'on en jouit soi-même de façon masochiste dans l'identification à l'objet souffrant" (*L'Inceste* 137). Un rapport de violence, semblable à celui dont la narratrice déclare être victime de la part des médias et du public dans l'univers extradiégétique, s'instaure entre la narratrice et le lecteur au niveau intradiégétique. Ce rapport sadique se rapproche de la paranoïa en ce sens où la paranoïa focalise sur toutes les mauvaises choses qui se sont déjà produites afin de prévoir toutes les mauvaises choses qui sont (ou pourraient être) encore à venir: "…because there must be no bad surprises, and because learning of the possibility of a bad surprise would itself constitute a bad surprise, paranoia requires that bad news be always already known" (Sedgwick 130). C'est suivant cette logique qu'Angot évite toute mauvaise surprise en attaquant le lecteur et en provoquant chez lui une réception peu accueillante. L'œuvre d'Angot renvoit ainsi au lecteur une image de lui-même peu flatteuse, celle d'un voyeur en soif de matière crue, dure et vraie; dans l'univers textuel, c'est une accusation contre laquelle il doit se défendre, ce qui permet à la narratrice d'anticiper les réactions du lecteur à l'intérieur de l'œuvre. La dynamique mise en place invite le lecteur à devenir non seulement témoin de la violence de l'acte incestueux, mais elle le force à perpétuer lui aussi le cycle de violence. Du coup, l'acte de lecture devient une mise en abyme de l'inceste dans laquelle "[w]riting and reading are figured as a consensual, incestuous dynamic, at once voyeuristic, exhibitionist, critical, co-implicated, compelling, and repellent" (Cruickshank 213). Jouant à la fois à

Chapitre deux

la victime et au bourreau, elle justifie la façon cruelle dont elle traite ses lecteurs par son statut particulier—celui d'écrivaine et de victime d'inceste—qui lui permettrait de voir ce qui normalement reste invisible au commun des mortels.

Chapitre trois

Quitter la ville
Naissance d'une tragédie?

> "Petits esprits! Mais quoi!
> Aucun n'est prophète chez soi.
> Ces gens étaient les fous, Démocrite, le sage."
>
> Jean de La Fontaine,
> "Démocrite et les Abdéritains"

En 2000, Christine Angot publie *Quitter la ville* dans lequel elle raconte l'accueil difficile qu'a reçu *L'Inceste*. Exhibitionnisme, hystérie, recherche du scandale ne sont qu'un échantillon de toutes les accusations portées contre elle. Les critiques l'accusent de vouloir faire de la provocation en rendant publique cette sordide histoire d'inceste, dont plusieurs détails sexuels sont crûment rapportés. On discrédite l'écrivaine, on la traite de putain et son éditeur, Jean-Marc Roberts, d'être son souteneur (Angot, *Quitter* 17). On affirme que son succès est un coup monté, qu'on l'utilise pour faire vendre, et on lui reproche de se prêter au jeu (22). Rapidement, le débat entourant le livre se transforme en chasse aux sorcières. Qui ose ainsi prendre la parole pour dénoncer l'inceste? Quant à la réaction du grand public, elle n'est guère plus accueillante: lorsqu'Angot croise des lecteurs, ils ne la saluent pas, ils l'abordent en proposant d'emblée leur opinion de *L'Inceste*. Ils lui reprochent le sujet de son roman en protestant qu'elle ne devrait pas écrire de tels romans pour le bien de sa fille, ils s'enquièrent de la santé de Léonore, prennent des nouvelles de Claude, d'autres encore se déclarent amoureux d'elle—ou, du moins, de la personne qu'ils croient avoir découverte à travers ses apparitions publiques et ses romans. Certains lecteurs frappent même à la porte d'Angot en pleine nuit pour se confier à elle—celle qui a vécu l'inceste comprendra leurs problèmes, croient-ils

Chapitre trois

(Angot, *Quitter* 51–52). Bref, les habitants de Montpellier font preuve, de diverses manières plus ou moins voilées, d'agressivité à l'endroit de l'écrivaine. Tout se passe comme s'ils voulaient punir celle qui prend la parole pour ramener la problématique de l'inceste sur la place publique—drame qui se vit dans l'intimité de la famille et par rapport auquel on doit garder le silence: "Pour ou contre un film, ça arrive. Pour ou contre un livre c'est rare. Pour ou contre une personne et c'est moi, pour ou contre moi. Si pour ou contre une personne ce n'est pas un vrai sujet romanesque alors je change de métier…" (14), commente-t-elle. C'est cette controverse sur *L'Inceste* qui convainc Angot que la vie est devenue insoutenable à Montpellier et qu'il lui faut quitter la ville. Mais si on s'en permet autant avec Christine Angot, c'est qu'on a l'impression de la connaître à travers ses prestations à la télévision et son témoignage d'inceste. *Quitter la ville* serait donc une réponse à ceux qui n'ont pas compris *L'Inceste* et qui l'ont réduit à une histoire sentimentale et personnaliste tandis que, pour Angot, il s'agit d'exploiter sa propre histoire pour critiquer le récit collectif et ramener sur la place publique l'interdit de l'inceste, entendu au sens littéral et figuré. Comme j'en ai discuté plus tôt, il s'agirait, dans le second cas, de toutes formes de discrimination, d'agression ou d'appropriation qui créent des divisions entre l'*humain* et l'*inhumain* selon des expériences qui maintiennent ou vont à l'encontre des normes d'une société donnée. Voilà bien ce que raconte *Quitter la ville*. Il faut mentionner que *Quitter la ville* donne l'impression que narratrice et écrivaine ne forment qu'une seule et même personne et que l'écrivaine s'y exprime librement sur son expérience; or, il importe de garder en tête qu'il ne s'agit pas d'un récit neutre et qu'un certain degré de manipulation vient teinter le récit des événements. Son insistance sur les chiffres de vente, sur ce que les autres ont dit d'elle et sur le mauvais traitement qu'elle a reçu ainsi que l'intertexte aux tragédies d'Œdipe et d'Antigone lui permettent de se mettre en scène comme une victime de l'opinion publique pour souligner la difficulté de la société non seulement avec elle, mais aussi avec l'inceste et sa dénonciation. Vu sous cet angle, *Quitter la ville* apparaît plutôt comme un livre au cœur duquel on trouve un commentaire sur l'institution littéraire et sur la réception.

La création d'un mythe: Angot et le tragique

L'obsession des chiffres de ventes

Plutôt que de s'en tenir à son projet initial et de raconter les différentes fois où elle a dû quitter une ville pour une autre, la narratrice de *Quitter la ville* entreprend de rendre compte du succès et de la visibilité de *L'Inceste*. Elle cite à l'appui les chiffres de vente, des extraits d'entrevues, d'articles de journaux et de lettres des lecteurs le plus fidèlement possible en vue de retourner sur le lecteur ses paroles et ses gestes (Angot, *Quitter* 80). En effet, les paroles qu'elle rapporte sont d'une méchanceté, d'une crudité et d'une grossièreté qui dépassent les limites de l'acceptable. Le public s'acharne, il se croit invité: si l'écrivaine choisit de s'exhiber ainsi, *L'Inceste* devient une affaire publique où tout le monde a droit de cité. Qu'on l'accuse d'exhibitionnisme et qu'on lui reproche ce qu'elle a écrit, ou qu'on croit la connaître et faire partie de son univers intime, le public ne peut que se sentir interpelé par l'œuvre angotienne (*L'Inceste* a par ailleurs été tiré à 50 000 exemplaires, un chiffre colossal). Comme réponse à ceux qui la critiquent pour avoir publié *L'Inceste,* la narratrice réagit: "Vingt-trois mille deux cent trente exemplaires vendu en trois semaines, bravo, ça vous intéresse. Je n'ai jamais acheté un livre sur l'inceste, moi, jamais, pas un. En revanche, eux, ça les intéresse" (Angot, *Quitter* 36). La politique de l'inceste d'Angot renferme une dynamique de séduction et de répulsion, laquelle crée un rapport fluctuant entre l'écrivaine et son public. Le lecteur veut connaître la vérité, mais il est à la fois fasciné et dégouté par cette histoire d'inceste.

Le concept d'abjection chez Julia Kristeva propose une explication face à cette réaction qui oscille entre la répulsion et la fascination. Le terme, qui vient du latin *abjectio,* c'est-à-dire "rejeté" ou "repoussé," réfère au "[d]ernier degré de l'abaissement, de la dégradation morale." Dans *Pouvoirs de l'horreur,* Kristeva se tourne vers la littérature et la psychanalyse pour décrire l'abjection comme un sentiment d'horreur subjective ressentie par un individu lorsqu'il vit une rupture dans la distinction entre ce qui est soi et ce qui est l'Autre. Il s'agit à la fois d'une curiosité malsaine, comme un accident qu'on ne peut s'empêcher de regarder, et l'excitation de la transgression de l'interdit, de voir ce que l'on n'a normalement pas le droit de voir. Ainsi, "il y a, dans l'abjection, une de ces violentes et obscures révoltes de l'être contre ce qui le menace et qui lui paraît venir d'un dehors ou d'un dedans exorbitant, jeté à côté du possible, du tolérable, du pensable" (Kristeva 9). Il semble donc que, si *L'Inceste* provoque d'aussi fortes réactions, c'est non seulement parce que le sujet dont il traite choque le public, mais aussi parce que le public demeure fasciné par cette sordide histoire et sent qu'il est menacé à la fois de l'intérieur *et* de l'extérieur. Il considère sa propre réaction de fascination abjecte. La narratrice rapporte les chiffres de vente, son positionnement dans les palmarès, la saison des prix littéraires, etc., sans comprendre l'enthousiasme du public, enthousiasme qui se rapproche davantage d'une polémique que d'un réel engouement: "L'inceste les met dans un drôle d'état, ce n'est pas clair, pourquoi il y a dans les journaux des pour ou contre Christine Angot" (Angot, *Quitter* 14). Puisque le sujet se sent menacé, il cherche un bouc émissaire et accuse l'écrivaine: "de l'objet, l'abject n'a qu'une seule qualité—celle de s'opposer à *je*" (Kristeva 9). Devant l'abject, le sujet se trouve projeté hors du soi et est attiré vers un abîme sans fond: "l'*abject*, objet chu, est radicalement un exclu et me tire là où le sens s'effondre" (9; c'est l'auteure qui souligne). L'abject vient par conséquent rappeler la fragilité de l'ordre symbolique et jette le doute dans la stabilité des normes qui régissent le vivre-ensemble. De plus, l'abject met en péril le sujet en remettant en cause les limites mêmes de sa subjectivité. N'y a-t-il rien de plus horrible que de découvrir que ce qu'il y a de plus abject, de plus écœurant, ne prend pas sa source à l'extérieur de soi, mais en soi? "Parce que, tout en démarquant, elle ne détache pas radicalement le sujet de ce qui le menace—au contraire, elle l'avoue en perpétuel danger" (17). Vu sous cet angle, le louvoiement entre attirance et répulsion, ou l'attirance dans la répulsion, met le public face à une partie de lui-même qu'il préfère nier, mais qui trouve une jouissance face à un texte sur l'inceste. Cherchant à expliquer l'effet double d'attraction et de répulsion de l'inceste, *Quitter la ville* entreprend donc d'investiguer les raisons derrière ce type de réactions.

Car, comme le rapporte la narratrice, *L'Inceste* aurait effectivement provoqué une réaction semblable d'aversion et d'envie dans le monde littéraire. L'écrivaine qui n'avait jamais publié de livres dépassant un tirage de 5000 exemplaires auparavant (Angot, *Quitter* 82) était, avec *L'Inceste*, devenue subitement visible. La narratrice de *Quitter la ville* rapporte ainsi les réactions publiées dans les journaux, les magazines littéraires et les chroniques spécialisées—souvent les plus pythiques—dans lesquels on questionne sa qualité littéraire: son succès serait dû à une mise en marché habilement planifiée par son éditeur, selon la narratrice. Dans *Quitter la ville,* Angot recopie une entrevue dans laquelle son éditeur, Jean-Marc Roberts, explique à Mathieu Lindon qu'elle est une des rares écrivaines, avec Vassilis Alexakis et Hervé Guibert, qui l'aient marqué à ce point, mais il réalise que *L'Inceste* ne peut pas faire consensus:

> *L'Inceste*, c'est un livre dont je ne vous dirai rien, un livre que je vous demande de lire, un livre qui ne ressemble qu'à Christine, un livre qui aujourd'hui va manifestement terriblement plaire ou terriblement déplaire. Mais ceux qui ne l'aimeront pas, je ne les aimerai pas. Ceux qui feront la gueule, j'aurai presque envie de leur casser la gueule. Et pourtant je suis calme. Il faut arrêter avec les livres qui rassurent, qui provoquent un consensus. De temps, il faut réveiller les gens, pas les rassurer. Il faut aussi prendre quelques risques. Si l'on n'arrive pas à imposer les auteurs qu'on aime, on en a marre de ce métier.

La narratrice admet bien que la mise en marché du livre était remplie d'artifices qui misaient sur cette tension entre le dévoilement et le leurre: Jean-Marc Roberts avait permis à des journalistes de suivre le lancement interne du roman puisque, "[d]epuis plusieurs années, la rentrée littéraire pose problème: trop de romans, et une moyenne de qualité en baisse (*Le Point* no 1406). Dans cette crise de surproduction, les moyens traditionnels de lancement d'un livre, par les attachés de presse, deviennent peu efficaces," relate-t-elle dans *Quitter la ville* (40). Les questionnements quant à sa véritable qualité d'écrivaine semble s'infiltrer dans son récit: "Christine Angot a-t-elle écrit un chef-d'œuvre? Son livre n'est ni meilleur ni pire qu'un autre. On joue sur sa personnalité: excessive, agressive, tumultueuse et pythique, elle a pris des leçons d'emphase et de terrorisme chez Marguerite Duras. Il n'est pas question de jugement littéraire dans cette affaire, mais de surenchère, de mise en spectacle d'un tempérament" (Angot, *Quitter* 41). Ce qui apparaît ici en filigrane est une discussion du monde littéraire en tant qu'institution. Avec son ouvrage *L'Institution de la littérature,* Jacques Dubois s'intéresse à la façon dont la littérature agit comme un lieu de pouvoir qui serait d'autant plus puissant qu'il ne s'avoue jamais comme tel. Il y distingue le champ de grande production, qui répond à des impératifs économiques, de celui de production restreinte, qui est associé au concept d'institution littéraire. La sphère de production restreinte, qui regroupe des œuvres littéraires où l'ordre esthétique prévaut, s'adressent à un public lettré et reflètent l'idéologie dominante, à savoir non pas l'idéologie la plus courante, mais bien la plus reconnue au niveau qualitatif, s'adresse à un public restreint qui détient un important capital culturel, ce qui lui permet de légitimer la littérature dite "noble" (Dubois, *L'Institution* 60–61). Si la littérature crée ses propres instances de légitimation avec, entre autres, le réseautage, l'édition et les prix littéraires, la sphère de grande production, quant à elle, répond plutôt à des intérêts socioéconomiques jugés de bas niveau. On qualifie donc la littérature populaire de triviale, vulgaire ou mineure par opposition à la noblesse acquise des belles lettres (63–65). Ce que Dubois parvient à faire dans *L'Institution de la littérature*, c'est de montrer la façon dont le monde littéraire fonctionne en suivant ses propres croyances, mythes et rituels; c'est bien aussi ce qu'Angot tente de démontrer dans *Quitter la ville*. Ainsi, le simple fait que l'écrivaine obtient autant de succès devient suspect, car elle questionne le sacre de la littérature; "[l]a phrase de Jean-Marc dans *Libé* 'elle veut tellement être célèbre et j'ai tellement envie qu'elle le soit' les a déçus de moi" (Angot, *Quitter* 17). Discuter de tirage, de profits et de mise en marché semble être de mauvais goût. De manière approchante, la narratrice fait allusion à plusieurs reprises à une entrevue qu'Angot a donnée à la radio pendant laquelle on l'accuse d'être une prostituée et Jean-Marc Roberts, son proxénète. La narratrice rapporte aussi ses rencontres désagréables avec d'autres auteur(e)s sur les plateaux, chez son éditeur, à des soirées, des lieux fréquentés par le gratin culturel à Saint-Germain-des-Prés, etc. D'ailleurs, on reproche souvent à Angot sa pratique excessive du *name-dropping*, jugée commerciale; dans *Quitter la ville*, elle mentionne les noms de plusieurs personnalités culturelles, dont Anne Garréta, Guillaume Dustan, Arnaud Viviant, Lydie Salvayre, Lorette Nobécourt, Gérard Desarthes, etc. Lorsque son éditeur la loge à l'hôtel des Saints-Pères dans Saint-Germain-des-Prés, chose qu'elle avait faite par le passé à plusieurs reprises, elle sent le regard des autres écrivains: "On n'est plus chez nous dans le sixième, on n'est plus chez nous à la télé, chez Pivot on était si bien. …Parce que, là, on n'est plus chez nous. Avec cette pute. Il y a des putes dans le quartier maintenant" (81). Qu'est-ce qui justifie cette animosité? Pour Eva Domeneghini, les raisons derrière cette haine collective sont claires: "Quand on vend 40 000, on devient trop visible, on envahit l'espace. On est jaloux, on est envieux, on en a marre de la fille qui se prend pour un écrivain et qui vend avec ses histoires d'inceste plus de livres qu'elle ne devrait. Inadmissible, racoleur, pervers." Les propos d'Angot sont d'autant plus problématiques aux yeux des lecteurs qu'ils sont tenus par une femme. Ne la traite-t-on pas, après tout, de "pute," insinuant qu'elle est prête à tout, même à exhiber sa vie personnelle en risquant de blesser ses proches pour obtenir du succès? Inclure une telle réflexion dans son texte apparaît aussi comme une façon de confirmer ce que le lecteur pense, car à la lire, il est difficile de ne pas se sentir mal pour Marie-Christine, Léonore et Claude, s'ils sont bien réels, car on se dit bien qu'elle exhibe, du coup, leur vie personnelle à eux aussi. Mais ce serait encore davantage au niveau des thèmes qui font appel au désir voyeur du lecteur qu'Angot provoquerait les réactions de ses pairs du milieu littéraire, car, comme le soulève Philippe Vilain dans *Défense de Narcisse,* un ouvrage principalement dédié à l'étude de l'autofiction, "[é]crire sur soi, exposer publiquement son intimité, agace" (29). C'est de cette façon que le mythe Angot est né: victime de l'exclusion de l'institution littéraire et de l'opinion négative du grand public, elle réussit tout de même à publier un livre qui s'intitule *L'Inceste* et qui traite d'un sujet imbuvable, à recevoir sans cesse des critiques négatives, puis à contre-attaquer et à vendre, malgré tout, 50 000 exemplaires. C'est ainsi que, dans *Quitter la ville,* Angot crée un personnage mythique à partir de sa personne d'écrivain. En brouillant la limite entre narratrice, écrivaine et personne réelle, elle crée non seulement une mise en fiction, mais bien une spectacularisation de soi qui donne d'elle une image plus grande que nature.

Œdipe devient Antigone

Dans les pages qui suivent, je propose d'examiner plus en détails la façon dont Angot, tant dans *L'Inceste* que *Quitter la ville,* entreprend d'ériger son personnage, à la fois intra- et extradiégétique, en mythe de la littérature contemporaine. Dans *Quitter la ville,* elle propose d'expliquer toutes les raisons qui, par le passé, l'ont

Chapitre trois

poussée à changer de ville, dès que son père la reconnaît en 1976 et qu'elle abandonne le nom de Schwartz pour celui d'Angot. À cette époque, on avait cru faciliter cette transition pour la jeune fille alors qu'à ses yeux, il s'agissait plutôt d'une fuite qui lui permettait de "ne pas expliquer" (Angot, *Quitter* 188). Cette fois encore, elle considère quitter Montpellier à la suite des réactions violentes de ses concitoyens après la parution de *L'Inceste,* et choisira de dénoncer les violences qu'ils lui ont faites subir plutôt que de les fuir. Celle qui aurait été ostracisée par la société montpelliéraine pour avoir vécu l'inceste décidera, plutôt que de se taire, de prendre la parole pour expliquer les véritables raisons derrière son ostracisme; cette explication serait d'autant plus choquante pour le public qu'elle l'implique directement en tant que voyeur et donc, complice de son rejet.

Pour ce faire, la narratrice-écrivaine développe un parallèle entre sa propre situation et celles des grandes figures de la tragédie grecque. Elle se dépeint tantôt comme Œdipe, tantôt comme Antigone, cherchant à rompre le sort tragique de chacun de ces personnages. Dans *Œdipe Roi*, le roi Œdipe de Thèbes envoie son beau-frère Créon identifier la cause de la mystérieuse malédiction qui a frappé la ville. Créon rapporte que la peste sera levée si l'homme qui a tué l'ancien roi, Laïos, est traduit en justice. La reine Jocaste refuse de croire Tirésias lorsqu'il lui dit qu'Œdipe est le meurtrier. Quand un oracle lui dit que son mari sera tué par leur fils, elle décide de laisser leur bébé à mourir sur le bord de la route afin d'éviter que la prophétie ne se réalise. Or, Œdipe soupçonne être le nouveau-né abandonné et, sans le savoir, il marie Jocaste, sa propre mère, après avoir tué Laïos. Une fois les événements confirmés, Jocaste prend sa propre vie et Œdipe, lorsqu'il découvre son corps, se crève les yeux. Dans *Antigone*, Antigone et sa sœur reviennent à Thèbes pour sauver leurs frères d'une prophétie qui prédit qu'ils s'entretueront dans une lutte pour le trône de la cité. À leur arrivée, Antigone apprend que ses deux frères sont morts. Bien qu'Étéocle ait reçu un enterrement convenable, leur oncle Créon refuse le même honneur à Polynice, qu'il considère être un traître. Antigone défie l'édit royal et enterre son frère. Elle se tue lorsque Créon l'enferme en prison. Les histoires d'Antigone et d'Œdipe, écrites par Sophocle au cinquième siècle av. J.-C., ont transcendé les âges et ont inspiré l'art, la littérature, la culture populaire et la psychanalyse. Elles sont fondatrices dans l'imaginaire de la culture occidentale. Pour la narratrice dans *Quitter la ville*, se réapproprier ces tragédies apparaît à la fois comme une façon de sortir son récit personnel de la contingence pour lui donner une valeur universelle et comme une façon de figurer à l'avance son sort tragique. Plus encore, la façon fragmentaire dont elle récupère ses deux pièces de théâtre traduit une visée claire: elle se voit (ou veut que le lecteur la voit) comme une sorte de figure tragique au même titre qu'Antigone et Œdipe. Cependant, les récits diffèrent: d'un côté, Œdipe, qui a épousé sa mère et tué son père sans le savoir, ne le réalise qu'à la fin de la pièce; il est ensuite banni de la Cité et part en exil. De l'autre, la culpabilité de la narratrice—et celle de l'écrivaine aussi puisqu'il s'agit d'un élément biographique de la vie d'Angot—est déjà connue dès le début de son récit et elle refusera de quitter la ville. Ainsi, les récits d'Angot et d'Œdipe sont inversés: "Œdipe aveugle, aveuglé, a vu des choses invisibles, des choses impossibles. Quand j'étais Œdipe, je n'étais pas toute seule. Il y avait O, il y avait E, il y avait Jocaste, vous y étiez tous, mais j'étais la seule aveugle" (*Quitter* 127). Or, qu'est-ce qui distingue le personnage d'Angot de celui d'Œdipe? Tout se passe comme si c'était son statut d'écrivain qui lui permet de "…sortir du rang des meurtriers, écrire et soigner" (*L'Inceste* 33): "Je était universel, parce que Je était écrivain" (*Une Partie* 54). En effet, la narratrice semble croire que le fait qu'elle soit écrivaine et qu'elle ait aussi vécu l'inceste lui octroie un statut d'exception qui lui permet de voir et de dénoncer d'autres formes de violences. Bref, tandis qu'Œdipe s'exile lui-même en reconnaissant sa propre culpabilité, la narratrice accuse toute la société d'être complice du crime et refuse l'exil; ce sera plutôt elle qui sera rejetée par la société, le public semblant condamner celle qui a fait l'expérience de l'inceste et a osé prendre la parole sur la place publique. Comme le propose Sam Ijsseling dans un article intitulé "Philosophie de la tragédie," la démence (*atè*) serait liée à l'*hybris*, un terme qui, dans son acception chrétienne, fait référence à l'orgueil, mais réfère aussi à l'idée d'une audace folle: "L'*hybris* pousse l'homme à transgresser des frontières et, de ce fait, à perturber l'ordre établi, avec les conséquences désastreuses que cela risque d'impliquer" (24). Ainsi, si Angot passe souvent pour folle (un survol rapide des vidéos YouTube à son sujet peut le confirmer et le thème de la folie traverse aussi *L'Inceste*, où la narratrice se traite de folle à plusieurs reprises), il y aurait aussi quelque chose d'audacieux dans son désir

Chapitre trois

de prendre la parole sur la place publique pour dénoncer l'inceste tout en accusant le lecteur de complicité.

Un passage dans *Une Partie du cœur* semble expliquer un peu mieux ce que la narratrice tente de dire. Partant de ce fait, Angot nous rappelle l'affaire d'Outreau, la pire histoire de réseaux pédophiles en France, et qui avait provoqué de vives réactions chez le public entre 1997 et 2000, autour de la date de publication de *L'Inceste*. À cette occasion, dix-sept personnes avaient été accusées d'abus sexuel sur mineur, parmi lesquelles six ont été acquittées en appel. Le procès se conclut par une erreur judiciaire pour laquelle on tient le juge d'instruction responsable. Ceci fait aussi écho à Marguerite Duras et son intervention "Sublime, forcément sublime Christine V." au sujet de l'affaire Grégory, une affaire qui remonte à 1985 et qui avait horrifié toute la France lorsqu'une mère avait été accusée d'avoir tué son fils. À ce sujet, Angot écrit:

> Les codes d'un pays avaient un but, pas la répression comme on l'avait cru en 68, mais l'adoucissement de la Loi fondamentale. ...Le but des lois d'un pays était adoucir, amoindrir, affadir, écorner les tables de la Loi. S'arranger avec. Tout le monde contrevenait à la Loi fondamentale, c'était ça que le juge d'Outreau avait essayé de démontrer à sa manière maladroite. Et sûrement regrettable du point de vue de la justice classique. Tout le monde enfreignait l'interdit de l'inceste. Tandis que les lois du pouvoir législatif en place aménageaient, avec plus de douceur, des solutions moins sévères que celles édictées par la Loi de toujours. L'inceste est interdit, c'était fondamental. Tout le monde y contrevenait, nous rappelait le juge d'Outreau à sa manière, c'était ridicule de sanctionner une seule personne. Ç'aurait dû être tout le monde ou zéro. (*Une Partie* 30–31)

Pour Angot, c'est donc toute la société qui doit mise au banc des accusés, complices dans la mise en silence et la perpétuation de l'inceste. Bref, d'un côté, Angot est coupable d'avoir enfreint l'interdit de l'inceste alors que la société s'en insurge; de l'autre, elle est la seule à voir l'inceste où il est commis et à pouvoir dénoncer les diverses infractions à l'interdit.

Par ailleurs, dans une tournure d'événements où la réalité dépasse presque la fiction, son père, atteint d'Alzheimer depuis plusieurs années, meurt au moment où *L'Inceste* paraît à l'automne 1999. Elle décide de profiter de l'opportunité d'écrire la chronique "Rebonds" dans *Libération*, qui lui avait été confiée, pour

Naissance d'une tragédie?

rendre un dernier hommage à son père. Puisqu'il s'agit d'une chronique dans laquelle on invite des écrivains populaires à critiquer l'actualité hebdomadaire, elle propose à Jean-Michel Helvig, qui est responsable de la rubrique, "La page blanche": elle veut seulement écrire cinq mots, "2 novembre: mon père est mort." Helvig refuse et Angot signera alors "La page noire," qui paraît le 6 novembre 1999. Elle compare cette anecdote au drame qui affecte Antigone tandis que Créon refuse qu'elle offre une sépulture décente à son frère. Elle relate cet incident dans *Quitter la ville*:

> Mais Créon, toujours le même, l'emmerde avec les lois de la cité, il n'a pas compris qu'Antigone c'est Antigone, et qu'Antigone fera tout contre les lois de la cité, pour qu'un beau jour fût-ce celui de la mort je puisse dire à mon tour, dans les pages de Rebonds, bonne occasion, 2 novembre, mon père est mort, poignée de terre. (134)

La question qui sous-tend cette interrogation reste à savoir: mais pourquoi s'oppose-t-on à "La page blanche"? Si on croit qu'il s'agit d'un jeu pervers, on aura mal compris les intentions de l'auteure. Enterrer son père d'un geste symbolique devient plutôt une forme de *reconnaissance* de l'alterité en ce sens que si son père l'avait réellement reconnue comme étant sa fille, au-delà de la loi sur la paternité de 78, il n'aurait pu commettre d'inceste avec elle:

> Je n'ai ni haine ni amour. ... Non, ni haine, ni amour, ni indifférence, c'est mon père, ni pardon, ni indifférence, ni bien sûr amour: reconnaissance. Voilà, c'est ça, la reconnaissance. Il ne m'a pas reconnue, mais je le reconnais. C'est mon père, je le reconnais. Je reconnais que c'est mon père. C'est mon père incestueux je le reconnais. Je suis sa fille incestueuse, il est mon père incestueux, je le reconnais, il ne m'a pas reconnue, mais moi je le reconnais. (*L'Inceste* 182–83)

Comme Michel Maffesoli le soulève dans *L'Instant éternel: le retour du tragique dans les sociétés postmodernes*, il semblerait que nous assistions au retour d'une vie sans but, basée sur le destin et sur l'idée d'un retour cyclique plutôt que sur les grands idéaux d'autonomie de l'individu et du progrès que l'on retrouvait au cœur de la modernité. À son avis, "[t]elle est la marque essentielle du sentiment tragique de la vie: reconnaissance d'une logique de la conjonction (et...et), plutôt qu'une logique de la disjonction (ou...ou)" (14); en d'autres termes, on dira que le caractère tragique d'une chose apparaît dès lors que coexistent deux paradoxes. La tragédie, chez Angot, est donc d'avoir été simultanément la fille *et* la maîtresse de son père alors que ces deux rôles sont normalement simultanément exclusifs. Enterrer son père dans un geste symbolique devient une façon de réaffirmer la distinction entre fille et maîtresse et de briser la logique de la conjonction. Ceci rejoint ce que propose Judith Butler dans *Antigone's Claim: Kinship Between Life and Death,* ouvrage dans lequel elle redéfinit l'héritage d'Antigone. Bien qu'Antigone ait été reconnue comme une icône féministe depuis fort longtemps, Butler soulève l'ambivalence autour de ce personnage, car il n'est pas clair si celle-ci parvient à échapper aux formes de pouvoir auxquelles elle s'oppose. Plus encore, la forme de défiance dont elle est l'exemple est aussi, ultimement, ce qui mènera à sa mort. De façon semblable, avec "La page noire," Angot offre à son père une sépulture digne et affirme la distinction entre Soi et l'Autre, brouillée dans l'inceste. Elle cherche de cette manière, plutôt que de rendre hommage à son père, à restaurer sa propre souveraineté en tant que sujet: "Une poignée de terre, une simple page noire, une sépulture correcte. Sans aucune mention d'aucune perversité, rien, mon père est mort, je deviens une fille enfin respectée, à la suite de la page noire" (Angot, *Quitter* 134–35).

La dimension tragique se situe aussi dans le geste de briser le silence et de témoigner de l'inceste vécu. Récupérant les indications scéniques d'une amie à ses étudiants de théâtre, la narratrice dramatise le rapport au public: "'sers-toi de cette tension (le face-à-face avec le public) pour souligner l'importance qu'il y a à dire tout devant tout le monde, à rechercher la vérité devant tout le monde'" (*Quitter* 136). Ce commentaire métatextuel pourrait s'appliquer autant à Angot-l'écrivaine qu'à la narratrice, accentuant, une fois encore, le brouillage entre les mondes extra- et intradiégétiques. Selon Butler, Antigone défie par deux fois l'autorité de Créon: d'abord lorsqu'elle enterre son frère, puis quand elle déclare devant Créon l'avoir fait. Ainsi, "[t]he claiming becomes an act that reiterates the act it affirms, extending the act of insubordination by performing its avowal in language" (Butler, *Antigone* 11). Suivant cette logique, l'écrivaine apparaît doublement coupable: coupable d'avoir commis l'inceste *et* coupable de s'en réclamer. La publication de "La page blanche" agit donc

Naissance d'une tragédie?

de manière à consolider, à travers un acte de parole, le fait qu'elle est la fille de son père incestueux. Ironiquement, "La page noire" énonce exactement ce fait tout en prétendant le taire, d'où sa dimension proprement scandaleuse. Reprenant presque textuellement un passage de *Quitter la ville*, Angot répond à Helvig:

> Quel est le problème? Le problème c'est quand quelqu'un parle tout seul, c'est pour ça qu'on le condamne, tout seul dans son coin, sur des sujets que tout seul il a choisis, et il parle en son nom. Et ça, ça suffit. Pour être poursuivi. Dire en son nom la vérité, ne soyez pas comme ça, il faut la partager. Avec l'opinion. La vérité, dites plutôt votre vérité. Non: la. ("La page noire" 8)

La publication de "La page blanche" aurait consolidé le fait qu'elle est la fille de son père incestueux; ironiquement, "La page noire" énonce exactement ce fait tout en prétendant le taire.

Comme j'en ai discuté plus tôt, l'interdit de l'inceste repose sur la règle d'exogamie qui suppose une opposition entre parenté et différence. Pour Butler, ce qu'Antigone montre aussi, c'est bien la façon dont les contraintes de la parenté peuvent déterminer injustement la division entre *humain* et *inhumain*; en effet, pour Butler, "…Antigone est déjà à la frontière de l'intelligible… —son père était son frère—elle défie déjà la parenté, elle est déjà légèrement monstrueuse, elle est déjà à la limite de l'*humain* parce qu'elle se situe aux limites de la parenté" (*Humain, inhumain* 47; c'est l'auteure qui souligne). De façon semblable, Antigone serait "the eternal irony of the community": "She is outside the terms of the polis, but she is, as it were, an outside without which the polis could not be" (Butler, *Antigone's Claim* 4). Tout se passe alors comme si, ayant enfreint la règle d'exogamie, la narratrice-écrivaine est rejetée par la population de Montpellier et devient cet Autre contre lequel la communauté se définit. Le débat "pour ou contre Angot," auquel la narratrice fait référence à plusieurs reprises, permet de resserrer le tissu social en identifiant un ennemi clair qui menace l'équilibre du vivre-ensemble de façon semblable à ce dont j'ai discuté plus tôt au sujet de l'homosexualité. La prise de parole angotienne pour dénoncer l'inceste perturbe parce qu'elle est à la fois à l'intérieur et à l'extérieur du discours de la Cité; "she absorbs the very language of the state against which she rebels, and hers becomes a politics not of oppositional purity but of the scandalously impure" (Butler, *Antigone's Claim* 5). Elle retourne le langage de la loi contre lui-même; là se situerait son aspect scandaleux. Par le fait même, elle démontre que la possibilité d'inceste est toujours déjà incluse à l'intérieur du discours de la Cité et que nul n'est à l'abri de ce scandale. En outre, la dénonciation de l'inceste est, elle aussi, scandaleuse parce qu'elle sous-entend, comme l'affirme Laplantine, que la classe dominante peut enfreindre ses propres règles sans risque de conséquence puisque c'est elle qui détient justement le pouvoir de punir ou non un individu (366).

Victime ou martyre?

Jusqu'à maintenant, nous avons bien vu la façon dont Angot, tant dans *L'Inceste* que dans *Quitter la ville,* accuse le lecteur de complicité dans le crime de l'inceste. La figure de l'écrivaine, qui traverse l'ensemble de son œuvre—ses textes littéraires, les textes plus théoriques où elle pose son projet d'écriture, ses entrevues, ou ses prestations médiatiques—, apparaît à la fois être une victime de l'opinion publique (c'est sa posture paranoïaque) et fait figure de martyre qui se serait sacrifiée pour le bien de son public. La narratrice de *L'Inceste* fait le lien entre son nom, Christine, et le Christ, l'ultime figure de martyr s'étant sacrifié pour racheter les péchés du monde. Rapportant une séance de psychanalyse, elle écrit:

> Hier, mon psychanalyste: Qui vous a donné votre prénom? Dans Christine allusion au Christ. Je lui parlais de ma mission salvatrice, sauver les autres, crever leurs bouées habituelles, qu'ils se sauvent avec moi ou par eux-mêmes. Qui vous a donné votre prénom, "mon Dieu!" j'ai fait. Je venais de comprendre. Votre père ou votre mère? "Mon Dieu." Ma mère voulait m'appeler Marie-Christine. Mon père a dit: pas de Marie. (*L'Inceste* 54)

Elle ne manque pas non plus de souligner, non sans ironie, la définition que donne *Le Dictionnaire de la psychanalyse* du paranoïaque, c'est-à-dire "…un malade chronique qui se prend pour un prophète, un empereur, *un grand homme*, un inventeur" (*L'Inceste* 132; c'est l'écrivaine qui souligne). Plus encore, la narratrice semble croire que le fait d'avoir vécu l'inceste lui a donné un don de prophète et qu'il est de son devoir de dénoncer l'inceste et de rappeler, à travers son œuvre, l'interdit de l'inceste sous toutes ses formes. En outre, le titre du livre *Quitter la ville* rappelle que

Naissance d'une tragédie?

"nul n'est prophète en son pays," expression tirée des Évangiles. Si Jésus revient dans sa ville d'origine, Nazareth, où tout le monde se moque de lui, car on le considère comme un simple fils de charpentier alors qu'il est le fils de Dieu, la narratrice-écrivaine suggère que le même sort lui est réservé.

C'est de cette manière qu'Angot en vient à adopter une posture de martyre construite à l'intérieur, mais aussi à l'extérieur de ses textes à travers ses différentes interactions avec le public. Victime de l'opinion générale, cette posture tragique apparaît aussi comme une forme de manipulation, une mise en scène qui vise à provoquer le public pour le faire réagir. En somme, Christine Angot *offre* sa persona d'écrivaine en pâture et en fait le sacrifice en tentant délibérément de provoquer des réactions fortes: "je veux rester l'hameçon c'est décidé, puisque c'est mon projet littéraire, le bout de viande pour leur montrer le cannibalisme à l'œuvre, sans me faire dévorer c'est ça. Sinon il n'y a plus de projet littéraire, il n'y a plus rien" (*Quitter* 94). Le *je* mis en scène dans le texte sert d'appât au lecteur. Ainsi, dans une sorte d'allégorie métatextuelle, la narratrice de *Quitter la ville* rapporte qu'il n'est pas rare qu'elle nie son identité lorsqu'elle est en public: "Je recoupe avec: Quand je sors, qu'on me demande 'vous êtes Christine Angot?' et que je dis non. Pour avoir la paix, et parce qu'ils ont fait d'elle un tel personnage, qui narre, qui raconte. Alors que je ne raconte rien, pas moi, rien sur moi, ni de moi, ni à partir de moi, non, je parle, moi. Je ne me suis pas fabriqué un personnage pour la fiction, la télé, la vie, une personne, rien que ça, une personne" (Angot, *Quitter* 157). Plus encore, la narratrice se revendique ici de son statut d'*humain*, qu'elle perçoit lui être nié par la société. À la lumière de la citation suivante, c'est bien la précarité de son statut qui ressort et le fait sous-jacent que la précarité est "…a social condition from which clear political demands and principles emerge" (Butler, *Frames of War* 14). De là, la motivation d'Angot apparaît clairement: plutôt que d'écrire des textes où prime un narcissisme individualiste, l'œuvre d'Angot repose tout entière sur une réflexion sur la vie collective qui s'exprime à travers le rapport conflictuel au lecteur.

Suivant cette logique, le public devient à la fois sujet et objet des textes étudiés. De cette façon, Angot utilise son *je* de narratrice-écrivaine pour attirer le lecteur avec sa soif de crudité et de réel, et pour ensuite retourner le miroir et lui renvoyer sa propre image:

Chapitre trois

> Est-ce que vous savez seulement ce que vous pensez? J'arrête, non je ne vous agresse pas, au contraire. Dès que vous voyez quelque chose, vous pensez que c'est moi, pensez à le retourner c'est vous. C'est presque toujours vous, moi je renvoie. Renvoi d'ascenseur, cette lettre ne m'est pas adressée, c'est vous, c'est vous l'étage où vous descendez, je continue de monter. Et ça vous paraît normal, banal, et anodin: mon lot. (*Quitter* 80)

En utilisant des moyens détournés, Angot recentre ainsi sans cesse le débat sur son œuvre autour de la question de sa réception et de la posture du lecteur plutôt que sur celle de la fiction, du réel et du témoignage autobiographique. Du coup, si le public réagit de manière aussi violente à l'œuvre d'Angot, c'est bien parce qu'elle le place au cœur de sa problématique et le confronte à une image de lui-même peu flatteuse. À travers un processus de projection, l'écrivaine tente de faire réaliser au lecteur qu'il est coupable de cela même qu'il lui reproche. Or, ceci peut néanmoins s'avérer être un jeu dangereux, car le public réclame justement des récits croquants comme le sien: "Je pensais aux piranhas, que j'étais en train d'appâter, est-ce que j'allais réussir à les rendre des piranhas aux visages interdits, qui renonceraient à leur nature vorace?" (*Quitter* 101). Si le public est friand d'une littérature autofictionnelle où l'auteur(e) exhibe ses traumatismes passés, c'est parce que, croyant y reconnaître un récit d'événements réels, il espère pouvoir assouvir sa pulsion voyeuse et, à travers un surcroît de réalité, combler son propre manque par rapport au réel.

Or, il semble que tel n'est pas le but poursuivi par l'œuvre d'Angot. Suivant ce qu'affirme Dubois dans son article "Christine Angot: l'enjeu du hors-jeu," il apparaît que "…l'objectif est moins d'écrire des textes que de mettre sa vie en jeu—mais dans un sens du mot jeu qui n'est pas celui que lui réserve Bourdieu. Il s'agit de risquer son existence en la rendant publique et en la tenant pour espace de transit des relations avec autrui." Les textes alors d'Angot font volontairement la vie difficile au lecteur en le blâmant de manière directe pour l'exclusion de l'écrivaine ou de manière indirecte en rendant la lecture délibérément difficile. Angot complexifie la structure de ses textes en brouillant la voix narrative, les niveaux intra-, méta- et extradiégétique et la distinction entre réalité et fiction tout en bafouant la logique aristotélicienne avec sa logique incestueuse. Toutes ces stratégies mènent à une dénonciation de la façon dont les normes opèrent un travail critique qui distingue les vies vivables de celles qui ne le sont pas, ce qui apparaît comme un processus de différentiation ancré dans un processus qui oppose le sujet à l'Autre. Telle une Antigone des temps (post)modernes, Angot se met en scène comme la victime d'une telle discrimination, car, ayant enfreint l'interdit de l'inceste, elle bafoue les contraintes de la parenté qui déterminent injustement ce qui sera et ne sera pas une vie vivable. Par ailleurs, si toutes ces stratégies ont un effet déstabilisant pour les lecteurs, c'est justement parce que l'écrivaine tente de "crever leurs bouées habituelles" (*L'Inceste* 54) pour les amener à réfléchir de façon critique sur la façon dont, en refusant de réexaminer les concepts d'*humain* et d'humanité, qu'ils tiennent pour acquis, ils refusent de réfléchir à la façon dont la catégorie d'*humain* est produite, reproduite ou refusée pour certains. C'est donc là où le bât blesse: l'œuvre de l'écrivaine accuse le lecteur et la société de reproduire ces mécanismes d'inclusion et d'exclusion, basés sur des rapports de pouvoir, de précarité et de normativité. De même, grâce à sa structure paranoïaque, l'œuvre d'Angot met directement en jeu cette dynamique en jouant "…l'angle de la séduction et de la résistance, de la coercition et de la complicité, de l'inclusion et de l'exclusion" (Rye, "Christine Angot" 435). Malgré tout cela, Angot réclame que son œuvre ne s'élabore pas *contre* son public, comme on serait porté à le croire à cause de sa dimension provocatrice, mais bien *pour* lui: "Quand on dit 'Je' dans un texte public, c'est de l'amour pour vous, est-ce que vous le comprenez?" (*L'Usage* 9). Elle joue ainsi le jeu risqué de l'implication personnelle tandis que Gill Rye et Michael Worton soulèvent avec justesse dans l'introduction de leur livre *Women's Writing in Contemporary France: New Writers, New Literatures in the 1990s*, que "…the tension between experiment and experience and the self-implication that is involved is a risky business for contemporary (women) writers and artists" (12), car le risque d'être réduite à une écrivaine nombriliste et égocentrique est grand, comme le prouve bien la réception de ses textes; sa position paranoïaque serait alors confirmée.

Finalement, si Sedgwick oppose ce qu'elle appelle une "lecture paranoïaque" (*paranoid reading*) à une "lecture réparatrice" (*reparative reading*), le travail d'Angot se situe plutôt du côté de la paranoïa que de la réparation et ne semble pas parvenir à aller au-delà de la dynamique d'opposition qu'elle met en jeu. Or, selon

Sedgwick, une telle logique paranoïaque, si elle tenait davantage du désordre par le passé, est devenue aujourd'hui la norme: "In a world where no one need be delusional to find evidence of systemic oppression, to theorize out of anything *but* a paranoid critical stance has come to seem naïve, pious, or complaisant" (125–26; c'est l'auteure qui souligne). D'où l'aspect aporétique de l'œuvre d'Angot: entre réalité et fiction, impossible de trancher, les deux se confondent et en viennent à façonner le réel et le rapport d'Angot au public. En fictionnalisant l'acte de lecture et la réception, c'est bien la tension entre *humain* et *inhumain* qu'elle met en jeu. Au final, s'il est presqu'impossible de tracer la ligne entre auteure, narratrice et personnage d'un côté, personnalité publique et personne privée de l'autre, Christine Angot utilise à dessein cette confusion. Elle met ainsi cruellement en scène la proposition de Butler dans *Frames of War: When Is Life Grievable?*:

> Precariousness implies living socially, that is, the fact that one's life is always in some sense in the hands of the other. It implies exposure both to those we know and to those we do not know; a dependency on people we know, or barely know, or know not at all. Reciprocally, it implies being impinged upon by the exposure and dependency of others, most of whom remain anonymous. These are not necessarily relations of love or even of care, but constitute obligations toward others, most of whom we cannot name and do not know, and who may or may not bear traits of familiarity to an established sense of who "we" are. In the interest of speaking in common parlance, we could say that "we" have such obligations to "others" and presume that we know who "we" are in such an instance. The social implication of this view, however, is precisely that the "we" does not, and cannot, recognize itself, that it is riven from the start, interrupted by alterity, as Levinas has said, and the obligations "we" have are precisely those that disrupt any established notion of the "we." (14)

La posture paranoïaque d'Angot, ancrée aussi dans un désir de réparation, semble alors justifiée; comme l'explique Sedgwick, "[i]ts fear, a realistic one, is that the culture surrounding it is inadequate or inimical to its nurture; it wants to assemble and confer plenitude on an object that will then have resources to offer an inchoate self" (149). De même, un message semble apparaître en creux dans l'œuvre d'Angot, par la dénonciation et la provocation, mais sans mots pour suggérer une alternative. Il apparaît

Naissance d'une tragédie?

ainsi que la menace que représente l'inceste à la cohésion de la société serait trop grande, le scandale, trop scandaleux, pour que la parole angotienne soit reçue. Et la société, se sentant menacée, préfère garder ses limites intactes plutôt que de lui donner le statut d'*humain* et demeure donc incapable d'accueillir la demande de reconnaissance qu'Angot leur présente, confirmant, du coup, son statut d'exception; et corroborant, d'une curieuse manière, à la mise en scène angotienne.

DEUXIÈME PARTIE
CHLOÉ DELAUME:
LA VICTIME ENFIN BOURREAU

Chapitre quatre

L'autofiction expérimentale de Chloé Delaume

Dans *La Règle du je,* Chloé Delaume dénonce le fait que l'autofiction est aujourd'hui accusée de nombrilisme et serait considérée comme un des fléaux de l'époque postmoderne: "Exhibition. Étalage. Narcissisme. Nombrilisme. Individualisme. Égocentrisme. Prétention. Repli sur soi. Sclérose. Indifférence au monde. Indolence face aux choses sociales. Désaffection du politique. Autofiction: syndrome néolibéralisme, sœur aînée processus téléréalité" (Delaume, *La Règle* 28). Delaume s'oppose à ces accusations qui annoncent sans cesse la fin de la littérature française et la mort du "grantécrivain," pour reprendre l'expression de Dominique Noguez, et argue que son œuvre n'a rien de nombriliste et qu'elle s'inscrit dans un débat *politique* plus large. Pour Chloé Delaume, "[ê]tre personnage de fiction signifie échapper aux fables du réel. L'autofiction = un pas de côté = réappropriation de la vie par la langue = mon Je est politique" (*La Règle* 81). Il s'agit là de la règle autour de laquelle s'articule toute son autofiction expérimentale, qui est sans cesse redéfinit à travers ses textes littéraires (elle a publié plus d'une vingtaine de livres depuis 2000), ses réflexions critiques (dont *La Règle du je,* paru en 2010), ses créations multimédias (incluant la fiction numérique, sonore et vidéo *Alienare,* 2015) et son site web. Ce faisant, elle transgresse non seulement les frontières médiatiques et littéraires, mais elle bafoue aussi la limite entre réalité et fiction en se réinventant sans cesse. Quiconque connaît les textes de Chloé Delaume saura reconnaître son style bien particulier. Son "écriture de laboratoire," comme elle l'appelle, se concentrerait sur "la langue elle-même plutôt que sur la fiction pure" (Delaume, "Laboratoire" 23). Son œuvre se situe du côté de l'expérimentation de la vie et de la langue comme matériau physique plutôt que de celui de l'invention d'histoires ou de la consignation biographique. Son style presqu'oulipien, saccadé, elliptique, truffé d'archaïsmes, de mots savants et de références littéraires—et qu'elle qualifie d'expérimental—, la différencie des autres écrivains contemporains. Suivant, certains critiques font l'éloge d'une écrivaine qui sait prendre des risques et qui apparaît comme une bouffée d'air frais dans un paysage, dit-on, sclérosé par les récits "personnalistes" sans grande qualité littéraire (de Jonchkeere); alors que d'autres lui reprochent d'écrire des textes obscurs, pompeux, qui seraient difficiles à lire, voire incompréhensibles. Par exemple, *Une Femme avec personne dedans*, paru en 2012, est jugé par Baptiste Liger, dans *L'Express*, comme "confus mais potentiellement passionnant—étant gangrené par des considérations théoriques souvent fumeuses et des digressions sans intérêt." Or, pour Delaume, l'objectif n'est pas de livrer quelque chose de facile à son lecteur. À son avis, le but de la littérature n'est pas de conforter son lectorat, mais de le pousser à se questionner en créant une écriture dans laquelle sa participation active est requise. C'est aussi une manière, selon elle, de décourager le lecteur adepte d'autofiction aux sujets choquants qui s'intéresserait à ses livres par seul goût de voyeurisme. Ainsi, son œuvre joue de la provocation: il n'y a pas un préjugé, un tabou, une norme que l'écrivaine laisse intouché. Pour elle, la littérature lui permet de "se réapproprier sa propre narration existentielle, [et d']utiliser la langue pour parer aux attaques rampantes et permanentes issues du Biopouvoir [sic]" (Delaume, "S'écrire, mode d'emploi" 11).

Dans cette partie, je propose d'abord d'explorer le projet littéraire de Chloé Delaume afin de mieux mettre en lumière ce que l'écrivaine appelle son "autofiction expérimentale" (Delaume, "S'écrire" 9). J'étudierai ensuite la façon dont cette auteure questionne différentes fictions collectives et individuelles dans *Les Mouflettes d'Atropos* et *Le Cri du sablier*. En déconstruisant nos idées préconçues sur la prostitution, le traumatisme et la construction de soi, Delaume parvient à amener le lecteur à se questionner sur ses propres croyances. Si les différents questionnements qui saturent son œuvre donnent l'impression de "contaminer" le texte delaumien, selon l'expression d'Isabelle Dumont dans son article "Le Sujet delaumien: Une 'incarnation virtuellement temporaire'?," j'avancerai plutôt qu'en s'immisçant dans la conscience du lecteur, ils "contaminent" la lecture. Bref, bien que l'écrivaine semble se révolter sans raison contre son lecteur, il s'agit avant tout de le provoquer pour qu'il puisse, à son tour, s'inventer une nouvelle existence, un monde hors des fictions individuelles et collectives.

L'invention de Chloé Delaume

Il faut savoir que Chloé Delaume est, en fait, un pseudonyme. "Je m'appelle Chloé Delaume. Je suis un personnage de fiction"; quiconque a déjà lu un de ses romans reconnaîtra rapidement ce *leitmotiv*. En fait, l'écrivaine s'est d'abord appelée Nathalie Abdallah. Née au Liban d'un père libanais et d'une mère française, ses parents insistent pour franciser leurs noms à leur arrivée en France; son père Selim devient Sylvain et leur nom de famille est changé pour Dalain. Puis, lorsqu'elle a 10 ans, la tragédie frappe: son père tue sa mère sous ses yeux, puis se suicide. Puis, elle passe un an chez ses grands-parents maternels où l'on choisit d'apposer leur nom de famille au sien, par souci de commodité, dit-on. Dans cette perspective, Delaume a bien vite l'impression que l'on tente d'écrire son histoire pour elle; c'est alors qu'elle décide de prendre le taureau par les cornes. "Puisque le réel n'est qu'une somme de fictions collectives, de la cellule familiale à la saturation des fables médiatiques, politiques, sociales, économiques, écrire sa fiction propre, dans ce même réel, pas seulement par le biais de la littérature, était la seule réponse efficiente, le seul geste, la seule action possible," dit-elle en entrevue ("Le soi"). Pour Delaume, réalité et fiction se confondent au point où son personnage de Chloé Delaume deviendra son unique identité. C'est ainsi qu'en 1999, à l'âge de 26 ans, elle adopte le pseudonyme Chloé Delaume et choisit de cultiver sa posture d'écrivaine à travers ses romans et ses recherches multidisciplinaires, son site internet et ses apparitions médiatiques. Car non seulement Chloé Delaume est-elle écrivaine et éditrice, elle est aussi performeuse, musicienne et chanteuse. Elle est aussi très active sur son blog et son site internet (http://www.chloedelaume.net), où l'on peut voir ses expériences transmédiatiques. En plus de généreusement se prêter au jeu des journalistes en donnant régulièrement des entrevues à la presse écrite et à la télévision spécialisée, Delaume a géré le forum de l'émission *Arrêt sur image* animé par Daniel Schneidermann sur les ondes de France 5 de 2005 à 2007. Son prénom est emprunté à *L'Écume des jours* de Boris Vian tandis que son nom de famille vient du texte *L'Arve et*

Chapitre quatre

l'aume d'Antonin Artaud. Aussi fait-elle allusion à la fin tragique réservée à l'héroïne de Vian, qui meurt d'un cancer du nénuphar à la fin de *L'Écume des jours*, dans *La Vanité des somnambules* tout en empruntant certaines stratégies littéraires à Antonin Artaud et au Théâtre de la cruauté. Son pseudonyme, par là-même, inscrit sa nouvelle identité dans le monde de la fiction. Désormais ses papiers civils porteront le nom de son personnage et, en 2013, elle change officiellement son nom. Devenir un personnage de fiction, ou d'autofiction, veut dire "…je choisis qui je suis, je m'invente seule, moi-même, jusqu'à l'état civil" ("Le Soi"). Se réalise ainsi ce qu'elle avait énoncé déjà dans *La Règle du je*, qu' "[i]l ne pouvait y avoir la femme et l'écrivaine, deux entités distinctes. Ce n'était pas ça, le pacte. Le pacte autofictif tel qu'il fut paraphé" (13). Il semblerait que l'écrivaine choisit de se donner une deuxième naissance symbolique afin de créer une coupure avec son histoire personnelle marquée par son drame familial et de se créer une nouvelle identité qui embrasse, à la fois, réalité et fiction.

Ses trois premiers romans s'inscrivent décidément dans cette lignée; dédiés à son drame familial, il s'agit d'autant de récritures qui lui permettent de faire retour sur son passé et de se forger une nouvelle identité. *Les Mouflettes d'Atropos* relate un récit éclaté, voire fragmentaire qui traite à la fois de son expérience de travailleuse du sexe, du meurtre de sa mère et du suicide de son père, et de son premier mariage. Dans *Le Cri du sablier*, elle revient sur les événements de son enfance et en profite pour régler ses comptes avec son père en refusant de porter le traumatisme en héritage, comme il l'aurait voulu. *La Vanité des somnambules*, quant à lui, se lit davantage comme un essai romancé dans lequel Delaume expose son projet autofictif. Exacerbant le dualisme entre réalité et fiction, le roman raconte la lutte que livre un personnage de fiction nommé "Chloé Delaume" au corps humain qu'il tente d'investir afin d'avoir une voix pour pouvoir raconter ses "histoires"—des histoires réelles ou imaginaires, réelles et imaginaires.

Chloé Delaume revisite et récrit, à travers plusieurs de ses textes, sa "fiction familiale" de manière à se créer une nouvelle identité. Plutôt que de raconter son expérience de façon psychologisante pour faire la paix avec ses démons passés, *Les Mouflettes d'Atropos*, *Le Cri du sablier* et *La Vanité des somnambules* sont hantés par la colère de la narratrice et par un profond désir de vengeance pour cette trahison du père jamais pardonnée. À travers la figure de Chloé Delaume, il s'agit surtout pour elle de renier son "roman familial" et son héritage afin de se construire de toutes pièces une identité qui lui soit propre et qui ne repose plus sur les dispositifs habituels de la filiation et de l'historicité personnelle. Comme elle l'explique, "[l]'autofiction est le moyen d'essayer de rattraper, de recréer, de refaçonner, dans un texte, dans une écriture, des expériences vécues de sa propre vie qui ne sont en aucune manière une reproduction..." (*La Règle* 52). On se demandera alors: si le lien conservé avec sa propre vie n'est pas celui de la reproduction, de la re-présentation, alors quel est-il? Car cette histoire du meurtre de la mère, suivi du suicide du père traverse son œuvre, rappelant que la fiction n'est jamais bien loin de la réalité et vice-versa. L'auteure résiste à son traumatisme fondateur en se créant une nouvelle identité qui lui permet de renégocier les effets dévastateurs de son histoire familiale. L'autofiction joue un rôle actif dans la réécriture de sa propre existence et elle sert à éviter l'inertie et la victimisation. L'autofiction expérimentale de Chloé Delaume ne tente donc pas de représenter un passé qui lui aurait échappé; "Écrire non pour décrire, mais bien pour modifier, corriger, façonner, transformer le réel dans lequel s'inscrit sa vie. Pour contrer toute passivité. Puis. *On ne naît pas Je, on le devient*," écrit-elle dans *La Règle du je* (8). Comme je propose de le voir, l'autofiction delaumienne s'élabore grâce à un pacte singulier avec le lecteur. Entre représentation et invention, je propose d'étudier de quelle façon Chloé Delaume repousse les limites établies du genre autofictionnel pour créer ce qu'elle appelle son "autofiction expérimentale" ("S'écrire" 9). À travers la réécriture de son récit personnel, et en refusant de séparer les questions de l'éthique de l'esthétique et de la politique, Delaume questionne les notions d'identité individuelle et collective. C'est grâce à son traitement particulier de la notion d'autofiction que l'on peut reconnaître tout au long de son œuvre une tentative d'élaboration d'une politique ou d'un discours critique sur les responsabilités de tout un chacun en tant que citoyen participant à la vie collective.

Le pacte autofictionnel de Chloé Delaume

La politique de Chloé Delaume s'élabore avant tout dans sa relation au lecteur à travers une poétique qui vise à le déstabiliser et à le provoquer tant avec ses thèmes crus qu'à travers une expérimentation formelle; il s'agirait là, selon l'écrivaine, du propre de l'autofiction et ce qui la différencierait d'autres genres littéraires. L'écrivaine s'oppose ainsi à l'idée selon laquelle l'autofiction ne serait qu'une sorte de fourretout pour la littérature au *je* de la fin du millénaire. Elle s'oppose aussi à ce qu'elle appelle le roman "néoréaliste," un genre qu'elle considère dénué d'intérêt au niveau de la recherche formelle. Elle dénonce "le règne du livre à bonne petite idée," c'est-à-dire "le livre à bonne petite idée = association d'un dispositif simple et efficace + un bon petit problème de société. Les journalistes autoproclamés critiques littéraires en raffolent" (*La Règle* 29). Motivés d'abord et avant tout par le désir de raconter une histoire, ces écrivains mettraient en scène un problème social tout en maintenant une certaine distance par rapport au sujet dont ils traitent. Ceci n'est pas sans rappeler ce qu'écrit Christine Angot dans *L'Usage de la vie*, alors qu'elle fait un reproche semblable, mais à l'endroit de la culture française, qui semble privilégier la littérature américaine dont on vante la portée sociale comparativement à la littérature française qu'on considère narcissique. Delaume reproche ainsi aux écrivains contemporains de ne pas prendre de risques sur le plan personnel; privilégiant les rapports entre littérature et Histoire, ceux-ci s'en tiennent à représenter leur point de vue sur la réalité plutôt que de s'investir personnellement pour réinventer la réalité. Selon elle, ils seraient du côté de la description tandis qu'elle en appelle à l'invention. Un clin d'œil ironique au manifeste *Pour une littérature-monde*, qui avait créé tout un engouement au moment de sa publication en 2007, elle reprend les reproches qui sont souvent faits à l'autofiction: "Pourquoi s'astreindre au Je, alors qu'il est demandé de réfléchir sur le monde, jamais sur le Je-monde?" (Delaume, "S'écrire" 2). Pour l'écrivaine, la richesse de l'autofiction se situe justement dans la singularité de l'expérience personnelle et littéraire, et dans la possibilité de se réinventer hors des normes instituées.

L'objectif de l'autofiction delaumienne serait donc de transmettre au lecteur, à travers une expérience esthétique, une expérience vécue. L'engagement de l'écrivain passe par sa réflexion sur des discours critiques et sur le statut de la littérature ainsi que par sa mise en danger, c'est-à-dire par le degré de son implication personnelle dans l'œuvre. Dans cette perspective, ses livres sont des "laboratoire[s] de faits vécus" (Delaume, "S'écrire" 3). Adoptant une approche novatrice à l'autofiction, Delaume refuse d'écrire ce qu'elle n'aurait pas vécu et va jusqu'à provoquer des situations pour ensuite les rapporter dans ses textes. On dira que, pour Delaume, tantôt la réalité dépasse la fiction, tantôt la fiction traverse la réalité:

> Il ne s'agit plus d'utiliser des matériaux vécus, mais de les provoquer. Injecter de la fiction dans le cours de la vie, pour modifier celle-ci et faire que l'écriture devienne concrètement un générateur de fiction dans le réel. Vivre des expériences, pas que les raconter. Se prendre comme propre cobaye, que le corps lui aussi se retrouve impliqué. L'autofiction chez moi: une expérience totale. Un mode opératoire et une finalité. (Delaume, *La Règle* 90)

Par exemple, pour écrire *J'habite dans la télévision,* elle passe vingt-deux mois à regarder la télé; ou encore, pour le livre *Corpus Simsi,* qui prend pour point de départ le jeu vidéo *Les Sims,* elle se crée un avatar qu'elle rend ensuite disponible pour le téléchargement sur son site web. Par ailleurs, comme l'explique Delaume dans "S'écrire, mode d'emploi," elle rencontre aussi les limites de cette pratique lorsque sa psychiatre lui interdit d'assister à un embaumement pour l'écriture du livre *Dans ma maison sous terre*: "C'est mon premier dilemme, l'écriture ou la vie, elles se retrouvent distinctes jusqu'à confrontation. …L'écriture ou la vie, ça me semble impossible, impossible de trancher, c'est annuler le pacte. Vécu mis en fiction, mais jamais inventé" (7). Être témoin d'une thanatopraxie lui semble important parce qu'elle veut pouvoir rendre compte de ce que l'on ressent lorsqu'on est face à "[u]n corps inconnu et tout froid, un corps réduit à sa seule viande, qui puerait à m'en donner le haut-le-cœur. Parce qu'on ne peut simuler les torsions intérieures, pour que mes mots soient justes je me dois d'y aller" (Delaume, "S'écrire" 6). Si la définition de Doubrovsky de l'autofiction et la sienne se rejoignent dans l'idée de confier l'écriture au langage davantage qu'à la mémoire, Delaume fait de l'autofiction "…un laboratoire d'écriture tout autant que de vie, l'autofiction est une expérience existentielle" (Genon 132). Ainsi, faire l'expérience de l'événement sur lequel elle écrit se trouve être le fondement de son écriture expérimentale, renvoyant aux différentes définitions du terme: "qui est fondé sur l'expérience scientifique; qui peut servir d'expérience scientifique, où l'on expérimente quelque chose; qui est fait, produit, fabriqué à titre d'expérience; pour en éprouver les qualités" (*Larousse.fr*). C'est ainsi que j'avancerai que l'affect joue un rôle fondamental dans l'œuvre delaumienne; et que d'ailleurs, l'exemple de *Dans ma maison sous terre* montre bien que les limites de la libération identitaire à travers l'imagination se trouvent dans le corps comme lieu de somatisation des affects. Comme le soulève Patricia Ticinieto Clough, dans son introduction à *The Affective Turn: Theorizing the Social*, depuis le milieu des années quatre-vingt-dix, nombre de chercheurs en sciences humaines et sociales, particulièrement aux États-Unis, ont porté leur attention sur la façon dont les transformations politiques, économiques et culturelles en cours ont changé le domaine du social, en particulier l'aspect décrit par la notion d'affect entendu comme les forces corporelles pré-individuelles, liées à des réponses autonomes, qui augmentent ou diminuent la capacité d'un corps à agir ou à s'engager avec les autres. Pour Silvan Tomkins, le premier psychologue à s'intéresser à la question de l'affect, la cognition, la prise de décision et l'action reposent toutes sur le système des affects et, à son avis, "…affect or feeling [is] the primary innate biological motivating mechanism, more urgent than drive deprivation and pleasure and more urgent than physical pain" (137). Pour Brian Massumi, une autre figure marquante de la théorie de l'affect, l'affect dépasse le cadre linguistique, où l'on pourrait nommer des émotions. Dans *Parables for the Virtual*, il donne comme exemple un dessin animé allemand qui aurait créé une controverse auprès de parents quand les enfants se seraient plaints d'avoir eu peur. Massumi pose la question: qu'y a-t-il d'épeurant dans un dessin animé qui présente un personnage qui sauve un bonhomme de neige en l'amenant à l'ombre de la montagne plutôt que de le laisser sur le balcon dans sa cour, au soleil, et puis qui lui dit adieu? Massumi en déduit que c'est dans le non-dit que les enfants vont puiser leur réaction, dans le rapport à l'image et à l'affect, et plus encore dans la réaction pré-linguistique que cela peut créer chez le spectateur. À une approche qui est traditionnellement fortement ancrée dans la sémiotique et la théorie linguistique, Massumi vise donc à redonner à l'existence incarnée—mouvement, affect, sensation—une place dans l'analyse culturelle.

L'autofiction expérimentale

C'est cette réaction viscérale que cherche à provoquer Delaume chez le lecteur. Au cœur de son expérimentation qui vise à transmettre son expérience vécue se trouve ainsi un souci de *justesse*. Elle complexifie ainsi le lien entre l'écriture et la vie: "Je ne suis pas dans le vrai, je ne suis pas dans le faux, j'essaie d'être dans le *juste*, le juste passe non pas par le discours, mais par la parole, la parole vraie, la *parrhesia* aussi, peut-être" (Delaume, *La Règle* 56; je souligne). Il s'agira alors de transmettre une expérience avec *justesse*; on peut parler ici de justesse au sens de la "qualité d'un organe sensoriel, d'une faculté permettant d'apprécier les choses avec exactitude," mais aussi de la capacité à communiquer la "qualité de quelque chose, en particulier d'une expression, qui convient exactement à son objet" (Rey 4: 558). De manière paradoxale, la parole authentique passe par le travail de la langue: "plus je travaille, plus je modèle la réalité par l'écriture, la littérature et la poésie, et plus je m'approche d'une parole vraie, du noyau du moi," écrit Delaume dans la revue *Psychologies*. Le projet delaumien s'avère expérimental non seulement parce qu'il s'ancre dans l'expérience de l'écrivaine, qui cherche "soit [à] creuser une veine mais avec des éléments inédits, soit [à se] confronter à quelque chose de complètement nouveau" (Delaume, "Laboratoire" 24), mais aussi parce qu'il relève d'un projet expérientiel qui cherche à transmettre l'expérience vécue au lecteur en mettant l'accent sur l'innovation formelle: "Ce sera un témoignage. Je ne théorise pas. Je ne généralise rien, je suis les mains gantées dans mon laboratoire; je manipule le ressenti, les souvenirs, la fiction. La manière dont s'opère toute reconstitution, la façon dont s'agencent entre eux les matériaux. …Je fais des tentatives, je ne suis même pas dans l'œuvre, juste dans la recherche" ("S'écrire" 1). Ainsi, l'écrivaine cherche non pas à raconter son histoire, mais à transmettre ses expériences à travers la matérialité du texte, car au-delà de la fonction de représentation du langage, le texte littéraire est avant tout l'agencement d'unités linguistiques et lexicales, c'est-à-dire une manifestation matérielle, dans le but d'obtenir une forme expressive (Greimas et Courtés). Le texte peut ainsi *toucher* les lecteurs. L'affect apparaît donc au cœur de sa pratique de l'autofiction.

Je proposerai ici que c'est à travers la question de l'affect que se rejoignent la préoccupation de Delaume avec l'expérimentation tant formelle que son désir d'avoir réellement vécu ce sur quoi elle écrit, ainsi que la façon dont elle cherche à provoquer une

Chapitre quatre

réaction physique qui *touche* le lecteur et lui transmet avec justesse l'expérience qu'elle a vécue. Dans *Touching Feeling: Affect, Pedagogy, Performativity,* Sedgwick explore les liens entre émotions et expressions afin de proposer des outils d'analyse qui outre-passent la pensée dualiste qui oppose le corps et l'esprit et ce, travers la notion d'affect. Dans son introduction, Sedgwick explique que la seule façon de connaître une texture est à travers une série d'hypothèses à confirmer ou infirmer: un matériau est-il doux, lisse, granuleux? Il faut donc en faire l'expérience, le sens du toucher servant d'intermédiaire entre l'objet extérieur à connaître et l'action cognitive qui permet au cerveau d'analyser ce qu'il vient d'expérimenter. J'avancerai que les textes de Chloé Delaume, dans leur engagement d'une recherche formelle, opèrent de la même manière. Delaume s'engage donc à faire sentir et ressentir au lecteur de nouvelles expériences à travers des formes novatrices: "Je recherche l'inédit, mais par le ressenti. J'engrange, je collectionne, je classe les sensations puis les fait infuser avant qu'elles ne se distillent au sein de mes paragraphes" (*La Règle* 7). Ce désir de transmettre une expérience vécue à son lecteur s'apparente à une tentative de transposition du théâtre de la cruauté dans l'écriture, laquelle motive conséquemment ses choix esthétiques tant et si bien qu'on a l'impression que son passé affecte le texte pour lui donner une texture.

Les textes de Chloé Delaume sont construits de manière à refléter la douleur, l'incompréhension et la détresse qu'a provoquées son drame familial. Particulièrement dans ses trois premiers romans où elle établit son projet d'écriture autofictionnelle, l'écrivaine cherche à reproduire l'effet de son traumatisme à travers une exploration formelle qui rend cette expérience accessible et assimilable pour le lecteur. Tout ceci affecte la structure de ses romans si bien qu'ils rappellent davantage un flux de conscience qu'ils ne racontent une histoire que l'on puisse résumer et suivre. De ce va-et-vient, ces accélérations puis ces arrêts, ces sauts et ces trous, la matérialité du langage devient presque palpable. Tant dans *Les Mouflettes d'Atropos, Le Cri du sablier* ou *La Vanité des somnambules,* quelque digression, référence ou commentaire interrompt toujours inopinément l'histoire en train d'être racontée. S'il s'agit là d'une autre façon de s'inscrire en faux par rapport à la tradition romanesque qui privilégie l'histoire au profit de la recherche esthétique, Dawn Cornelio croit plutôt que "la narration minée" de Chloé Delaume, comme elle l'appelle, rend son récit illisible (423). Ce commentaire s'ajoute à une kyrielle de critiques qui reprochent à l'écrivaine d'écrire des textes difficiles à lire, tant dans leur structure que dans leur langage. En outre, Delaume ne s'en formalise pas, déclarant en entrevue qu' "[u]n livre qui n'a pas de synopsis c'est problématique pour les journalistes" ("Un livre"); ajoutons, à la suite de Cornelio, que cela pose aussi un problème au lecteur, minant ses capacités à interpréter ses romans et à les comprendre. Or, pour Delaume, il ne s'agit pas tant de raconter une histoire, comme je l'ai déjà mentionné, mais de transmettre une expérience à travers le ressenti. Le style de Chloé Delaume déjoue donc délibérément les attentes du lecteur en altérant le langage au point de rendre ses textes, par endroits, illisibles. Cornelio souligne avec justesse le fait que "…Delaume brime aussi la syntaxe, en alignant des séries de mots qui ne se lisent pas sans une attention particulière [sic] et appliquée" et ce, malgré qu' "ils [les lecteurs] s'attendent à ce que les phrases soient achevées et … à ce que la ponctuation leur permet [sic] de s'orienter dans le monde de la fiction" (425). S'inspirant du travail oulipien d'un Queneau ou d'un Perec, l'écriture de Delaume, particulièrement dans ses premiers livres, se construit à travers les contraintes lexicale et syntaxique, les allusions et les références, les jeux et l'intermédialité, c'est-à-dire la façon dont le développement de nouvelles technologies est venu modifier le monde de la littérature en ce sens où le texte littéraire prend maintenant différentes formes et emprunte différents supports grâce, entre autres, aux nouveaux médias (Müller 99–109). Ainsi, à ses débuts, Chloé Delaume se faisait des listes de mots, le plus souvent archaïques, et se donnait pour objectif de les intégrer à l'intérieur de ses textes. De même, plusieurs de ses livres sont écrits en alexandrins, par exemple. Le style expérimental de Chloé Delaume est donc le résultat de toutes ces stratégies langagières. Pour *Le Cri du sablier,* qui s'est vendu à 10 000 exemplaires grâce surtout à son sujet croustillant (sur la quatrième de couverture, on décrit le livre comme étant "…le récit d'une réminiscence [qui]…remonte le temps afin de faire voler en éclats un passé oppressant"), l'écrivaine a tenté de décourager le lecteur qui ne s'intéresserait qu'au côté licencieux de l'histoire en lui servant des premières pages particulièrement touffues (Delaume, "Laboratoire" 27). Ainsi, il est hors de question de donner au

Chapitre quatre

lecteur du prémâché. Par contre, il ne s'agit pas de faire la vie dure au lecteur pour son simple plaisir; c'est une façon pour Delaume de toucher et d'impliquer le lecteur dans l'acte de lecture.

Selon Sedgwick, l'action de toucher quelque chose marque toujours la limite entre l'extériorité et l'intériorité, entre Soi et l'Autre, mais va toujours aussi au-delà de cette limite; l'intériorité est touchée par l'extériorité, le Soi est touché par l'Autre. C'est dans cette perspective que les textes de Chloé Delaume non seulement touchent le lecteur, mais l'invitent à participer dans le texte, ce qui brouille la distinction entre émetteur et récepteur et entre sujet et objet: "...to touch is always already to reach out, to fondle, to heft, to tap, or to enhold, and always also to understand other people or natural forces as having effectually done so before oneself, if only in the making of the textured object" (Sedgwick, *Touching* 14). Au-delà de la dichotomie entre passivité et action, le toucher est aussi un geste d'ouverture; une main tendue vers l'objet et l'expérience de toucher cet objet, mais aussi envers la personne ayant confectionné l'objet en question. Selon Massumi, l'affect apparaît comme le tiers manquant de la philosophie aristotélicienne qui repose sur une logique binaire; "...in parallel, of mind and body, from an origin in passion, in impingement, in so pure and productive a receptivity that it can only be conceived as a third state, an excluded middle, prior to the distinction between activity and passivity: affect" (32). L'affect est donc aussi ce lieu de rencontre entre deux subjectivités distinctes à travers une sensation, une intensité partagée. Ainsi, grâce à son engagement formel, Chloé Delaume utilise l'affect comme une façon d'intégrer le lecteur dans le processus de lecture de façon à l'amener à réfléchir sur sa propre façon d'être-au-monde.

C'est dans cette perspective que j'adopterai une définition dans la tradition spinoziste qui lie l'affect au pouvoir d'affecter et d'être affecté, suggérant ainsi l'idée d'une *politique* de l'affect. Dans cette même lignée, Massumi note dans ses notes à la traduction anglaise de *Mille Plateaux* la distinction entre les termes "affect" et "affection":

> AFFECT/AFFECTION. Neither word denotes a personal feeling (*sentiment* in Deleuze and Guattari). *L'affect* (Spinoza's *affectus*) is an ability to affect and be affected. It is a prepersonal intensity corresponding to the passage from one experiential state of the body to another and implying an augmentation or

> diminution in that body's capacity to act. *L'affection* (Spinoza's *affectio*) is each such state considered as an encounter between the affected body and a second, affecting, body (with body taken in its broadest possible sense to include "mental"or ideal bodies). (Deleuze et Guattari, *A Thousand Plateaus* xvi)

Ceci permet donc à Gilles Deleuze et Félix Guattari de parler d'une *micropolitique* de la vie de tous les jours en ce sens où l'affect, c'est-à-dire nos torsions intérieures, nos instincts et pressentiments, nos réactions et nos sensations, a tout à voir avec nos décisions quotidienne malgré le rationalisme avec lequel on se justifie sans cesse (*Mille Plateaux* 253–83). Dans le projet delaumien, il s'agit non seulement de transmettre la façon dont sa propre expérience l'a affectée de façon juste et authentique, mais d'affecter le lecteur, de provoquer chez lui une expérience qui lui soit unique, "[l]ui transmettre par le ressenti, *concrètement,* sa propre expérience, 'hors sagesse et hors syntaxe du roman, traditionnel ou nouveau'" (Delaume, *La Règle* 67; c'est l'auteure qui souligne). Ainsi, non seulement les affects sont-ils contagieux, ils ont le pouvoir de transformer le sujet; selon Lone Bertelsen et Andrew Murphie, "[t]his power to affect and be affected, as a power of transformation within the wider world has motivated Deleuze and Guattari's affects as becomings…" (141). Suivant, Delaume amène le lecteur à vivre une transformation semblable à la sienne non seulement en voulant lui transmettre l'expérience de son traumatisme d'enfance, mais aussi en le guidant vers la prise de conscience que, lui aussi, peut se réinventer. Si l'écrivaine est elle-même devenue "Chloé Delaume"—cette identité qu'elle conçoit comme une démarche esthétique, un façonnement de soi ("Laboratoire" 23)—cette même expérience est aussi transmise à travers le texte et affecte le lecteur de façon à ce qu'il puisse, dans une certaine mesure, lui aussi, "devenir Delaume," comme elle le fait de façon évidente dans *Corpus Simsi* où elle invite le lecteur à investir un avatar créé à son image. L'œuvre de Chloé Delaume se concentre donc sur l'expérience du *je*, tant le *je*-écrivain que le *je*-lecteur, appelé à vivre une expérience affective à travers l'écriture delaumienne.

En somme, on peut considérer le travail de Chloé comme "expérimental" à plusieurs niveaux: d'abord dans sa manière de négocier les rapports entre la littérature, le multimédia et la vie, allant jusqu'à provoquer des événements pour ensuite les consigner dans ses œuvres; expérimental aussi au niveau de son exploration formelle hors des normes instituées; expérimental finalement du point de vue du lecteur qui est affecté par les histoires douloureuses et les propos choquants que rapporte l'écrivaine. Mais ultimement, ce qu'elle veut, ce n'est pas seulement *toucher* le lecteur, c'est le transformer. C'est en ce sens qu'écrire le *je,* pour Chloé Delaume, est un geste politique; "…l'autofiction c'est une expérience … Je ne peux pas la vivre à la place du lecteur, je peux juste lui rappeler qu'il n'est pas obligé de rester à la sienne si elle ne lui convient pas" (Delaume, *La Règle* 62–63). En écrivant et réécrivant son *je* au fil de ses livres, Delaume invite le lecteur à en faire de même; la littérature n'aurait d'autre but que de faire réaliser au lecteur que sa propre narration est dissoute et qu'il n'en tient qu'à lui de la reprendre en main. Lui aussi a le pouvoir de se libérer de l'étreinte des fictions collectives et individuelles qui lui ont été imposées.

Chapitre cinq

Les Mouflettes d'Atropos
L'Individu dans le collectif

Les Mouflettes d'Atropos est le premier roman de la trilogie autofictive que Chloé Delaume dédie à son drame familial. Le terme "mouflette," terme populaire, veut dire "petite fille" tandis qu'Atropos fait référence aux trois Moires grecques, maîtresses de la destinée humaine dans la mythologie. Clotho, "la Fileuse," tisse le fil de la vie, Lachésis, "la Répartitrice," déroule une longueur, tandis qu'Atropos, "l'Inévitable," le coupe. Atropos est donc celle qui rend le jugement des autres sœurs irréversible, d'où l'idée qu'elle serait la déesse de la destinée. Dans ce livre, une certaine atmosphère d'inévitabilité règne, Delaume y mettant en scène les différentes manières dont elle se sent prisonnière tant de son passé que des fictions collectives qui forment le récit familial et le tissu social. Dans ce roman, l'écrivaine livre un récit divisé qui parle à la fois de son expérience comme prostituée, du meurtre de la mère et de son mariage précoce (elle a été mariée à l'écrivain et philosophe Mehdi Belhaj Kacem jusqu'à 2002). Ainsi, plusieurs histoires se recoupent, racontées par une instance narrative dédoublée entre Chloé, pseudonyme de l'écrivaine, et Daphné, son nom de putain. Ce récit fragmentaire juxtapose des passages sur le travail du sexe, le mariage, la famille, la bourgeoisie grâce à un habile collage de poèmes, de prières, de chansons, d'extraits d'articles, etc.

Chloé Delaume est certes l'écrivaine la plus ouvertement politisée sur laquelle cet ouvrage se penche. En effet, si Angot critique l'élite culturelle et politique par une critique de l'institution littéraire et à travers la figure de l'inceste, Delaume entretient un discours de gauche décomplexé et critique ouvertement la bourgeoisie de Saint-Germain-des-Prés et la classe dominante. De plus, elle est sensible aux différentes formes d'appropriation de soi qui, si elles paraissent plus subtiles, n'en sont pas moins liées au pouvoir et sont donc politiques en soi. C'est en ce sens que

Chapitre cinq

Chloé Delaume conçoit les récits collectifs qui structurent la vie en société; ils en viennent à contaminer la psyché des individus de telle façon qu'il devient impossible de distinguer les pulsions qui appartiennent véritablement aux individus et celles qui nous sont imposées par le social. De cette façon, l'écrivaine s'attaque à plusieurs mythes et croyances qui, malgré la récente désaffection des grands récits, demeurent tout de même structurants dans l'imaginaire collectif. Comme elle l'explique à maintes reprises dans *La Règle du Je:* "'Écrire pour suicider le Je,' donc. Personnage de fiction = suicider le Je" (13), équivaut à refuser les fictions individuelles (héritage de ses parents, traumatisme, histoire personnelle, etc.) et collectives (rôle de la famille, bourgeoisie, travail du sexe, etc.). Ceci n'est pas sans rappeler ce qu'Artaud dit dans "Sur le suicide": "Si je me tue ce ne sera pas pour me détruire, mais pour me reconstituer, le suicide ne sera pour moi qu'un moyen de me reconquérir violemment, de faire brutalement irruption dans mon être, de devancer l'avance incertaine de Dieu. Par le suicide, je réintroduis mon dessin dans la nature, je donne pour la première fois aux choses la forme de ma volonté" (23). Bref, pour le dire autrement, le suicide apparaît, tant pour Delaume que pour Artaud, comme une façon d'affirmer sa volonté individuelle contre la volonté collective. Dans cette perspective, Delaume entreprend donc de déconstruire ces fictions structurantes afin de se libérer de leur emprise.

"Le poids de l'impact" ou l'agressivité détournée

Comme la plupart du livre, l'incipit des *Mouflettes d'Atropos* peut sembler quelque peu cryptique. L'histoire commence sur ce qui semble être une discussion assez turbulente (pourrait-il s'agir d'un monologue intérieur?) au sujet de la formule pour calculer la force de l'impact lorsqu'il y a collision entre un corps immobile et un corps en mouvement (Delaume, *Mouflettes* 9–10). Certes, cette énigme laisse présager le récit du meurtre par balles de la mère par le père et le suicide de ce dernier, événement qui n'est mentionné que beaucoup plus loin, mais il rappelle aussi le rapport au lecteur, rapport qui est basé sur une certaine violence et une certaine cruauté. L'instance narrative énumère l'élasticité de différents matériaux, puis demande pour le ressentiment, après quoi la dispute éclate de plus belle en discours indirect libre où semble s'enchevêtrer deux voix indistinctes; une des voix insiste pour "calculer le ressentiment," "calculer le poids de l'impact" alors que l'autre la ramène à son véritable objectif, "…vous vous égarez un tantinet. Ce n'est pas ça qui nous intéresse le plus au fond. C'est la puissance. L'intensité. La mordorure. La qualité de la douleur au MOMENT du choc" (10). En plus de faire référence à la chanson de Vian "La Java des bombes atomiques," l'instance narrative met en scène un sujet clivé, pris dans un rapport conflictuel avec lui-même. Ce type de contradiction décrit le dilemme auquel l'écrivaine est confrontée: d'un côté, le ressentiment, la frustration et l'hostilité face à ses parents pour lui avoir donné une enfance misérable, avec un profond traumatisme en prime, et la sensation d'être impuissante face à la situation; de l'autre, une volonté de puissance, de voir l'essence et l'existence confondues, de reprendre en main son propre récit de soi. Ces deux voix sont négociées tout au long du roman.

Or, plutôt que de résoudre ce conflit, l'instance narrative oriente son agression envers le lecteur. Comme le veut la croyance populaire, David P. Barash et Judith Eve Lipton soulignent que la douleur se répète suivant un modèle circulaire: "Pain, in short, is infectious; it is passed along like a demonic bucket brigade, which, instead of putting out a fire, burns its victims, who respond by causing yet more pain, which leads to yet more victims" (6). Dans leur livre *Payback: Why We Retaliate, Redirect Aggression, and Take Revenge,* Barash et Lipton identifient trois modèles selon lesquels le cycle de la douleur se poursuit: les représailles (A attaque B, qui réagit spontanément en attaquant A), la vengeance (A attaque B, qui laisse le temps passer avant de réagir en surprenant A), l'agressivité détournée [*redirected aggression*] (A attaque B, qui à son tour attaque C) (4). Ainsi, dans bien des cas, les personnes qui souffrent, que cela soit physiquement ou psychologiquement, ont tendance à réagir en blessant d'autres personnes, qui sont souvent des victimes innocentes qui, à leur tour, persécuteront de nouvelles victimes. C'est ainsi qu'on parlera souvent d'un "cycle de la violence": une personne issue d'un milieu familial violent aura tendance, à son tour, à être violent(e) avec son/sa partenaire et ses enfants. Pour ce qui est de Chloé Delaume, en l'absence du père et de la mère, véritables coupables dans cette histoire d'enfance dévastée et de traumatisme, la colère de Chloé Delaume

Chapitre cinq

est canalisée sur un autre objet, la société française avec ses récits structurants les plans individuel et collectif.

Plus encore, c'est véritablement le lecteur qui sera l'objet de sa colère, en tant que représentant de la société. Ainsi, elle canalise sa colère contre le lecteur qu'elle considère complice dans la reproduction de normes qui structurent et limitent l'éclosion du véritable *je*. C'est donc toute la société qui est mise au banc des accusés, et c'est le lecteur qui en paiera le prix. Ayant été victimisée et humiliée, l'écrivaine victimise et humilie un autre à son tour. Tel est le cycle de la douleur: le sujet bafoué affirme son autorité en rabaissant plus petit que soi. Or, ce "pouvoir" ne peut être acquis qu'aux dépends de quelqu'un d'autre. De là, Delaume écrit que ce qui l'intéresse, c'est "la qualité de la douleur au MOMENT du choc" (*Les Mouflettes* 10)—c'est ce moment, sans cesse dramatisé dans le livre dans la relation entre l'instance narrative et le lecteur, récepteur du récit, qu'elle explore dans *Les Mouflettes d'Atropos*. Par contre, l'agressivité de la narratrice envers le lecteur est beaucoup plus camouflée dans *Les Mouflettes d'Atropos* que dans ses livres subséquents. En effet, plusieurs lecteurs et commentateurs soulèvent la violence du *Cri du sablier* et de *La Vanité des somnambules*, mais rarement celle des *Mouflettes d'Atropos* bien qu'elle y soit déjà présente de manière embryonnaire; c'est ce que je démontrerai ici.

Chloé Delaume rejette donc son traumatisme, qu'elle considère une expérience aberrante et injuste, pour investir l'écriture comme un champ vierge où elle peut se réinventer: "Je n'écris pas pour guérir de la thanathopathie, non, vraiment pas du tout. Modifier le réel, pour unique objectif et seule motivation. Écrire pour ne pas mourir, ça ne peut avoir de sens. J'écris pour déconstruire: modifier le réel, la fiction et la langue sont *des outils guerriers*" (*Une Femme* 74; c'est l'auteure qui souligne). Notons que Delaume utilise un langage qui relève du lexique de la guerre, suggérant qu'il s'agit d'une lutte à finir. Dans *Metaphors We Live By,* George Lakoff et Mark Johnson changent notre compréhension de la métaphore, son rôle dans le langage et dans notre façon d'aborder le monde. La métaphore, expliquent les auteurs, est un mécanisme fondamental de l'esprit qui nous permet d'utiliser ce que nous savons de notre expérience physique et sociale afin de mieux comprendre plusieurs autres sujets. Parce que ces métaphores structurent nos interprétations les plus élémentaires de notre expérience, elles structurent notre façon d'appréhender la réalité, telle la métaphore selon laquelle "La discussion, c'est la guerre" (56). Nous utiliserions ainsi le trope de la guerre lorsqu'on parle d'un "argument indéfendable," d'avoir "attaqué le point de son adversaire" et d'avoir "gagné le débat" (56–57). Or, Freud emprunte également la métaphore guerrière pour parler de la résistance dont faisaient preuve ses patients face à l'analyse, refusant d'amener à la conscience des éléments inconscients qui pourraient participer à leur guérison (*Cinq Psychanalyses* 159–61); l'œuvre de Delaume se situe ainsi à mi-chemin entre la résistance et le transfert, car au lieu d'accepter son traumatisme comme une part ineffaçable d'elle-même, ce qui lui semblerait être une capitulation, l'écrivaine se tourne vers l'autofiction. À travers ses œuvres autofictionnelles, l'auteure résiste à son traumatisme fondateur en se créant une nouvelle identité qui lui permet de renégocier les effets de son histoire familiale. La métaphore guerrière, antagonique, influence donc notre façon d'entrer en relation avec autrui, ce qui est particulièrement évident dans le cas de Chloé Delaume qui entretient une relation tumultueuse avec son lecteur. Puisqu'il fait partie d'une société qui tait la violence physique et psychologique, et qui ne parle pas de ses séquelles, le lecteur est accusé d'être complice de son malheur. Continuellement interpelé dans le texte, le lecteur est malmené tandis que Delaume prend sa revanche. Au-delà de son désir de vengeance, l'écrivaine s'attaque aussi au lecteur dans le but de lui transmettre sa douleur afin qu'il comprenne le traumatisme qu'elle a vécu enfant. *Les Mouflettes d'Atropos* se déploie donc comme un piège qui vise à projeter le lecteur à l'intérieur de l'expérience traumatique de l'écrivaine. Par contre, pour que le piège fonctionne, il faut d'abord y attirer le lecteur, ce que fait Delaume en promettant une histoire croustillante, mais aussi en charmant le lecteur. Un peu comme le pervers narcissique qui flatte sa victime pour la manipuler, c'est dans l'écart entre la séduction et le dénigrement que le texte trouve sa force pour attirer le lecteur dans ses profondeurs et pour lui faire vivre à son tour la douleur ressentie par la narratrice. Delaume parodie le théâtre de vaudeville, qui, au début du vingtième siècle, tourne en ridicule des scènes de la vie domestique bourgeoise, et adopte un ton charmeur qui plaira au lecteur français moyen, bourgeois et cultivé, celui-là même dont on rit dans les pièces de vaudeville. Il est souvent question de nourriture et de l'acte de manger, comme si "maman" Chloé voulait bien s'occuper du lecteur qu'elle a invité dans son univers textuel. Cependant, le ton du texte est changeant et passe brusquement de la sollicitude à l'agression. Juste avant de réellement commencer le récit de son expérience comme prostituée, le texte est bourré de platitudes puis le ton devient plus agressif:

> C'est pas mauvais, n'est-ce pas mon cœur. C'est du ragoût champenois. Et j'ai pris du millésimé. Ça non, on ne se refuse rien. Plus rien. Mais t'occupe, va. Mange, mon ange, MANGE. Régale-toi. Tu l'aimes tellement que tu vas en reprendre deux fois. *Je t'avais bien prévenu que vous vous en boufferiez les doigts.* Sûr, je suis un vrai cordon-bleu. Et je suis imaginative. À un point t'as même pas idée. Faut dire c'est important. Capital. Dans les vaudevilles. Le mari la femme son amant la voleuse et le cuisinier. Le mari la femme au foyer et la maîtresse dans LA MARMITE. Qu'est-ce qu'on rigole des fois j't'en jure. (*Les Mouflettes* 20; c'est l'écrivaine qui souligne)

Jouant le jeu de l'hôtesse chaleureuse, Delaume va même inclure une recette d'escalopes au citron vert en promettant qu'elle fera goûter le lecteur plus tard s'il est capable de bien se tenir (*Les Mouflettes* 23–25); une promesse vide puisqu'il s'agit de littérature. Or, ce que l'on retiendra ici est le rapport ambivalent de la narratrice à son lecteur, l'attirant puis le repoussant comme un yoyo. Comme je l'ai mentionné plus haut en parlant de l'ouvrage *Payback: Why We Retaliate, Redirect Aggression, and Take Revenge* de Barash et Lipton, il s'agirait là d'une autre manière de canaliser son agression et de dé/retourner la violence contre son lecteur.

Sur le plan stylistique, *Les Mouflettes d'Atropos* emprunte différentes stratégies afin de faire réagir lecteur. Son texte est étouffant: les associations d'idées et les digressions s'enchaînent à un rythme qui s'accélère et à travers lequel on sent la narratrice à bout de souffle, mais qui ne peut s'arrêter. Son style expérimental traduit la douleur et le vertige de la narratrice. Alexandra Galakof, sur le site web *Buzz littéraire*, décrit l'écriture delaumienne en ces termes: "La souffrance … flue et reflue au gré de phrases tour à tour fleuves ou minimalistes (réduite à une locution, un adverbe ou un borborygme...), saccadées ou fluides, de répétitions obsessionnelles ou encore d'imbrications de vers de Baudelaire, de comptines enfantines, de posologies médicamenteuses, de versets d'évangile, de clins d'œil à Queneau ou de citations de Valérie Solanas… ."

C'est ainsi que l'imposition de contraintes rythmiques comme l'alexandrin, l'assemblage d'extraits de livres ou de chansons, l'incorporation de néologismes ou d'archaïsmes sont autant de procédés qui deviennent des "motifs dans le tapis," pour reprendre l'expression de Delaume, structurant le texte, et autant de clins d'œil et de textures qui affectent et émeuvent le lecteur ("Chloé Delaume: conseils"). Le lecteur, à son tour, cherche à reprendre son souffle: "Mêlant les phrases savantes (références mythologiques, historiques ou littéraires) aux interjections familières voire potaches, le flot ne s'arrête pas de couler presque sans respiration, laissant le lecteur pantelant, fasciné par la virtuosité de sa langue et des trouvailles stylistiques" (Galakof). À plusieurs reprises dans *Les Mouflettes d'Atropos*, Delaume mentionne qu'elle écrit "en apnée," comme si elle arrêtait temporairement de respirer quand la douleur la prenait à la gorge et l'étouffait. Toutes ces stratégies d'écriture ont pour effet de compliquer le décodage du texte sur le plan cognitif. Le lecteur doit donc aborder le texte de manière affective, en se basant sur l'effet qu'il produit sur lui davantage que sur son sens. Comme Delaume l'écrit, "[c]e n'est pas très facile d'expliquer en apnée la souffrance et le reste. D'ailleurs personne m'écoute. Jamais. On ne prête pas l'oreille aux douleurs obsolètes" (*Les Mouflettes* 14–15). Ainsi, on n'*écoute* pas les textes de Chloé Delaume, on les *ressent*, on les *vit* à travers leur texture, leur forme, leur style très particulier.

En écrivant *Les Mouflettes d'Atropos,* Chloé Delaume transforme le langage et ébranle sa fonction de communication, c'est-à-dire sa capacité à transmettre un message clair. En incluant des références cryptiques, en utilisant un langage désuet, archaïque et affecté, en jouant avec le rythme et l'enchaînement, elle complique l'acte de lecture. Par exemple, il n'est pas rare que plusieurs prépositions, articles ou pronoms soient élidés non seulement pour accélérer le rythme de la lecture, mais pour amener le lecteur à participer activement dans l'acte d'interprétation. Celui-ci est appelé à combler les espaces vides par lui-même dans ce récit à la syntaxe lacunaire. D'ailleurs, Christiane Terrisse est d'avis que la violence que fait subir Delaume à la langue est analogue à la violence qu'elle a vécue enfant. Ainsi, l'ensemble de ces stratégies complique la lecture de manière à ce que le lecteur soit appelé à y participer activement et puisse éventuellement être "directement pris à parti" (Terrisse). Bien plus, non seulement le lecteur est pris à parti, mais il est directement impliqué dans l'acte de lecture; il se trouvera éventuellement transformé par cette expérience. En effet, l'action de consommer une œuvre d'art, qu'elle soit littéraire, cinématographique, visuelle ou autres, n'est pas sans effet sur la vie du lecteur, comme le démontre Jean-Marie Schaeffer dans *Pourquoi la fiction?* À son avis, la fiction joue un rôle indispensable dans l'économie de nos représentations mentales et dans notre façon d'appréhender la vie quotidienne, la fiction n'étant au final qu'une extension de notre façon d'appréhender le réel. Comme le formaliste Mark Rothko le disait si bien, "[i]t is our function as artists to make the spectator see the world our way not his way" (Rothko et al.). Ainsi, la ligne de démarcation entre le spectateur et l'artiste est brouillée; si l'artiste s'immisce dans la psyché du spectateur grâce au pouvoir de son œuvre, le spectateur assimile aussi l'œuvre qui devient une partie de lui-même.

Cependant, si Delaume semble, de prime abord, rechercher cette sorte d'intimité avec le lecteur en l'invitant à se plonger, voire se perdre, dans son œuvre, elle semble également y voir une tentative d'*appropriation* de son récit personnel et de son expérience. Elle semble aussi y voir un rapprochement entre l'incorporation de l'œuvre par le lecteur et l'assimilation du sujet par les métarécits. Ultimement, elle craint sa propre disparition au profit d'une force extérieure. Elle résiste aussi au lecteur en le provoquant, en le rejetant et en l'accusant d'être complice des horreurs dont elle a été victime. Elle tente donc de créer un rapprochement entre l'acte de lecture et le rapport prostitutionnel. Sous cet angle, le lecteur (auquel elle semble attribuer le sexe masculin par défaut) semble vouloir "acheter le corps" textuel de l'écrivaine et, du coup, "consumer" leur relation comme une forme d'appropriation. Ainsi, si elle semble d'abord vouloir séduire le lecteur, ce dernier devient rapidement l'objet de sa colère. Complice d'une société qui condamne la victime de violence au silence, le lecteur en vient à remplacer tous les hommes par un procédé métonymique où la partie représente le tout. Delaume tente donc de se réapproprier la violence dont elle a été victime. Canalisant son agressivité envers le lecteur, elle passe du statut de victime à celui de bourreau. Cherchant à tout prix à obtenir réparation, c'est au lecteur qu'elle fera payer le prix de la reproduction de normes sexistes et inégalitaires qui l'ont dépossédée de sa capacité d'agir pendant trop longtemps.

L'individu dans le collectif

Contes de fée et post-porno

Dans *Les Mouflettes d'Atropos*, Chloé Delaume emprunte des éléments propres au conte de fée et à l'esthétique pornographique pour proposer une critique des rôles socio-sexuels masculin et féminin afin de mettre l'accent sur leur caractère construit. Bien qu'ils s'adressent à des publics différents (l'un s'adresse explicitement aux enfants, l'autre presqu'exclusivement à des hommes adultes), les contes de fée et la pornographie véhiculent des normes de genre hétérosexistes et patriarcales. Dans la plupart des cas, ils promeuvent tous deux les stéréotypes de l'homme puissant, fort, proactif et de la femme belle, douce, passive. Rappelons que les origines du conte de fée moderne se trouvent dans une tradition orale, qui ne s'adressait pas exclusivement aux enfants, et que ce n'est qu'au dix-huitième siècle que le conte de fée a pris un rôle civilisateur en assurant l'éducation morale d'une nouvelle aristocratie. Dans le but de dénaturaliser les fictions collectives, Delaume fait référence au conte de fée, un genre qui, selon Donald Haase dans *Fairy Tales and Feminism*, joue traditionnellement un rôle important dans la reproduction de "l'idéologie des genres" en apprenant aux enfants dès leur plus jeune âge des rôles de sexe assez rigides dans lesquels les personnages féminins sont, dans la plupart des cas, mais pas toujours, dépendantes des personnages masculins (viiii). Pour Delaume, ces récits sont complices d'une forme de contrôle des corps et des identités, et il importe de mettre au jour leur absurdité. Parodiant le ton enfantin des contes de fée, elle explique ce qui l'a amené au travail du sexe: "Voici donc mon histoire. Celle d'une petite fille qui a grandi trop vite et qui du coup se retrouve embarquée dans un truc pas du tout de son âge. C'est l'histoire d'une petite fille qui avait perdu sa maman et qui voulait châtrer les ogres" (Delaume, *Les Mouflettes* 33). Elle poursuit en tentant de démentir l'idéal de l'amour inconditionnel, qu'il soit romantique ou familial: "C'est l'histoire d'une petite fille qui cherchait l'amour et qui a fini par comprendre que ça n'existait pas. ...Alors, un jour, elle en a eu marre la petite fille. Mais marre à un point, vous n'avez pas idée. Aussi, elle a décidé de mourir. ... Oui c'est bien ça. Elle a décidé de mourir. Et c'est là que commence vraiment l'histoire. Parce que l'histoire des femmes n'est que la somme des récits de suicides enfantins" (33–34). Chloé Delaume nécessite la mort de Nathalie Dalain, l'enfant naïve dont il est question dans ce passage. L'écrivaine renverse

Chapitre cinq

dès lors les tropes propres au conte de fées afin de passer du statut d'objet passif que le père et la société dominent au statut de sujet actif, agent de sa propre destinée.

Dans cette perspective, l'œuvre de Chloé Delaume partage plusieurs éléments communs avec celle de Virginie Despentes, une autre écrivaine française qui s'est fait connaître au tournant des années deux milles pour ses livres choquants. La libération des personnages féminins, tant chez Delaume que chez Despentes, passe par l'hyper violence, qui est un des aspects les plus frappants de leurs œuvres. Dans *Baise-moi* de Despentes, les personnages de Manu et Nadine entreprennent une croisière de sexe et de sang à travers la France en forçant le destin à accomplir leur volonté de vengeance et de destruction. Le roman comprend plusieurs scènes sexuelles où les hommes sont dénigrés, violentés et humiliés par des femmes armées et dangereuses qui les forcent à accomplir des actes sexuels dégradants. Pour Despentes, la figure de la "hardeuse," c'est-à-dire la star de porno "hard," qui joue un rôle actif dans l'acte sexuel et participe à des actes sexuels non simulés, incluant la pénétration, la sodomie, la fellation, le cunnilingus et l'éjaculation, est fondamentalement subversive, car elle s'oppose au stéréotype féminin "…de la 'bunny girl,' la fille d'à côté, qui ne fait pas peur, qui est facile d'accès" (*King Kong* 100). Selon Despentes et Delaume, une femme que l'on craint est nécessairement subversive. Dans *Les Mouflettes d'Atropos,* la narratrice décrit avec détails les actes d'humiliation et de violence qu'elle ferait subir à la gente masculine, révélant ses fantasmes sadomasochistes sans réellement les mettre en pratique. Dans un long passage, elle donne le mode d'utilisation de son invention, le *Bito-Extracteur,* sorte de machine à émasculer. Elle y décrit graphiquement les différentes phases de cuisson du pénis jusqu'à sa combustion (Delaume, *Les Mouflettes* 58–66). La description très précise, pseudo-scientifique, donne l'illusion que la colère de la narratrice, bien qu'elle semble disproportionnée, s'appuie sur un argument rationnel. Delaume inclut aussi plusieurs passages où elle humilie ouvertement les personnages masculins, incluant son petit ami, qui vient d'emménager avec elle et de qui elle entend aussi faire l' "étude socio-psychologique." Désigné par l'appellation déshumanisante de "sujet masculin," elle ridiculise son égotisme, la futilité de ses préoccupations, et son incapacité à prendre soin de lui-même et à combler ses propres besoins en l'absence de sa mère. La plus grande humiliation viendra lorsque la narratrice exposera publiquement le fait qu'il souille son slip, problème au sujet duquel elle inclut un encadré à allure pseudo-scientifique intitulé "Notes de l'Institut Scum," faisant référence au *SCUM Manifesto* de Valerie Solanas, dans lequel cette dernière déclare que les hommes ont mené le monde à sa perte et que c'est aux femmes de le sauver (*Les Mouflettes* 162–64). Delaume se réapproprie donc la violence des films pornographiques pour la retourner contre les hommes; il s'agit là pour elle d'une manière de résister à l'hégémonie hétérosexiste que promeut la porno dominante en renversant les rôles de sexe et de genre.

Toutefois, si Chloé Delaume critique l'inégalité entre les sexes et subvertit les stéréotypes de genre en mettant en scène des femmes violentes et des hommes victimisés, il semble qu'elle ne parvienne pas à dépasser les codes sexistes qu'elle tente de critiquer. Elle ne sort donc pas de la logique binaire qui oppose le masculin et le féminin. De façon analogue, on reproche souvent au féminisme pro-sexe, poussé par un désir de liberté sexuelle, de simplement multiplier les représentations de pratiques sexuelles marginales sans nécessairement remettre en question les rapports de pouvoir qui les sous-tendent. Si ces critiques soulèvent de sérieuses préoccupations, il n'en reste pas moins qu'il faut examiner l'objectif sous-tendant ce type de pratiques pour comprendre si elles ont véritablement un pouvoir sur notre conception de la notion de genre. Dans cette perspective, Delaume ne parvient pas à se détacher complètement des codes hétéronormatifs et sexistes qui régissent les représentations pornographiques, mais elle parvient, à tout le moins, à les fragiliser en effectuant un renversement des rôles passif/actif. En montrant que les caractères masculins et féminins peuvent appartenir de manière indifférenciée à l'un ou l'autre sexe, Delaume dénaturalise donc les identités genrées.

L'invention de la "prostituée" et le travail du sexe

Plusieurs stéréotypes ont été associés à la figure de la prostituée. Selon le contexte et l'époque, la prostituée a tour à tour été considérée comme une femme obscène à l'appétit sexuel dévorant ou comme une victime de l'exploitation masculine, de la traite des femmes ou encore de l'influence négative d'une matrone corrompant des âmes pures. Dans tous les cas, on marginalise la

Chapitre cinq

prostituée du fait qu'elle menace l'équilibre de la vie collective. Déjà Saint-Augustin, au premier siècle, soulevait bien la double impasse qui fait en sorte que la prostitution demeure "le plus vieux métier du monde": "Supprime les prostituées, les passions bouleverseront le monde; donne leur le rang de femmes honnêtes, l'infamie et le déshonneur flétriront l'univers" (*De Ordine* Lib In cap Ivn §12). Par ailleurs, depuis la fin des années quatre-vingt-dix en France, une nouvelle génération de féministes témoignent de leur expérience de la prostitution (surtout dans le milieu de la pornographie) sans tomber dans la dramatisation ou la victimisation. On peut penser à Nelly Arcan, dont il sera question plus loin, mais aussi à Raphaëla Anderson, Claire Carthonnet, Laura D. et Nina Roberts. En effet, de plus en plus de témoignages de prostituées sont publiés, dans lesquels elles tentent de démystifier leur expérience tout en revendiquant sa légitimité. D'ailleurs, au sujet de son expérience dans un bar d'hôtesses, Delaume explique en entrevue qu'elle trouvait ce travail bien moins aliénant que d'être caissière dans un supermarché: "…il y avait une aliénation du corps mais pas une aliénation de l'esprit [dans la prostitution traditionnelle de bars], alors que dans tous les travaux, que ce soit à la caisse à Carrefour, vendre des fringues ou tous les petits boulots qu'on fait, j'avais pas seulement la sensation d'épuisement physique, mais vraiment une sensation d'aliénation mentale très, très, très vive" (*24h dans la vie*). Le travail du sexe aurait d'ailleurs permis à Chloé Delaume d'avoir l'indépendance économique nécessaire pour se lancer dans l'écriture à ses débuts. De par leurs témoignages, ces femmes tentent de brosser un portrait plus humanisant et nuancé du travail du sexe dans le contexte du vingt-et-unième siècle. Elles veulent montrer qu'il est aussi possible de choisir en toute conscience de se livrer au travail du sexe sans être nécessairement débauchées ou aliénées, des stéréotypes associés à la prostituée (Gil 22–23). Au sein du mouvement féministe, le débat sur la prostitution a de tout temps créé de nombreuses divisions. Si Chloé Delaume semble défendre le droit des femmes à disposer librement de leur corps, de s'enrichir en en faisant usage à des fins sexuelles et de le faire en toute sécurité, plusieurs féministes abolitionnistes, dont la plus célèbre est certes l'avocate américaine Catharine McKinnon, dénoncent tout exercice de la prostitution, peu importe le contexte, comme étant une forme d'exploitation des femmes. Dans son essai *Libérez le féminisme!*, l'escorte et militante Morgane Merteuil accuse des organisations féministes françaises comme *Ni Putes Ni Soumises,* qui travaille dans les quartiers populaires (surtout en banlieue de Paris), et lutte contre la discrimination et la précarité des populations plus vulnérables afin de briser le silence autour du mauvais traitement et de l'abus des filles et des jeunes femmes, ou *Osez le féminisme!*, qui lutte contre les inégalités sexuelles et dénonce la misogynie, le sexisme, le viol, etc., d'avoir entaché la réputation des féministes en faisant la promotion d'une image uniformisante de la femme "mainstream" et bourgeoise. Une certaine "classe" de femmes privilégiées se sont ainsi approprié le discours régissant "le féminin." Elles contrôlent également le discours dominant autour du débat prostitution/travail du sexe en imposant un point de vue extérieur, bien-pensant et petit bourgeois que Chloé Delaume dénonce.

Comme le remarque avec ironie Despentes, "[l]es prostituées forment l'unique prolétariat dont la condition émeut autant la bourgeoisie" (*King Kong* 57). En plaignant les prostituées et en les victimisant, la classe bourgeoise protège ses propres privilèges. Ayant fait alliance avec le sexe fort, elle doit entretenir une distinction nette entre la putain et la femme respectable, "[c]ar si le contrat prostitutionnel se banalise, le contrat marital apparaît plus clairement comme ce qu'il est: un marché où la femme s'engage à effectuer un certain nombre de corvées assurant le confort de l'homme à des tarifs défiant toute concurrence. Notamment les tâches sexuelles" (59). En effet, la société patriarcale s'attend à ce que les femmes continuent à avoir des rapports sexuels sans rémunération avec les hommes alors que le fait que les travailleuses du sexe demandent un salaire perturbe cette asymétrie. Par ailleurs, les lois anti-prostitution ne condamnent ni les abus ni la discrimination, ce qui protègeraient les travailleuses du sexe, mais ce sont des lois qui condamnent les initiatives économiques liées au travail du sexe, comme l'écrit Claire Thiboutot, l'ex-directrice de l'organisme de défense des droits des travailleuses et travailleurs du sexe Stella. Puisque, dans l'économie capitaliste, celui qui s'enrichit augmente sa sphère de pouvoir, il semble primordial de maintenir les travailleuses du sexe dans des conditions précaires afin de maintenir leur statut subalterne.

Chapitre cinq

Se développe ainsi toute une rhétorique dans le discours féministe abolitionniste qui vise à cerner une identité "pute" stigmatisée. En effet, le langage que l'on utilise pour parler des travailleuses du sexe accentue leur marginalisation et leur stigmatisation. Contrairement à ce que l'on entend souvent, la "pute" ne vend pas son corps, comme on le ferait avec un organe, elle vend un service sexuel. Selon Thiboutot, "[l]'idée que l'on se fait d'une telle perte a plutôt à voir avec la définition sociale d'une pute, d'une femme déchue, c'est-à-dire d'une femme qui a perdu respectabilité et légitimité à cause de son comportement sexuel transgressif" (12). Dans cet ordre d'idées, les médias grand public véhiculent le plus souvent une image de la prostituée assez caricaturale qui vise à marginaliser encore davantage l'identité "pute" tout en cherchant à émouvoir son public. Il n'est pas rare qu'on dépeigne la prostituée comme une pauvre fille, dépendante aux drogues, victime d'abus physiques et sexuels, et qui aurait vécu une enfance instable et difficile. Plus encore, on naturalise l'identité "pute" en ce sens où "…ce sont les comportements qui contribuent à édifier l'identité des individus, selon que ces comportements sont conformes ou non aux attentes sociales, et non l'inverse" (Dorais 58). L'identité "pute" devient alors une identité pathologique. Par ailleurs, si toutes les caractéristiques énumérées plus haut sont effectivement des facteurs de risque, il ne faut pas croire que toutes les travailleuses du sexe correspondent à ce stéréotype. Dans *Les Mouflettes d'Atropos*, Chloé Delaume dépeint donc le tableau des femmes qui travaillent avec elle en bar d'hôtesses. Elles sont toutes humanisées, avec des traits de caractère, des habitudes et des tics auxquels le lecteur du texte peut s'identifier:

> Isabelle lit *Voici* et Florence ses cours de philo. Fanny se fait les ongles en racontant à Lydia sa sortie d'hier soir…Mélissa hurle à contretemps sur Claude François en effectuant des moulinets avec les bras. Mireille arrive en furie et menace de balancer le CD aux ordures. …Isa se lamente sur le divorce de Bruce Willis, Mireille donne un coup de poing dans la chaîne, Mélissa pleurniche qu'on connaît rien à l'art, Ariana pousse des han han qui parviennent jusqu'au bar, Lydia a mal au cœur, Alex traite Cynthia de sale pute, tout le monde rigole, Alex va bouder et Flo gémit qu'elle va foirer ses partiels. Bref, la routine. (130–31)

En outre, Delaume met l'accent sur les interactions que les filles ont entre elles pour montrer qu'elles ne sont pas seules à faire ce métier et pour briser leur isolement. Plus encore, cette description est empreinte d'humour, ce qui donne un ton attachant à la scène et ce qui a pour effet de dédramatiser la réalité des travailleuses du sexe.

Gail Pheterson, quant à elle, parle du "stigmate de la pute" comme d'un instrument de contrôle social permettant de distinguer les femmes dites respectables de celles qui ne le sont pas. Aussi toutes les femmes sont-elles considérées suspectes (non seulement celles impliquées dans le commerce du sexe, mais surtout celles qui font preuve d'indépendance) et doivent agir de façon à prouver leur innocence. Le "stigmate de la pute" est un outil de contrôle qui affecte toutes les femmes; "c'est la maman *ou* la putain" (Delaume, *Les Mouflettes* 134). Cette stigmatisation permet de justifier la mise en place et le maintien d'un système social et judiciaire qui refuse de reconnaître aux travailleuses du sexe leurs pleins droits humains, ce qui mène ces femmes à être infantilisées par l'État. Un soir comme tous les autres au bar d'hôtesses, la narratrice des *Mouflettes* relate la manière dont les enfants d'une collègue seront pris en main par la Direction départementale des affaires sanitaires et sociales (DDASS) "[p]arce que au lieu de gagner le smic en pianotant sur un clavier et de partir cinq semaines l'an se tortiller en bikini devant les GO du Club Med d'Agadir, leur mère préfère se faire bourrer le cul, sans jamais penser à autre chose qu'aux mensualités de l'école maternelle de Passy, au Codevi à leur remplir *pour plus tard on ne sait pas tu sais moi j'ai tellement manqué*. Parce qu'ils sont des FILS DE PUTE…" (*Les Mouflettes* 132; c'est l'auteure qui souligne). Sa collègue Winnie n'est pas différente des autres mères qui veulent ce qu'il y a de mieux pour leurs enfants. Or impossible pour les autres femmes d'accepter qu'elles aient quoi que ce soit en commun avec ces femmes peu respectables. L'écrivaine se fait ventriloque, caricaturant les voisines bourgeoises et scandalisées en discours indirect libre: "Que leur foutue souillure n'éclabousse surtout pas le fond de culotte immaculée de leurs voisins de bac à sable. *À Neuilly, ils étaient si bien*. Fils de traînée, pensez donc. Leur mère, leur salope de mère crucifiée le plus haut possible. Et ça avait le culot de dire bonjour dans l'ascenseur, et à une femme de député en plus" (133). On entend en écho la réprobation de la société dans son ensemble, qui condamne le travail du sexe. Ainsi, des enfants qui passaient leurs vacances en Italie, fréquentaient une bonne école et

Chapitre cinq

ne manquaient de rien seront envoyés à la DDASS, "…à douze ou quatorze par dortoir. Dans un foyer pour orphelins, puisque leurs parents sont SOCIALEMENT MORTS. Mention *décédés* aux bonnes mœurs" (132).

Dans son article "La politique de la marginalisation sexuelle ou l'identité déviante: Le cas de l'homosexualité masculine et de la prostitution féminine," Michel Dorais voit un parallèle entre le processus de naturalisation des identités gaie et pute; dans les deux cas, on pathologise des identités dites "déviantes" pour justifier leur marginalisation. La prostituée posséderait ainsi une identité pathologique qui la relèguerait à l'exclusion. Par ailleurs, être prostituée équivaudrait aussi à se mettre hors-jeu dans l'économie du mariage hétérosexuel: "Femme publique, femme de Personne" (Delaume, *Les Mouflettes* 133), elle devient impropre au mariage. Or, ce qui fait d'une femme une femme, c'est bien sa disponibilité continue à être possédée par l'homme, à travers le mariage ou à travers l'acte sexuel. Un bref détour par Butler nous permet rapidement de comprendre comment, en refusant les codes traditionnels de l'hétéronormativité qui pourraient la rendre intelligible aux yeux de la société, la prostituée est alors reléguée au statut d'*inhumain* (à ce sujet, voir la discussion sur Christine Angot). Lui retirer ses enfants apparaît comme l'ultime châtiment pour celle qui n'a pas su se conformer à l'économie du mariage hétérosexuel. Bref, la criminalisation de l'identité, ou du statut de, "pute," cette femme aux mœurs légères qui contrevient tant à la loi de l'État qu'à la morale, permet de justifier l'intervention de l'État dans ses affaires personnelles.

Ce type de sanctions s'inscrit parmi une myriade de stratégies qui perpétuent l'assujettissement des femmes au pouvoir des hommes, et plus particulièrement les travailleuses du sexe, qui entendent déroger à l'ordre patriarcal. En effet, le travail du sexe menace la société patriarcale, qui dépend de la soumission de la femme à l'homme. Suivant cette logique, s'adonner au travail du sexe serait un geste "révolutionnaire," selon les termes de l'écrivaine, péripatéticienne, philosophe et militante féministe Grisélidis Réal, en ce sens où cela déstabilise l'hégémonie hétérosexuelle basée sur le mariage, la reproduction et la disponibilité sexuelle (Hennig 9–11). Ainsi, on peut expliquer les conditions inhumaines et dangereuses auxquelles les travailleuses du sexe sont souvent soumises pour pratiquer leur métier comme un facteur démotivant afin de maintenir les femmes dans l'économie du mariage hétérosexuel. Ce qui est d'autant plus troublant pour l'ordre hétérosexuel, c'est que, non seulement la femme publique a-t-elle des rapports sexuels seulement en échange d'une rémunération, mais il s'agit aussi de rapports sexuels n'ayant typiquement pas pour objectif de perpétuer une filiation. Pour toutes ces raisons, Delaume déclare que "…le lupanar est le dernier bastion où le pouvoir, tel qu'il sévit dans la Société Traditionnelle, n'a pas de prise" (*Les Mouflettes* 190). Au bordel, le rapport de pouvoir est inversé: les hommes quémandent les femmes, qui prennent leur argent durement gagné contre quelques heures, voire quelques minutes de plaisir érotique tandis que "[l]es putains *respectables* ont souscrit au contrat faustien et permanent. Leur corps est davantage *vendu* que *loué*. Et dans cette concession à perpétuité, l'abandon de leur âme est inclus dans la clause principale" (*Les Mouflettes* 190; c'est l'auteure qui souligne). Ainsi, pour Delaume, la véritable putain serait celle qui, par le contrat du mariage, garde son corps à la disponibilité de son mari tandis que la prostituée au plus loue son corps pour quelques moments en échange d'une rétribution financière. Il s'agit là aussi d'une référence à Grisélidis Réal, qui se demande: "que vaut-il mieux prostituer: son cul ou son âme?" Pour Delaume, la prostituée occuperait donc une position radicale et marginale:

> À chaque contact avec l'une d'entre nous, l'homme se heurte à un paradoxe qui l'ébranle dans ses convictions: la pute échange son corps et son temps, mais ne se laisse pas pourrir de l'intérieur, elle qui entretient pourtant avec les données capitalistes les rapports les plus directs, elle qui y est exposée plus que quiconque. Isolées, rejetées par la morale, reniées par l'état civil, les prostituées ont au moins compris quelque chose: leur douleur n'est basée que sur une usure corporelle, et certainement pas sur leur bannissement d'une société qu'elles méprisent et QUI N'EXISTE PAS. Il ne peut être question d'infiltration d'une illusion aussi flagrante dans leur soma. (*Les Mouflettes* 190)

La prostituée parvient à faire exactement ce que la société condamne: avoir des rapports sexuels avec de multiples partenaires contre rémunération, tout en demeurant une femme, une mère, une collègue—bref, en demeurant un individu à part entière, aux multiples facettes, rôles, goûts et intérêts. En outre, le passage en lettres majuscules—"une société QUI N'EXISTE PAS"—sous-entend l'idée selon laquelle la société telle que nous la connaissons et qui dicte les limites de l'humain et de l'inhumain, pour reprendre les termes de Butler, ne serait rien de plus qu'une autre fiction collective qui structure le vivre-ensemble. Tout cela remet en question la légitimité des discours au sujet de la soi-disant perte de respectabilité et de vertu des "filles de joie," et permet de faire voir les rôles sociaux de sexe pour ce qu'ils sont: un autre ensemble de normes qui limite et régule les individus dans la société. Partant, tout l'émoi que provoque la prostitution auprès de la classe dominante, l'État et la bourgeoisie, qui prétendent protéger les prostituées d'elles-mêmes en dénonçant l'indécence du travail du sexe, phénomène dont parlent aussi bien Despentes que Delaume dans leurs textes, apparaît comme un moyen de contrôle issu du biopouvoir, qui est "...axé davantage sur la discipline que sur la punition et dont l'une des stratégies consiste à tout nommer pour tout normaliser" (Dorais 56). Selon Despentes, les discours bien-pensants qui condamnent avec véhémence le travail du sexe abondent parce qu'il faut bien convaincre les femmes que leur salut se situe du côté du couple hétérosexuel et non du côté de l'autonomie financière dont jouissent justement les prostituées. Ainsi, "...quand on affirme que la prostitution est une 'violence faite aux femmes,' on veut nous faire oublier que c'est le mariage qui est une violence faite aux femmes… Celles qu'on baise gratuitement doivent continuer de s'entendre dire qu'elles font le seul choix possible, sinon comment tenir?" (*King Kong* 85). Il n'est donc guère surprenant que la classe dominante joue un rôle actif dans la condamnation des travailleuses du sexe puisque, pour garder leurs privilèges, elle doit maintenir la distinction nette entre l'idée qu'on se fait d'une dame respectable et celle d'une femme dite "de petite vertu."

Un tort à réparer? Le rapport au lecteur

Comme je l'ai mentionné plus haut, un des aspects les plus singuliers de l'autofiction delaumienne est son rapport au lecteur. En effet, tout se passe comme si Delaume voulait que le lecteur prenne conscience de son rôle dans la perpétuation de normes sociales qui briment l'individu. Cependant, contrairement à Angot qui adopte une approche pédagogique en appelant aux habiletés cognitives de son lecteur et qui semble vouloir l'amener à prendre conscience de son aliénation afin qu'il puisse *changer* son comportement, Delaume s'en prend au lecteur et l'attaque en le considérant complice de son aliénation. La narratrice se sent dépossédée d'elle-même par les récits collectifs qu'on lui impose. Elle sent qu'elle est marginalisée et confinée à un rôle de victime par les discours normatifs relatifs au travail du sexe comme je l'ai démontré plus haut, mais aussi autour des idées préconçues liées aux victimes d'abus physiques et psychologiques. Delaume refuse qu'on la prenne en pitié, car elle a l'impression que cela la prive d'autonomie.

Delaume va même jusqu'à accuser le lecteur d'implicitement se faire complice de sa victimisation. Ainsi, son œuvre autofictionnelle (à travers laquelle se construit sa nouvelle identité en tant que "Chloé Delaume") s'élabore dans un mouvement *contre* les "…fictions collectives[,] [f]amiliales, culturelles, institutionnelles, sociales, économiques, politiques, médiatiques" (*La Règle* 77). Au même titre que ses parents, le lecteur est accusé d'avoir tacitement approuvé les gestes qui ont mené au meurtre de la mère et au suicide du père, puis d'avoir voulu, comme le reste de sa famille, garder le silence autour de cette expérience traumatique. Si *Les Mouflettes d'Atropos* s'élabore dans un mouvement d'opposition contre la reproduction des conventions sociales, le roman entend également viser le lecteur qui participe à la reproduction de ces conventions. Il semblerait qu'on pourrait dire du lecteur qu'il "souffre" le livre dans le sens classique du terme; il éprouve, il endure, il ressent, il partage les sentiments de la narratrice (Rey, vol. 6: 590–91). En somme, *Les Mouflettes d'Atropos* est un texte qui met à mal le lecteur parce que Delaume le tient responsable de la reproduction de fictions collectives qui limitent l'élaboration de son *je* autofictionnel; selon elle, il s'agirait là d'une forme de violence. Elle retourne alors la violence contre le lecteur de façon à se venger de l'ensemble d'une société qui l'indigne.

Chapitre six

Le Cri du sablier
Déconstruire les fictions individuelles

Dans son deuxième roman, l'écrivaine fait retour sur les événements traumatiques qu'elle a vécus durant son enfance. Bien qu'il y ait concordance entre l'auteure, la narratrice et le personnage, la narration, polyphonique encore, est principalement menée à la troisième personne. De plus, la narratrice réfère à elle-même en s'appelant "l'enfant," ce qui maintient une distance entre les événements relatés et le récit qu'elle en fait. Cela permet aussi de montrer la façon dont sa famille abusait d'elle. Son père la battait, l'enfermait dans un placard et lui répétait *ad nauseam* qu'elle "…n'aurai[t] pas dû naître" (*Le Cri* 50). La mère, quant à elle, s'occupait à cacher ses blessures et insistait pour que la famille projette une image parfaite. Captive de cette prison de secrets, l'enfant se tourne vers Dieu et, dans ses prières, elle demande que le père meure. Son souhait sera exaucé, mais son père emmènera avec lui sa mère puisqu'il la tue avant de se suicider. Après cet événement, la petite va habiter chez sa tante, qui lui fait aussi sentir qu'elle est un fardeau pour sa famille. Rongée de remords, la jeune survivante se demande pourquoi elle a été épargnée jusqu'à ce qu'elle réalise que c'était exactement ce que son père, qui croyait pouvoir hanter ses souvenirs à vie, avait voulu qu'elle pense. Comme le sable qui s'écoule tranquillement à travers le sablier, l'enfant attend de vieillir pour finalement se libérer de l'emprise familiale. Comme le sable érafle la peau, la façon dont le père de Chloé la maltraitait et dont la mère détournait le regard ont eu un effet indélébile sur l'écriture de Delaume. En effet, elle réalise que sa culpabilité, qui l'obligeait à se remémorer les événements comme une sorte d'ultime tribut envers ses parents, n'est qu'une autre façon pour le père d'avoir une emprise sur elle. Il s'agit donc de reprendre le contrôle de son propre récit: si, dans *Les Mouflettes d'Atropos,* l'écrivaine tente de se libérer des contraintes sociales qui limitent ses possibilités d'existence, *Le Cri du sablier* vise à empêcher que des événements provoqués par le père n'aient préséance sur son histoire personnelle. Conséquemment, *Le Cri du sablier* peut apparaître comme une autothérapie (ou une "autopsy" pour reprendre le terme de l'écrivaine, terme polysémique sur lequel je reviendrai plus loin), mais elle le fait de manière à laisser son passé derrière elle pour finalement se libérer de l'emprise du père.

Dans cette section, je propose d'examiner la dimension psychologique du *Cri du sablier* en me penchant sur la façon dont la narratrice parvient à se libérer des événements traumatisants de son passé grâce à l'autofiction. J'étudierai d'abord le dilemme impossible auquel la narratrice faisait face dans son enfance, entre la nécessité de divulguer les horreurs dont elle était victime et la nécessité de sauvegarder la réputation de la famille en gardant le silence. J'examinerai ensuite la façon dont le traumatisme refait surface de manière inconsciente à l'âge adulte dans la vie de la narratrice. Tout en se distanciant de son passé, celle-ci recherche des situations qui répètent sa structure familiale déficiente. Enfin, j'arguerai que Delaume élabore, à travers son œuvre, une politique de la négativité de telle façon que son rejet du passé devient une affirmation du sujet autofictionnel et de sa liberté de création.

Dévoilement de soi et culture du secret, un dilemme impossible

L' "autopsy" et la volonté de savoir

Le Cri du sablier se présente comme un dialogue entre un psychiatre imaginaire et Chloé Delaume. Le médecin, qui agit comme une forme de double du lecteur, veut tout savoir de cette "autopsy." D'ailleurs, le choix du terme "autopsy" pour parler d'une sorte d' "autothérapie," ou de "thérapie par soi-même," n'est pas sans rappeler son homophone "autopsie," c'est-à-dire un "[e]xamen de toutes les parties" (Rey, vol. 1: 1045); je reviendrai sur ce point un peu plus loin. Ainsi, ce "médecin" bombarde l'enfant de questions qui font écho à celles que se posent le public, témoin et lecteur. À chaque nouveau paragraphe, la narratrice se heurte à de nouvelles questions: "Combien de temps demanda-t-il" (Delaume, *Le Cri* 15), "Quels jeux demanda-t-il" (15), "Quel mal demanda-t-il" (16), "Quels noms demanda-t-il" (18), "Quels faits demanda-t-il" (19). À travers cette mise en scène, Chloé Delaume renvoie au rôle du médecin dans la société moderne. À cet homme de science supposément objectif et neutre, le patient est censé divulguer les moindres secrets de son corps et de sa psyché afin qu'il puisse poser un jugement et émettre un diagnostic. Un scopophile prenant plaisir à soumettre autrui à son regard contrôlant, le médecin explique la réaction de l'enfant, qui est restée muette durant neuf mois après avoir été témoin de la mort de ses parents, comme si la science suffisait à expliquer l'horreur qu'elle avait vue: "Il lâcha aphasie comme on clame rhume des foins pour rassurer avril de ses éternuements. ...Tout en souriant aux hôtes et aux voisins intrigués aphasie aphonie passagère sa gorge se fait soigner" (16). Le regard du médecin et son savoir médical semblent donc capables de percer le mystère et de comprendre ce qui empêchait l'enfant de parler.

Une fois sa parole retrouvée, la narratrice est invitée par un psychiatre imaginaire à faire le récit de son expérience traumatique. Le psychiatre, qui a le pouvoir de déterminer à quel point la narratrice se conforme ou dévie de ce qui est considéré "normal," exige alors d'elle qu'elle fasse l'anamnèse de son histoire en retraçant non seulement ses antécédents médicaux, mais aussi des informations relatives à son passé pour comprendre la genèse du problème dont le patient souffre (Rey, vol. 1 494). Cette "volonté de savoir," qui caractérise l'Occident moderne, gère les rituels de l'aveu dans les interrogatoires, les consultations médicales, les lettres, mais aussi les récits autobiographiques (Foucault, *La Volonté* 69–98). Les mécanismes de l'aveu, qui se sont donc infiltrés dans un ensemble d'interactions entre individu, sont d'autant plus pernicieux qu'ils donnent l'impression au sujet d'agir librement. Si les récits personnels, incluant l'autofiction telle que Delaume la pratique, se multiplient et qu'il est de plus en plus accepté de parler publiquement de traumatismes privés, "…il faut se faire une représentation bien inversée du pouvoir pour croire que nous parlent de liberté toutes ces voix qui, depuis tant de temps, dans notre civilisation, ressassent la formidable injonction d'avoir à dire ce qu'on est, ce qu'on a fait, ce dont on se souvient et ce qu'on a oublié, ce qu'on cache et ce qui se cache, ce à quoi on ne pense pas et ce qu'on pense ne pas penser" (Foucault, *La Volonté* 81). Ainsi, bien que la narratrice refuse les contraintes du biopouvoir, elle ne peut y échapper. Le personnage du psychiatre

Chapitre six

fonctionne alors comme une projection qui la somme à faire le récit rétrospectif de sa vie malgré qu'elle s'y oppose. Face à ce regard extérieur qui l'examine et cautionne son existence, la narratrice se révolte, car cela devient une forme d'appropriation, soulignant la relation inégalitaire entre l'objet du regard et le sujet regardant. Reprenant l'image de l' "autopsy," tout se passe comme si elle avait l'impression que le médecin, double du lecteur, disséquait son corps et sa psyché en lui arrachant le témoignage de ce qu'elle avait vu.

Ceci n'est pas sans rappeler l'incipit du roman: des hommes enfoncent la porte de l'appartement pour trouver la petite fille assise dans la cuisine à côté des corps du père et de la mère, inertes et gisant sur le sol. Satisfaisant leur pulsion voyeuse, "[l]eurs semelles dans les flaques ils investirent le crime. Se gorgèrent de réel avec satisfaction. Ils aspiraient à chaque goutte pour se forcer à croire pour se forcer à dire j'y étais sans la peur sans le dégoût sans choc... Ils salivaient chaque touffe de cervelle échevelée pour se forcer à croire pour se forcer à dire je suis venu pour vaincre et non pour regarder" (*Le Cri* 9). De la même manière que le lecteur s'intéresse à ses livres pour assoiffer son désir d'histoires scabreuses, les voisins envahissent l'appartement en prétendant vouloir aider et être sensibles au drame de la petite fille quand, en réalité, ils ne veulent que "[s]'approprier une bribe de douleur inédite" (10).

Le genre de l'autofiction semble ici s'abreuver du malheur des autres (pensons à Ilse dans *Le Livre brisé* de Serge Doubrovsky). Une large part de la production autofictionnelle vise d'ailleurs à satisfaire ce désir voyeur du lecteur. Delaume, quant à elle, s'oppose à ce type d'autofiction racoleuse. De plus, Delaume semble remettre en cause les motivations du lecteur avide d'autofictions: soit qu'il se nourrisse, de manière quelque peu perverse, d'émotions fortes ou se rassure de ne pas être "Chloé Delaume," entendu ici comme la narratrice-écrivaine, de ne pas avoir réellement connu ce traumatisme et d'en porter les séquelles. Dans ce type de rapport au texte, le lecteur se positionne contre la victime et perpétue la victimisation de la narratrice, ce à quoi Delaume s'oppose farouchement. Ainsi exhortée à dévoiler son récit personnel, Chloé Delaume déjoue les attentes du lecteur en refusant de lui donner une histoire simple à lire où elle reconstruirait sa propre subjectivité sur les bases du rituel de l'aveu, refusant de se plier aux impératifs du biopouvoir.

Sauver les apparences, ou comment taire le traumatisme

Parallèlement à l'exhortation à l'aveu, il existe encore aujourd'hui toute une culture du silence autour de l'abus physique et sexuel. Bien que l'approche psychologique encourage la parole et la dénonciation, il existe encore un sentiment de honte pour les victimes; je discuterai plus loin de l'effet psychologique de la violence physique vécue durant l'enfance sur l'âge adulte. Si cette honte a des racines cognitives dans l'expérience du trauma et demeure donc une expérience profondément personnelle, elle est aussi augmentée par des préjugés et des fausses idées qui circulent dans nos sociétés (on peut penser ici au cas du viol, où l'on a tendance à vouloir savoir si la victime s'était mise dans une position risquée). Ayant été victime de violence physique durant son enfance, l'enfant était contrainte au silence par ses parents, qui étaient préoccupés par leur réputation et leur désir d'élévation sociale. Ainsi, l'enfant devait cacher les traces des punitions que le père lui infligeait afin de préserver ce que la narratrice appelle non sans humour "...le néo-packaging familial désormais présentable" (Delaume, *Le Cri* 70). La narratrice relate la manière dont sa mère était consumée par l'idée de projeter l'image de la famille parfaite. Parmi plusieurs stratégies qu'adopte la famille et dont j'ai parlé précédemment, soulignons encore une fois qu'ils changèrent de noms et de prénoms pour cacher leur héritage moyen-oriental et pour "...simuler [leur] franchouillardise..." (69). La mère utilisait aussi sa fille un peu comme une bête de cirque; lorsqu'elle invitait ses amies pour le thé, elle en profitait pour faire réciter à sa fille des mots érudits afin de s'attirer des compliments (55). En même temps, l'enfant devait cacher les traces de violence (ecchymoses, égratignures et cicatrices) sur son corps, car le matricide et le suicide du père avaient été précédés d'une longue série de "non-dits familiaux" (17), comme elle le dit. Son recours à l'euphémisme, s'il permet de mettre en lumière la trivialité des préoccupations maternelles, permet aussi à la narratrice de créer une distance par rapport aux événements violents qu'elle devait cacher.

Non sans ironie, on peut dire qu'enfant elle s'adonnait déjà à l'art de la théâtralisation et de l'autofiction, modifiant la réalité pour camoufler les envolées de son père. Parlant des congés d'été, elle se rappelle qu'elle passait beaucoup de temps à angoisser par rapport à la rentrée des classes quand il lui fallait mentir au sujet de ses vacances et inventer "[d]es histoires gaies et rocambolesques. Grouillantes de cousines farceuses de promenades dans les bois de capture de furet" (Delaume, *Le Cri* 38). C'est aussi un mécanisme de défense contre la dureté de sa propre réalité; en inventant des histoires heureuses, elle parvient à se convaincre que sa vie n'est pas si différente de celle des autres. De façon semblable, on tentera aussi de maintenir l'illusion de la famille parfaite après le drame, ou "l'accident" comme le dit sa famille (15), lorsque la narratrice ira vivre chez son oncle et sa tante. Pour cette raison, ils exigent qu'elle les appelle "maman" et "papa" et on l'avise de ne "...jamais répondre aux questions qui ne cesseraient de fuser, car les gens sont malheureusement si curieux" (82). Or, les "hébergeurs," comme elle les surnomme, craignent qu'elle ne soit de la "mauvaise graine" comme son père (85). Ainsi, on insinue que la violence du père est pathologique et qu'elle aurait été transmise à sa fille; aussi est-il nécessaire de redoubler les efforts pour cacher la véritable raison pour laquelle elle habite chez son oncle et sa tante. En somme, l'opinion des autres était au cœur des préoccupations de sa famille, de ses parents puis de son oncle et de sa tante; il importait donc que l'enfant taise l'horreur dont elle avait été victime afin que la famille préserve sa réputation à tout prix.

Honte, culpabilité et traumatisme

Glissement de personnes et indifférenciation personnelle

D'un point de vue thérapeutique, il n'est pas rare que les enfants ayant souffert d'abus physique et/ou psychologique ressentent de la honte et de la culpabilité envers les événements dont ils ont été victimes. La honte est d'ailleurs un thème qui revient aussi chez Nelly Arcan, bien que de façon différente. En effet, la honte chez Arcan est liée à sa complicité dans sa sujétion aux normes de la féminité tandis que Delaume cherche à résister aux modèles hégémoniques. Sur le plan théorique, les concepts de "honte" et de "culpabilité" sont souvent confondus, car ils reposent tous deux sur "...la violation d'une norme sociale par un comportement inapproprié par rapport à une société donnée..." (Longin 5). À l'âge adulte, la victime se sentira coupable et honteuse de ne pas avoir été capable de mettre un frein à l'abus dont elle a été victime et d'y avoir tacitement consenti en gardant le silence. La

Déconstruire les fictions individuelles

distinction qu'on observe le plus souvent entre la culpabilité et la honte, dans ces cas-ci, est que la culpabilité serait "…une émotion négative déclenchée par une croyance à propos de ses propres actions" tandis que la honte serait "…une émotion négative déclenchée par une croyance à propos de sa propre personne" (5). La honte émerge alors lorsque le sujet a si bien internalisé une norme qu'elle en vient à faire partie de lui-même. Oscillant entre culpabilité et honte, la narratrice semble vouloir renier les normes qu'elle a intégrées et qui, simultanément, la définisse. Ceci n'est pas sans effet sur la narration du *Cri du sablier* où le discours indirect libre prévaut, particulièrement lorsque c'est la narratrice enfant qui parle.

L'usage du discours indirect libre dans *Le Cri du sablier* permet de mettre en scène la façon dont l'enfant a incorporé les paroles et les gestes abusifs de ses parents. De plus, l'histoire que la narratrice rapporte joue sur son ambiguïté référentielle, ce qui permet à l'écrivaine de dramatiser son enfance pour traduire comment elle se sentait (la honte et la culpabilité, mais aussi la douleur, l'isolement et la haine de soi) sans nécessairement être fidèle aux événements strictement réels. Le lecteur est dès lors plongé au cœur de son enfance, qui est rapportée de manière plus directe que dans le récit rétrospectif. On a l'impression qu'on y est, qu'on ressent et qu'on vit tout ce que la narratrice ressent et vit grâce au discours indirect libre.

L'écrivaine semble prise entre un désir de différenciation de ses parents et l'assimilation du discours abusif du père, oscillant entre honte et culpabilité. Sur le plan narratif, la distinction entre le *je* écrivant et la voix des parents est brouillée, et les identités ne sont plus clairement définies avec le recours au discours indirect libre. Notons que les relations familiales abusives entravent le processus d'auto-différenciation de l'enfant, selon le psychiatre Murray Bowen, le père de la théorie des systèmes familiaux. Selon la théorie des systèmes familiaux, les individus ne peuvent pas être compris isolément les uns des autres, mais plutôt comme faisant partie de leur famille, car la famille est une unité émotionnelle. Ainsi, les parents de Delaume lui nieraient sa possibilité d'individuation, un exemple serait la façon dont ils refusent de lui donner un prénom et ce, même plusieurs jours après sa naissance (*Le Cri* 27). De même, ses parents la nomme "l'enfant" durant toute son enfance; ce qui est le terme par lequel elle réfère à elle-même dans la majeure partie du texte *Le Cri du sablier*. L'usage de la troisième personne a pour effet de créer une impression de distance par rapport à ce qui est narré, mais il s'agit aussi d'une façon de traduire le sentiment d'exclusion avec lequel la narratrice a dû lutter durant son enfance. Au moment où la tragédie survient, le père cristallise le statut d'exclusion de la petite. Jouant avec les personnes grammaticales, Delaume note: "Maman se meurt première personne. Elle disait malaxer la farine avec trois œufs dedans et un yaourt nature. Papa l'a tuée deuxième personne. Infinitif et radical. Chloé se tait troisième personne. Elle ne parlera plus qu'au futur antérieur. Car quand s'exécuta enfin le parricide il fut trop imparfait pour ne pas la marquer" (Delaume, *Le Cri* 20).

Ironie et distance critique

La narratrice dans *Le Cri du sablier* cherche à comprendre les raisons qui poussent son père à de telles cruautés, se disant qu'il doit bien y avoir une explication *logique* à tout cela; ce type de comportement est typique des enfants abusés qui se sentent responsables de leur mauvais traitement. Le recours à une narratrice enfant permet de montrer l'absurdité de cette entreprise, car nul ne peut justifier de façon rationnelle de telles violences. À ce sujet, l'auteur de littérature jeunesse Sylvain Trudel explique en entrevue que "…la langue d'un enfant n'est pas une fantaisie sans origine, mais le miroir de la société des adultes, l'expression brute d'une culture toute nue, non visitée par le puissant surmoi de la correction académique ou de l'orgueil national" (76). La narratrice delaumienne excuse ainsi son père et ayant entendue parler de "maisons de redressement" (Delaume, *Le Cri* 48), elle en conclut que:

> Pour éviter que l'enfant soit tordue le père lui donne des coups. Le père accorde un sursis à l'enfant pour que l'enfant se tienne droite quand il sera temps pour lui de la tuer. Les morts se tiennent toujours très droits. On appelle ça la raideur cadavérique. Tant que l'enfant ne sera pas redressée par le père elle ne pourra être une morte convenable, ce qui ferait le plus grand tort à la réputation de la famille dans le quartier. (Delaume, *Le Cri* 49)

Or, ses excuses sont profondément ironiques et marquent une distance critique par rapport au contenu de ses paroles—si l'enfant

Déconstruire les fictions individuelles

a longtemps tenté de gagner l'affection de ses parents, elle semble réaliser maintenant qu'il s'agit d'une cause perdue. Elle mêle donc humour caustique et naïveté enfantine pour amplifier l'obscénité de choses qu'enfant, elle ne pouvait faire autrement que d'accepter.

Selon Trudel, l'écrivain ayant recours à un narrateur enfant crée souvent un langage "…étrange, burlesque, signifiant, voire poétique ou philosophique à la dérobée…" (76). Cette remarque est intéressante à la lumière du fait que la narratrice, quand elle était enfant, consignait des mots de vocabulaire dans un cahier rose. Par contre, il lui arrivait de faire des erreurs, ce qui provoque un quiproquo amusant, mais révélateur pour le lecteur. Non sans humour, elle relate comment elle avait appris l'expression "enculé." La mère lui avait expliqué qu'un enculé était quelqu'un qui "fait l'amour à l'envers" (Delaume, *Le Cri* 52). Par déduction, elle en avait conclu que "[l]'envers de l'amour était la haine, c'était marqué ça s'appelle un antonyme. Elle reprit son stylo plume à cœurs roses assorti au petit cahier, marqua deux points puis: 'qui fait et fait le mal aux autres, par exemple comme papa'" (52). La naïveté de l'enfant n'est pas sans une touche d'ironie. En effet, ce processus de déduction semble tout à fait logique pour une enfant qui ne connait pas encore assez le monde pour comprendre tous les enjeux connotatifs et dénotatifs de ce qu'elle vient d'écrire. Or, rapportées par une narratrice adulte qui relate le récit de son enfance, l'écrivaine montre bien la contingence du langage et la complexité interne de l'acte d'interprétation. En mettant ces mots dans la bouche d'une enfant innocente, Delaume montre comment on a tendance à vouloir justifier nos préjugés avec une explication logique alors qu'il s'agit de stéréotypes grossiers. En faisant référence à l'homosexualité, tous les préjugés liés à l'homophobie refont surface, dont leur supposée perversion sexuelle et leur incapacité à être parents parce qu'ils ne peuvent pas avoir d'enfants par les voies de la reproduction traditionnelle. Avec ironie, Delaume soulève aussi le rapport ambiguë que la France continue d'entretenir avec l'homosexualité. Ainsi, Alexandre Gefen souligne que l' "ambiguïsation" de l'ironie met au jour les contradictions du monde. L'ironie permet donc de penser les deux faces d'une même situation sans tomber dans le simple renversement symétrique. Elle permet aussi de soulever l'ambiguïté des sentiments de l'enfant face à ses parents. Se sentant rejetée par eux, la narratrice prend un plaisir presque pervers dans

Chapitre six

la moindre attention qu'ils lui donnent, même si ce n'est que pour lui infliger une nouvelle punition. Dans *Contingence, ironie et solidarité,* Richard Rorty se tourne vers des romanciers comme Orwell et Nabokov pour dire que c'est à travers la littérature que l'on peut promouvoir une véritable solidarité entre êtres humains en mettant au jour la cruauté de certaines pratiques sociales et d'attitudes individuelles qui sont historiquement et culturellement situées plutôt que comme universelles (106); il s'agirait là du travail de l'ironiste. C'est de cette façon qu'apparaît l'ironie de la demande de reconnaissance de l'enfant vis-à-vis de ses parents, des parents qui nie son existence même en minant constamment son estime personnelle. Grâce à l'ironie, la narratrice fait la lumière sur l'ambivalence du lien qui l'unit à ses parents et à son passé.

Briser le cycle de la culpabilité, briser le cycle de la violence

Comme je l'ai vu plus haut, la narratrice donne l'impression tout au long du roman d'alterner entre honte et culpabilité, entre la sensation d'être une personne défectueuse et celle d'être l'auteure d'une action défectueuse (Ogien 13). Par ailleurs, ce qui est constant dans *Le Cri du sablier* est "[c]e sentiment d'être à la fois victime et bourreau, son propre bourreau" (Chaouat 10). Plus encore, le sentiment de culpabilité chez Chloé Delaume est décuplé, car non seulement n'a-t-elle pas pu empêcher son père d'abuser d'elle et de tuer sa mère avant de se suicider, elle a même souhaité la mort du père. Son souhait a été exaucé, mais au prix de la vie de la mère (*Le Cri* 36–37). Ainsi, la narratrice est hantée par ce sentiment de culpabilité. La narratrice réalise aussi la façon dont son rapport malsain avec son père affecte ses relations avec d'autres hommes. Ce n'est que lorsqu'elle prend conscience de la façon dont elle reproduit la dynamique abusive qu'elle avait avec son père qu'elle parvient à se défaire de ce modèle de relations. Parmi plusieurs choses, elle réalise que son premier amour d'adolescente se prénommait Sylvain comme le père (96). De plus, son premier mari est lui aussi d'origine arabe, ce qui fait objecter à sa grand-mère qu'elle répète les mêmes erreurs que sa mère (71). Bien que l' "époux de sable" (102) ne soit pas violent comme le père, il la blesse profondément en la trahissant souvent avec ses multiples maîtresses: "[l]'époux devint l'époux parce qu'il portait en lui le grain à fleur de peau le pistil paternel" (101). La violence reste transmissible de génération en génération si l'on ne parvient pas à prendre conscience de son origine et à la déconstruire. La narratrice expose alors l'emprise de son père qui, bien que décédé depuis plus d'une décennie, avait encore une influence majeure sur sa façon d'interagir avec les autres. Elle en conclut que l'emprise du père sur sa vie adulte est, en réalité, la vengeance ultime de ce dernier :

> Tu m'as jeté ta mort en pleine face ce jour-là. …Alors. Qu'espérais-tu. Mon père, mon haut-le-cœur. Qu'en souillant mes dix ans tu ensanglanterais tout. Qu'en feignant d'épargner ma petite chrysalide tu pourrais ressurgir en effet papillon. Mon père, mon sale chaos. Que croyais-tu vraiment qu'il pouvait arriver. Que maculée de toi jusqu'aux transes intérieures j'achèverais la courbe du tracé paternel. Qu'ensablée poumon cœur mesmérisée à bloc j'épouserais le seul homme capable de t'incarner. (122)

Comme le sable, la mémoire du père s'était immiscée partout, structurant de façon mécanique son rapport au monde et aux autres individus. Ce n'est qu'une fois le cadavre du père, bien mort et enterré, que Chloé Delaume, à la fois personnage de fiction et nouvelle identité de la petite, peut réellement venir à la vie.

Politique de la terre brûlée, ou la politique du sujet

Le Cri du sablier propose les grandes lignes d'une nouvelle politique du sujet, qui se trouve au cœur du projet autofictionnel de Chloé Delaume. Dans le roman, cette politique s'articule de manière contradictoire entre, d'un côté, la narratrice enfant qui refusait de parler de son traumatisme indicible et, de l'autre, la parole débridée de la narratrice à l'âge adulte qui ne cesse de parler de la culture du secret et du silence que sa famille lui avait imposée. À la fin du roman, l'écrivaine congédie son psychiatre imaginaire, à qui son monologue s'adressait en apparences, et l'accuse d'avoir voulu lui imposer le discours médical pour expliquer son traumatisme tandis qu'il s'agit d'une expérience que les mots ne suffisent pas à décrire. Delaume reproche au médecin de ne pas comprendre et de ne jamais pouvoir comprendre ce qu'elle a vécu,

Chapitre six

"[c]ar depuis le début vos syntaxes cancrelats vos questionnements chancrelles fantôment la lame beffroi. Car depuis le début c'est par vous que je plante aux pandémies verglas la pointe du bistouri. Car depuis le début tout n'était qu'autopsy" (117). Ainsi, l'objet de cette "autopsy," de cet examen *post mortem* n'est pas le cadavre des parents, mais bien le cadavre de l'enfant, qui jusqu'à ce moment avait été un personnage passif dans sa propre existence où, bien malgré elle, elle avait été maltraitée, battue, humiliée et traumatisée. En lien avec la tendance antisociale qui apparaît dans les études queer depuis les années quatre-vingt-dix, Jack Halberstam explique la façon dont Lee Edelman et Leo Bersani ont critiqué une sorte de "logique de la futurité" pour revendiquer le droit à la négativité et la pulsion de mort comme un mode de résistance anticapitaliste et anti-hétéronormatif. De manière contradictoire, on assiste à une nouvelle construction identitaire alors que le récit donne l'impression de se "défaire" en ce sens où, comme Halberstam le soulève en parlant du livre *Autobiography of My Mother* de Jamaica Kincaid, "...autobiographical becomes an unwriting, an undoing, an unraveling of self" ("The Antisocial Turn" 149). Contre les valeurs "positives" comme l'espoir, le bonheur et la reproduction (sociale et biologique) que l'État, le capitalisme et les politiques néolibérales véhiculent, *Le Cri du sablier* apparaît comme une critique de la logique du progrès historique selon laquelle le sens émergerait de l'interprétation d'événements passés.

Pour Chloé Delaume, il semblerait que le sens ne s'hérite pas, mais qu'il s'invente tant sur les plans individuel que collectif. Il importe de se libérer du passé afin de pouvoir agir librement. Une autre contradiction transparaît dans le récit delaumien: contre l'hypermnésie communément acceptée, elle prône l'amnésie vis-à-vis de son passé afin de pouvoir se réinventer et "devenir Delaume," pour décrire son projet autofictionnel. Mais l'oubli du passé ne se fait qu'à la fin d'un livre qui revisite son enfance et en livre le récit. Au sens figuré, Delaume pratiquerait une "politique de la terre brûlée." En effet, la narratrice tente de résister aux séquelles laissées par le père; il s'agit d'une lutte constante entre elle et lui. C'est ainsi que, plutôt que de le laisser gagner en se laissant hantée à jamais par le souvenir du meurtre de sa mère et du suicide de son père, geste impardonnable qu'il a commis sous ses yeux, elle

Déconstruire les fictions individuelles

se donne l'impératif d'*oublier* le passé. Sur le plan narratif, tout se passe comme si ce n'est qu'une fois son récit achevé qu'elle décide de tout faire sauter; en divulguant qu'il s'agissait d'une "autopsy" et que l'enfant dont on raconte la vie est, à toute fin pratique, morte, on a l'impression qu'elle sabote son récit de reconstruction identitaire, mais seulement une fois le récit livré.

En référant de manière parodique à Marcel Proust, la narratrice se refuse de partager le sort de celui qui a fait de son œuvre la recherche de son passé: "La madeleine toujours la pâte était mal cuite la rengaine colle toujours je cours dans ce palais car je sais parfaitement à dessein qui je hais. J'ai coupé net, papa, le mal à la racine" (Delaume, *Le Cri* 125). Préférant oublier son passé, c'est sa propre identité qu'elle renie. Empruntant une autre tactique de la "politique de la terre brûlée," elle préfère saboter le progrès de l'adversaire et mettre un frein à l'emprise que son père exerçait toujours sur elle à l'âge adulte. C'est dans cette perspective qu'elle avance dans *La Règle du je* que, pour elle, écrire équivaut à suicider le *je* (13). Abandonnant le passé, la petite fille n'est plus et, du même coup, le père ne peut plus avoir d'influence sur elle.

Libéré de son passé, un nouveau *je* voit le jour et ouvre le champ des possibles pour l'écrivaine, qui reprend contrôle de sa narration existentielle. C'est donc à travers l'écriture que Chloé Delaume vit à nouveau. Ayant le plein pouvoir sur ses pensées, ses choix et ses actions, l'auteure se réinvente à travers sa pratique littéraire plutôt que de demeurer victime de l'horreur qu'elle a subie:

> Je m'appelle aujourd'hui parce que j'ai imposé un second commencement. ...Mon ancien Je par d'autres se voyait rédigé, personnage secondaire d'un roman familial et figurante passive de la fiction collective. Me réapproprier ma chair, mes faits et gestes comme mon identité ne pouvaient s'effectuer que par la littérature. Je ne crois plus en rien, si ce n'est en le Verbe, son pouvoir tout-puissant et sa capacité à remodeler l'abrupte. (Delaume, *La Règle* 6)

Vidée d'un contenu qui la prédéterminerait, l'écrivaine hérite d'une toile blanche pour se réinventer. Il s'agit d'un phénomène semblable lorsque Delaume crée son avatar pour le jeu vidéo Les Sims et permet à d'autres utilisateurs de le télécharger pour qu'ils puissent, à leur tour, investir le personnage delaumien. Ce déni du

Chapitre six

passé structure la façon dont le lecteur est appelé à interagir avec les autofictions delaumiennes qui l'invitent à "devenir Delaume" à son tour. Le *je* du texte est sans cesse à réécrire puisque chaque lecteur est sommé de l'investir. Le *je* se situe donc dans l'ici et maintenant qui défie l'idée que l'histoire posséderait un sens rétrospectif, car il nie l'idée même d'historicité. Comme Petar Ramadanovic nous le rappelle dans son article "From Haunting to Trauma: Nietzsche's Active Forgetting and Blanchot's Writing of the Disaster," l'idée d'oubli actif chez Nietzsche agit comme une forme d'abnégation de l'unité, de l'autonomie et de l'enracinement du sujet. Il s'agit donc d'une posture radicale permettant l'ouverture sur l'altérité: "The moment is not an instant between the past and future, but an ecstasy of time, a now at once in the past, in the future, and in the present. In the anamnestic now, 'I' remembers its multiplicity, its being outside 'I,' and forgets itself and becomes open to the radical alterity of unrealized possibilities." Si la différence entre le passé et le présent s'abolit, il reste l'avenir, auquel Chloé Delaume invite le lecteur à prendre part de façon active. C'est dans cette perspective que l'écrivaine revendique l'idée selon laquelle ses autofictions ne sont pas de simples objets de curiosité, mais doivent être d'ordre expérimental. Or, pour Delaume, ce n'est plus seulement au niveau de l'exploration formelle que l'écriture doit être une aventure; la lecture doit également devenir une aventure pour le lecteur:

> Il [le lecteur] peut être le Je, un Je dont la cartographie des rêves est identique chaque nuit, un Je qui se débat dans le phantasme et la paranoïa, un Je qui se dédouble, mais un Je si total qu'on dit au lecteur: vous. S'écrire, Je élastique. Au point que le lecteur fait plus qu'un simple transfert, il entre dans le Je, devient le Je, un point c'est tout. Prendre l'autofiction comme matériau maniable, explorer sa structure, tenter de la développer, de lui faire prendre des formes un peu inattendues. Écrire le Je, toujours, mais l'écrire autrement. Sans garantie de résultat, juste pour le plaisir d'essayer. ("S'écrire" 8)

Cependant, le but de l'exercice (c'est-à-dire la dissolution de soi et l'ouverture à l'altérité) est aussi ce qui menace "Chloé Delaume," en tant personnalité publique, écrivaine et personnage de roman, car il reste un inconnu dans son équation "autofiction + x = ?" ("S'écrire" 8). Il est impossible de calculer d'avance les réactions de son lecteur "x" alors que le succès de l'expérience sautofictionnelle et, par extension, de la survie de "Chloé Delaume," repose sur la participation du lecteur. Elle se trouve donc dépendante de son lecteur, ce qui n'est pas sans créer certaines tensions, voire des incompréhensions, entre elle et son lectorat; c'est précisément le sujet du troisième roman de la trilogie qu'elle dédie à son drame familial, *La Vanité des somnambules*.

Chapitre sept

La Vanité des somnambules, ou le rapport au lecteur

Dans *La Vanité des somnambules,* Chloé Delaume met en scène de façon détournée son rapport au lecteur. Roman opaque, *La Vanité* semble incarner le projet littéraire de l'écrivaine, qui repose sur la confusion entre le réel et la fiction. Comme je l'ai mentionné précédemment, le roman s'ouvre avec l'affirmation oxymorique "Je m'appelle Chloé Delaume. Je suis un personnage de fiction" (*La Vanité* 7), laquelle structure l'œuvre delaumienne et dont il s'agit ici de la première occurrence. Il s'agit aussi de la première fois où Chloé Delaume se réclame de l'autofiction. Conséquemment, l'ouvrage joue sur l'angoisse que provoque chez le lecteur l'impossibilité de dégager le vrai du faux. Bien qu'il soit difficile de résumer ce roman, on peut dire que c'est l'histoire de l'affrontement entre deux personnages qui, tour à tour, prennent la parole à la première personne. D'un côté, "Chloé Delaume" est un personnage de fiction à la recherche d'un corps humain à investir qui lui servira d'hôte afin de donner une voix à son histoire. De l'autre, son "corps-hôte," ayant survécu maints traumatismes d'enfance, résiste à l'invasion. Or, c'est justement pour sa résilience que Chloé Delaume jette son dévolu sur ce corps en particulier. À ce sujet, elle écrit: "Je m'appelle Chloé Delaume. Je suis un personnage de fiction. J'ai investi le corps que j'ai fait mien un vendredi poisseux de 1999. …Car ce corps m'était destiné. Je l'ai choisi à cause de son histoire" (*La Vanité* 7). Ainsi, comme l'écrivain égyptien Naguib Mahfouz, qui signe des romans engagés qui dénoncent la brutalité de l'expérience coloniale en Égypte, l'affirme, "nothing records the effects of a sad life so graphically as the human body" (139). Et bien qu'on ait l'impression que Chloé Delaume l'emporte—après tout, n'est-elle pas en train de raconter cette histoire?—, le corps résiste et se révolte contre le personnage de fiction qui tente de l'envahir: "Je ne suis pas que. … Je suis la fille du pire et de la fatuité. Ça elle n'a pas compris. Elle s'est contentée rauque et imbue d'elle-même de ne voir en ma chair tapis d'éveil fiction sur lequel bavouiller en appuyant bouton affleurant la feutrine" (Delaume, *La Vanité* 75).

Dans cette section, je propose d'étudier la manière dont on peut lire *La Vanité des somnambules* comme une mise en abyme du pacte d'autofiction qui lie l'écrivaine à son public. Fidèle à son projet autofictionnel, Delaume parvient, grâce à l'écriture, à se créer un nouveau personnage en réutilisant des bribes du passé, un passé sans cesse refaçonné pour donner une nouvelle forme à ses (auto)fictions. Le roman cultive une ambiguïté référentielle fondamentale qui plonge le lecteur dans l'incertitude puisqu'il est incapable de distinguer ce qui est réel de ce qui est inventé. Je focaliserai ici sur la manière dont l'œuvre de Chloé Delaume travaille à tenir le lecteur en otage; comme je l'ai déjà mentionné rapidement, Isabelle Dumont parle de "parasitage" pour décrire l'effet créé dans *La Vanité des somnambules* (44). Le lecteur se trouve donc simultanément envahit par l'imaginaire de Chloé Delaume—un univers dur qui porte les marques de la violence qu'elle a vécue enfant—tout en tentant de lui résister, mettant ainsi en jeu tout le processus de (dés)identification au cœur du projet delaumien. Grâce à ce rapport tendu, voire antagonique, avec le lecteur, l'on peut lire la portée politique de l'œuvre de Chloé Delaume; je reviendrai plus loin sur cette question.

Possible parjure?

Vérité, mensonge, fiction

Dans *La Vanité des somnambules,* Delaume complique la distinction entre fiction et réalité en brouillant à dessein la frontière entre vérité et mensonge afin de déstabiliser davantage le lecteur. Bien entendu, cette histoire est clairement *fictionnalisée*; la lutte que se livre en alternance les deux instances narratives à la première personne (entre le *je*-Chloé Delaume, personnage de roman et le *je*-corps, qui résiste à l'invasion) défie le réalisme. Cependant, elle met en jeu la notion de véracité. L'idée préconçue que Chloé Delaume livre ce qu'il y a de plus vrai d'elle-même repose sur une obligation sociale selon laquelle, dès que nous prenons la parole en tant que *je,* nous devons divulguer nos secrets les plus intimes, particulièrement lorsqu'il s'agit de confession sexuelle (Foucault,

La Volonté 84). Dans cette perspective, Butler avance, dans *Le Récit de soi,* que la construction du sujet se fait à travers une narration de soi qui, pour être intelligible, repose sur un référent partagé tant par l'émetteur que le récepteur, ce qu'elle appelle une "…matrice prévalente [de] normes éthiques et [de] cadres moraux conflictuels" (7). Le lecteur peut alors prendre pour acquis l'éventualité qu'il partage les mêmes normes que l'auteur. J. Hillis Miller rappelle que l'expression "raconter des histoires" ("*storytelling*" ou "*to tell stories*," dans le texte original) réfère aussi bien à l'action de mentir qu'à celle de livrer un récit vrai (149). Il apparaît alors que l'acte de "raconter des histoires" soit toujours au moins hanté par la *possibilité* de parjure, créant un doute sur la nature véridique ou mensongère de ce que l'on vient de nous raconter.

Revenons sur la notion d'autofiction pour Chloé Delaume dans *La Règle du je.* L'autofiction se définit par un pacte extrêmement particulier avec le lecteur dans lequel "[l]'auteur ne s'engage qu'à une chose: lui mentir au plus juste" (*La Règle* 67). Une partie du pacte repose donc sur l'idée que les faits rapportés ne sont pas strictement réels. Par contre, *La Vanité des somnambules* cultive l'impression chez le lecteur que non seulement l'histoire rapportée est fictive, mais qu'on lui ment délibérément, ce qui problématise le rapport entre l'imaginaire et la vérité. En effet, *La Vanité des somnambules* fait retour à plusieurs reprises sur son traumatisme d'enfance. Cependant, elle amène tant de rectifications à son histoire qu'on en vient à douter que ce qu'elle raconte s'est réellement produit. Plus encore, elle avoue elle-même avoir déjà menti au sujet de son passé. Par exemple, enfant, lorsqu'on lui demande d'où viennent ses ecchymoses, elle invente une histoire de chute à vélo pour cacher les excès de colère de son père; elle dit qu'il s'agit là de son "[p]remier faux traumatisme" (*La Vanité* 95). Ses copains de classe commencent aussi à douter de la vérité de ses inventions. Tandis que ceux-ci croient ses parents décédés dans des circonstances inconnues, un de ses camarades l'entend appeler son oncle et sa tante "papa" et "maman" au magasin. Ceci met en lumière l'obligation que sous-tend l'idée de parjure; sommé à témoigner, on s'attend à ce qu'on dise la vérité. Mais si l'on ment en prétendant dire la vérité, dès lors que le mensonge est découvert, rien ne nous empêche de penser que l'on nous a peut-être déjà menti (Derrida, "Le parjure" 27). Le doute s'immiscera alors pour le lecteur qui commencera à se demander si cette histoire

Chapitre sept

invraisemblable du meurtre de sa mère suivi du suicide de son père ne serait peut-être qu'un tissu de mensonge.

La figure de l'anacoluthe

Pour augmenter l'incertitude du lecteur, il est quasi impossible, par endroits, de distinguer qui parle. Au départ, deux instances narratives semblent se céder la parole d'une section à l'autre, entre le *je*-Chloé Delaume, c'est-à-dire le personnage de roman qui cherche un hôte pour l'accueillir, et ledit *je*-corps, dont elle tente de prendre possession. Puis, ces deux voix se confondent. Dès qu'il y a *possibilité* de parjure, le lecteur suspicieux cherche "…à démêler toujours le vrai du faux vérité mensonge omission vérité mensonge construction vérité mensonge" (Delaume, *La Vanité* 110). Une série de pronoms interrogatifs, "[q]ui parle à qui de quoi où et comment" (89), revient à plusieurs reprises dans le texte. Si une telle série peut guider d'ordinaire les enfants dans leur lecture, elle provoque l'effet inverse ici. Selon Derrida, "[d]ès qu'il y a plus d'une voix dans une voix, la trace du parjure commence à se perdre ou à nous égarer. Cette dispersion menace même l'identité, le statut, la validité du concept de parjure" ("Le parjure" 21). Au-delà du dilemme entre vérité et mensonge, le dédoublement de l'instance narrative met en question l'idée selon laquelle nous possédons une identité unique clairement identifiable qui puisse s'exprimer en toute conscience et dire *je* en toute franchise.

Outre la multiplication des voix narratives, Chloé Delaume intègre une diversité de sources et de références, de styles et de tons, de niveaux de langage et de capital culturel. Elle joue aussi avec la typographie et les enchaînements entre les sections du livre. Entre autres choses, le livre *La Vanité des somnambules* est divisé en plusieurs chapitres numérotés de manière non-consécutives: "Un," "Peut-être Deux," "Puisque Deux," "Deux, décidément," "Certainement pas trois," etc. Delaume fait donc appel à la figure de l'anacoluthe, c'est-à-dire une incohérence syntaxique ou une incohérence au sein d'une phrase, en particulier un changement de construction syntaxique dans une phrase inachevée à l'autre:

> Il est dit: le système de Propp est composé de 31 fonctions qui se retrouvent au moins dans une partie de tous les contes. Tu as dit: Je m'appelle Chloé Delaume je suis une histoire petit h je me sens en fin de partie. Je t'ai saisi poignet droit séquence

> préparatoire en sept points c'est marqué et bien plus qu'au fer rouge...J'ai poursuivi ficelage ma princesse charcutière j'ai poursuivi cordage comtesse aux pieds paquets. Talon d'Achille nœud droit deuxième séquence main gauche il est écrit il est encore écrit il est toujours écrit deuxième séquence points cardinaux girouette 19 à 31: réparation du méfait/ retour du héros/ poursuite/ secours/ arrivée incognito du héros/ imposture/ tâche difficile/ accomplissement de la tâche/ reconnaissance du héros/ découverte du faux héros/ transfiguration/ châtiment/ mariage ou accession au trône. J'ai constaté: elle ne tu ne bouges plus. Comme il était temps à nouveau j'ai chanté un vieux tube de Jean-Louis Aubert en te jetant dans la baignoire. *Si l'accusée y allait au fond, comme y va naturellement une personne liée qui ne peut se donner aucun mouvement, elle était reconnue innocente. Mais si elle surnageait sans pouvoir s'enfoncer, elle était déclarée coupable.* (Delaume, *La Vanité* 113–14; c'est l'auteure qui souligne)

Or, selon J. Hillis Miller, "[a]nacoluthon doubles the story line and so makes the story *probably* a lie" (149). L'introduction du doute dans l'esprit du lecteur suffit pour que le lecteur cesse de faire confiance à l'instance narrative et la tienne pour suspecte.

De plus, l'hybridité de *La Vanité des somnambules* problématise la question de l'*auteur*. En incluant différentes formes, références et styles contradictoires, l'hybride parvient à échapper à deux impasses:

> ...celle d'une autorité de l'écrit qui résulterait d'une perte de la parole identificatoire chez l'autre, et qui ferait de l'écrit le moyen et le lieu d'une telle identification; celle d'une généralité des récits—les récits de la littérature, ceux que la société se donnent d'elle-même, ceux qu'elles récitent, en littérature ou hors littérature—, qui fait des récits un vaste stock de croyances et un moyen de regarder et réel et autrui. (Bessière 143)

En créant un ouvrage hybride, Delaume brouille le point d'origine à partir duquel survient le processus de fictionnalisation de soi, court-circuitant du coup l'autorité du *je* écrivant. Face au mélange de voix narratives, une panoplie de questions traverse l'esprit du lecteur: sont-ce Chloé Delaume, le personnage de fiction, et son "corps-hôte" qui, tour à tour, jouent le rôle de narrateur et racontent des histoires? Est-ce plutôt l'écrivaine Chloé Delaume qui, ayant

Chapitre sept

été victime de traumatisme, ne peut faire autrement que de mettre en scène un sujet clivé, comme elle l'énonce: "Chaque singularité n'était pas imposture. Chaque singularité incarnait une facette du trauma initial qu'il me fallait cacher" (*La Vanité* 102). Ou bien, selon Sylvie Ducas dans son article "Fiction auctoriale, postures et impostures médiatiques: le cas de Chloé Delaume, 'personnage de fiction,'" serait-il possible que Chloé Delaume, en *maestra* omnipotente, contrôle sa posture d'écrivaine, de narratrice et de personnage à la fois à l'intérieur et à l'extérieur de monde de la fiction? Dans la confusion des voix narratives, on entend en écho des flèches envoyées à l'intention du lecteur: "Le pire c'est qu'ils te croient. Toi ils te croient toujours. Et mes anciens amis et tes nouveaux amants. Tu mens moins. Paraît-il. Tu n'en as plus besoin. Plus rien à camoufler c'est ton fonds de commerce. Égérie transparence" (*La Vanité* 35). Le caractère hybride du texte et son recours à l'anacoluthe comme figure introduisant l'incohérence et la tractation dans le texte soulève une possibilité de parjure, ce qui déstabilise le pacte de lecture. À partir de là, le lecteur se demande s'il a été dupé par une habile mise en scène derrière laquelle il peut maintenant entrapercevoir l'écrivaine tirant les ficelles. Ainsi, la fiction semble avoir pénétré toutes les dimensions du livre et même au-delà; Chloé Delaume, écrivaine, narratrice et personnage principal de ses autofictions, apparaît comme un produit fabriqué à dessein, mais qu'il est impossible à identifier avec certitude. Ceci est d'autant plus vrai que *La Vanité des somnambules* est un ouvrage démesurément complexe sur les plans linguistiques, syntaxiques et structurels, ce qui rend l'interprétation du lecteur difficile. Pour porter l'injure à son comble, la narratrice ne cesse de répéter cette série de questions auxquelles le lecteur n'arrive pas à trouver de réponse: "Démanteler la fiction la contamination sédimentaire. *Qui parle à qui je dis qui parle* à *qui de quoi*. Un je qui s'est perdu à force d'apparition. Un je qui s'est dilué au contact fictionnel. Un je vivant comme dans un livre ouvert. Il est l'heure de régler ses contes. Car il était deux fois" (*La Vanité* 65; c'est l'auteure qui souligne). Or, la question demeure: de qui ou de quoi parle-t-on? Quel est le véritable objet de *La Vanité des somnambules*? L'énigme avec laquelle Chloé Delaume raille le lecteur serait-elle plus simple qu'elle le semble? J'avancerai que, dans la question, se cache la réponse: "[l]a question. La question est. On tourne autour *on je tu nous* depuis le début" (109; c'est l'auteure qui souligne). *La Vanité des somnambules* traite donc plutôt du lecteur, de son rapport à Chloé Delaume, à l'autofiction et au monde, que de Chloé Delaume elle-même.

Une éthique de la lecture

La place du lecteur

Le livre *La Vanité des somnambules* interroge le rôle du lecteur dans la réception de l'œuvre autofictionnelle. Anticipant la réaction du lecteur qui, comme la critique, accusera l'autofiction de "…ne présente[r] aucun intérêt" (*La Vanité* 141), Chloé Delaume semble s'attaquer à lui par mesure préventive. Tantôt agressive, tantôt lyrique, elle sème volontiers la confusion et la controverse de façon à déstabiliser les attentes du lecteur. Cependant, plutôt que d'opter pour la collision frontale, elle choisit d'envahir le quotidien du lecteur. Dans son article "Le Sujet delaumien: Une 'Incarnation virtuellement temporaire'?," Dumont parle de la mise en scène de la contamination du corps par la fiction dans *La Vanité des somnambules*, et de la façon dont l'écrivaine parvient à rendre plausible, du moins de façon temporaire, la possibilité pour un être de papier d'investir un corps réel avec l'intermédiaire du jeu vidéo Les Sims. Pour ma part, j'avancerai que Chloé Delaume a, en réalité, déjà investi un "corps hôte/autre" (Dumont 44) grâce au rapport qu'elle entretient avec son lecteur. La contamination du lecteur est calculée à l'avance, car elle est déjà inscrite dans le texte. Dans un glissement du *je* au *tu*, puis au *nous,* le lecteur en vient à se sentir directement mis en jeu dans *La Vanité des somnambules*:

> Je dis: j'en appelle à. Désormais c'est un Nous. Tu flanches à l'irruption et tu peux redouter. Nous sommes la multitude la gangrène narrative nous sommes ton adoubement. Tu vas me regretter. Nous sommes sans âge car nous les avons tous. Nous sommes une kyrielle guirlandes sapins crevés un non-anniversaire à jamais conjugué une débauche effarante de possibles corrodés. *Millions d'yeux, mille pattes* nous sommes genre masculin hansart genre féminin abaque décliné des globules jusqu'aux manches mouvantes et volatiles nous sommes irrigation virale définitive. …Nous sommes progéniture de la Somnambulie. (131; c'est l'auteure qui souligne)

Chapitre sept

Non seulement ce *nous* désigne-t-il la combinaison hétérogène de Chloé Delaume, personnage de fiction, et de son "corps-hôte" dans *La Vanité des somnambules*, mais il s'étend de façon à inclure aussi le lecteur. Écrivaine, narratrice, personnage et lecteur sont donc confondus, comme Delaume l'explique dans "S'écrire, mode d'emploi": "Parfois mon équation peut se complexifier, je tente de créer de l'autofiction génétiquement modifiée. Faire un objet hybride, qui écrirait le Je en lui conférant le plus de strates possibles. Auteur, narrateur directif, personnage, lecteur. Une forme d'autofiction interactive, qui se jouerait sur et à plusieurs niveaux" (8). Par un ensemble de stratégies (références obscures, attaques en bonne et due forme, détournements ironiques, etc.), Delaume veut provoquer la participation du lecteur; dans cette perspective, ce dernier devient l'*objet* du récit delaumien bien plus que le soi-disant témoignage biographique que livrerait l'écrivaine. De ce fait, le livre possède de multiples facettes à partir desquelles se déclinent les identités complexes de l'écrivaine et du lecteur.

On dira que le caractère hybride de *La Vanité des somnambules* produit un déplacement qui brouille la distinction entre le sujet et l'objet du texte. Les questions "Qui parle, de quoi et à qui?" demeurent donc floues. Selon Jean Bessière, "[l]'écriture de l'hybride propose toujours une *réduction* de son objet, ainsi identifié à son aptitude à suggérer la communauté" (134; c'est l'auteur qui souligne). Dans *Extremities: Trauma, Testimony, and Community,* Nancy K. Miller et Jason Tougaw expliquent que l'attrait des récits personnels réside dans le désir partagé tant par l'auteur que par le lecteur de vivre une expérience commune non pas sur une base identitaire, mais grâce à un processus d'identification (18–19). Le lecteur s'identifiant au narrateur livrant son témoignage, le *je* se transforme en *nous* et devient le *nous* d'une communauté qui, ensemble, a partagé une expérience vécue. Cependant, dans le cas de Chloé Delaume, ce sentiment d'appartenance est ambivalent, car celle-ci semble aussi vouloir semer la controverse. En effet, celle-ci semble accuser le lecteur de la considérer comme une soi-disant "pauvre victime" n'ayant aucun contrôle sur le cours de son passé, tandis que, comme souligne Diane Enns dans *The Violence of Victimhood,* il s'agit là d'une autre forme de violence face à la victime, qui se retrouve une seconde fois dépouillée de son pouvoir d'autodétermination. C'est pourquoi elle s'attaque au lecteur en l'accusant de complicité avec un système social qui n'a pas su la protéger lorsqu'elle était enfant. Cependant, par ces attaques détournées, le roman déploie un habile jeu de miroirs grâce auquel Delaume parvient à transmettre au lecteur sa douleur. Au-delà de la dureté des thèmes qu'elle aborde, dont la violence, le meurtre, la prostitution et le suicide, l'auteure exploite différentes façons de hanter le lecteur. Comme je l'ai mentionné dans la première partie de ce chapitre dédiée au rôle de l'affect chez Chloé Delaume, celle-ci tente de faire ressentir au lecteur la difficulté de son expérience passée. C'est, par conséquent, d'un vaste inventaire d'épreuves brutales qu'elle tente de rendre compte: il y a d'abord l'abus physique perpétré par son père et celui psychologique auquel sa mère la soumettait, puis le manque de soutien, la honte et la pression à cacher la vérité que lui impose sa famille élargie après la mort de ses parents. Il y a ensuite son mariage malheureux et son passage dans les bars d'hôtesses, et, en dernière instance, le jugement sévère que réserve le public et la critique sur son œuvre et sur l'autofiction en général. À travers ses différentes provocations, l'écrivaine s'attache à ce que le lecteur ressente, à son tour, ce que c'est que d'être attaqué et humilié. Il s'agit là d'une autre manière pour Chloé Delaume de "parasiter" son lecteur (Delaume, *La Vanité* 81). C'est à ce niveau que le *je* et le *nous* se retrouvent à nouveau liés. Y aurait-il derrière ce désir de transmettre son expérience à travers le texte au lecteur autre chose qu'un geste d'animosité et d'agressivité détournée?

La/le politique de/et l'autofiction

À la suite de cette étude, j'avancerai ici l'idée selon laquelle Chloé Delaume, à travers son œuvre, poursuit un objectif précis: elle vise à provoquer le lecteur pour l'amener à s'interroger sur sa façon de mener sa propre existence. Ce faisant, elle espère qu'il puisse prendre conscience de la manière dont il reproduit aveuglément des comportements ou des croyances issus d'un ensemble de normes plus vaste qui servent à maintenir ensemble le tissu social. Delaume offre ainsi son récit personnel au lecteur afin qu'il en tire une leçon. Selon Miller et Tougaw, le récit traumatique agit donc comme un enseignement "…on—or perhaps in—the reader as a kind of pedagogy" (7). En effet, "[t]he traumatic…project is not an attempt to reflect the traumatic even mimetically, but to *produce* it as an object of knowledge, and to *transform* its readers so that they are forced to acknowledge their relationship to post-traumatic culture" (Rothberg 67; c'est l'auteur qui souligne). *La Vanité des somnambules* apparaît alors comme une invitation au lecteur à la rejoindre dans une communauté imaginaire de "Somnambules," peuplée de personnages de fiction qui écrivent leur propre histoire.

En revendiquant la facture (auto)fictionnelle de son œuvre, Chloé Delaume tente de se prémunir contre l'aliénation des normes sociales que l'on intègre sans en avoir conscience. Tandis qu'elle reproche aux gens de vivre des fictions qui ne sont pas les leurs, l'écrivaine choisit d'assumer pleinement qu'elle est un personnage de fiction fabriqué de toutes pièces: "J'ai décidé de devenir personnage de fiction quand j'ai réalisé que j'en étais déjà un. À cette différence près que je ne m'écrivais pas. D'autres s'en occupaient. Personnage secondaire d'une fiction familiale et figurante passive de la fiction collective. J'ai choisi l'écriture pour me réapproprier mon corps, mes faits et gestes, et mon identité" (Delaume, "S'écrire" 1). Ainsi, bien que "le moi dès l'origine [soit] pris dans une ligne de fiction" (Lacan, *Écrits* 94), et que, du fait, il ne soit jamais souverain, Delaume revendique la possibilité de se réapproprier sa propre narration plutôt que de se laisser écrire par les autres. Dans cette perspective, l'autofiction devient un geste éthique: il s'agit de se demander ce que l'on a *le pouvoir* de faire et de changer dans une situation donnée plutôt que de l'accepter aveuglément. Chloé Delaume propose donc un réarrangement des normes sociales qui structurent les désirs et qui en viennent à dissoudre l'individu dans un ensemble de fictions collectives. Comme Michel Foucault le revendique dans "Le sujet et le pouvoir," il faut essayer de promouvoir de nouvelles formes de subjectivité qui subvertissent et affaiblissent les modèles dominants:

> Sans doute l'objectif principal aujourd'hui n'est-il pas de découvrir, mais de refuser ce que nous sommes. Il nous faut imaginer et construire ce que nous pourrions être pour nous débarrasser de cette "double contrainte" politique que sont les individualisations et la totalisation simultanées des structures du pouvoir moderne. Le problème à la fois politique, éthique, social, et philosophique qui se pose à nous aujourd'hui n'est pas d'essayer de libérer l'individu de l'État et de ses

institutions, mais de nous libérer, nous, de l'État et du type d'individualisation qui s'y rattache. Il nous faut promouvoir de nouvelles formes de subjectivité. (232)

L'autofiction permet également une manière de reconfigurer les récits individuels et collectifs qui nous définissent. Delaume mélange ainsi la fiction et la réalité dans un désir constant de réinvention du sujet. Cette mise en scène, qui cherche à défaire le récit de soi que lui ont inculqué sa famille et sa société, apparaît comme un lieu d'affirmation. Delaume, par des moyens détournés, invite donc le lecteur à se forger, lui aussi, sa propre identité.

Par ailleurs, la négativité de l'œuvre de Chloé Delaume, qui s'inscrit *contre* les valeurs partagées de la collectivité, possède aussi une sorte de vitalité. Marc Décimo "…voi[t] dans la tentative et la quête 'Chloé Delaume,' une *abréaction* et une détermination farouche de vivre, non pas passivement mais *en toute connaissance de cause*" (322; c'est l'auteur qui souligne). C'est ce type de questionnements que Chloé Delaume cherche à instiller chez le lecteur; elle veut que celui-ci sorte de son rôle passif pour affirmer sa singularité et récrire son propre récit. Elle se donne dès lors pour objectif de s'immiscer dans sa conscience afin d'y faire germer le doute quant à ses croyances, ses valeurs et sa façon de mener sa vie. Que le lecteur aime ou déteste ses livres, qu'il s'y reconnaisse ou les trouve révoltants, tout se passe comme si Chloé Delaume contaminait la psyché du lecteur. Dans cette perspective, l'histoire du chat et de la souris sur laquelle se termine *La Vanité des somnambules* renvoie à la relation entre Delaume et son lecteur. Ayant été définitivement rejetée par le corps dont elle tentait de prendre possession, le personnage de fiction Chloé Delaume semble s'avouer vaincue. Le chat et la souris s'approchent d'elle et décident de se débarrasser d'elle pour de bon. La souris se laisse alors posséder par Chloé Delaume, puis se jette dans la gueule du chat. Elle parvient donc à envahir un nouveau "corps-hôte" grâce à cet habile stratagème. Comme la souris mangée par le chat, le lecteur finira par dévorer les romans de Chloé Delaume bien qu'ils soient provocateurs, inconfortables et difficiles à lire. Ainsi, l'œuvre de Delaume cherche à accrocher le lecteur même (et surtout) si c'est en éveillant chez lui des affects négatifs. À tout prix, elle cherche à le provoquer:

Chapitre sept

> Face à l'autofiction, le lecteur ne peut pas juste se divertir, il ne peut être détourné des préoccupations qui doivent rester pour lui les plus fondamentales. Même s'il s'identifie, il est en parallèle actif, invité à lui-même savoir où est son Je, comment il se positionne et comment il défend l'intégrité de son individualité dans une société qui sait en aplanir toutes les aspérités pour mieux la contrôler. (Delaume, "S'écrire" 11)

En somme, la politique de l'autofiction chez Chloé Delaume vise à entrer en dialogue avec le lecteur pour initier chez lui de nouvelles remises en question et prises de conscience: "Because it seeks both to construct access to a previously unknowable object [en voulant faire vivre au lecteur une expérience qui n'est pas sienne] and to instruct an audience in how to approach that object [en lui faisant prendre conscience des choix qui s'offrent à lui], the stakes of traumatic realism are at once epistemological and pedagogical, or, in other words, political" (Rothberg 67). Ce faisant, Chloé Delaume met en scène un monde imaginaire où il serait possible, pour elle et pour le lecteur, de s'épanouir à l'extérieur de contraintes personnelles et collectives pour mener une existence qui soit finalement satisfaisante.

TROISIÈME PARTIE
PARI MANQUÉ? NELLY ARCAN, LES MÉDIAS ET LE DESTIN TRAGIQUE D'UNE ÉCRIVAINE

Chapitre huit

Le Pacte auto/métafictionnel chez Nelly Arcan

Avec la parution de *Putain* à l'automne 2001, l'écrivaine québécoise Nelly Arcan fait une apparition remarquée sur la scène littéraire. Publié par les prestigieuses Éditions du Seuil, le roman connaît un succès instantané. Nelly Arcan devient dès lors un personnage public: elle est invitée sur les plateaux de tournage et les entrevues se multiplient. À la fois enfant chérie des Québécois, symbole de notre succès littéraire à l'étranger à l'aube du nouveau millénaire, et coup médiatique un peu vulgaire, on entretient un rapport ambivalent par rapport à la célébrité nouvellement acquise d'Arcan. Ce faisant, les médias jouent sur l'aspect scandaleux de son sujet de prédilection (*Putain* parle de son expérience comme escorte de luxe) et cherchent à savoir à tout prix si ses histoires scabreuses sont bel et bien réelles. Aux yeux de Nelly Arcan, ce voyeurisme de la part des médias est symptomatique d'un problème plus vaste avec lequel elle se débat: l'hypersexualisation de la culture occidentale. De façon générale, on dira qu' "[o]n parle d'hypersexualisation de la société lorsque la surenchère à la sexualité envahit tous les aspects de notre quotidien et que les références à la sexualité deviennent omniprésentes dans l'espace public: à la télévision, à la radio, sur Internet, dans les cours offerts, les objets achetés, les attitudes et comportements de nos pairs, etc." (Poirier et Garon 7). Dans cette perspective, Nelly Arcan signe un article dans le magazine *L'Actualité* intitulé "La disparition des femmes" en septembre 2007. Malgré les avancées du mouvement féministe en termes d'égalité et de libération sexuelle, Arcan dénonce le fait que les femmes occidentales demeurent objectifiées et hypersexualisées:

> L'uniformité sexuelle, je l'appelle: la burqa inversée des femmes occidentales. La femme d'aujourd'hui est un sexe, qui, loin de

Chapitre huit

> disparaître sous un voile, se donne tant à voir, prend tant de place qu'on ne voit plus que lui. Même le visage de la femme, avec ses moues, ses regards, ses expressions extasiées, est un sexe. Et le sexe, qui déborde du génital, se définit surtout par son intention: capter le désir des hommes à perpétuité, y donner sa vie. ("La disparition" 106)

Pour Arcan, le rapport des femmes au monde extérieur serait toujours gouverné par un désir de plaire à tout prix, de se masquer ou de dissimuler sa véritable apparence pour satisfaire au désir masculin. La métaphore entend choquer en jouant sur les préjugés occidentaux sur l'aliénation des femmes et en déplaçant l'ostentation associée à une femme musulmane portant le voile intégral sur la femme occidentale hypersexualisée. Non seulement la soi-disant "liberté" sexuelle des femmes serait illusoire, mais l'omniprésence de la sexualité dans la culture occidentale opèrerait à la façon non seulement d'un voile occidental, mais d'une "burqa de chair" qui fait de "la femme-sexe…une marche à suivre, une injonction, une identité" ("La disparition" 105). De surcroît, "[c]e corps qui se donne, qui ne demande qu'à être consommé, ne s'adresse pas seulement aux hommes, il est aussi ce que les femmes achètent le plus. Ce qui signifie que ce qu'elles s'offrent, donc ce dont elles manquent, c'est elles-mêmes. Elles achètent leur corps, pour parfois mieux le vendre" (106). Les femmes, complices de leur propre objectification, tentent alors d'assouvir leur pulsion narcissique en cherchant à attirer le plus de regards possibles grâce à leur apparence qui invite à la consommation sexuelle.

Comme l'écrivent Lucie Poirier et Joane Garon dans le rapport de leur recherche *Hypersexualisation? Guide pratique d'information et d'action*, "[l]es jeunes filles ainsi que les adolescentes subissent quotidiennement les pressions des médias et de leur entourage. Le message qui leur est transmis est clair: elles doivent être belles, sexy et disponibles sexuellement. Plusieurs sont ainsi amenées à croire que leur seul pouvoir réside dans leur apparence…" (18). Il s'agit donc là du problème que Nelly Arcan dénonce dans toute son œuvre en comparant l'hypersexualisation dans les médias à "…une formation à la prostitution" ("La disparition" 106). Or, bien qu'Arcan entretienne un discours critique face à l'obsession du corps que l'Occident semble imposer aux femmes, elle est elle-même victime des mêmes diktats de beauté et de jeunesse contre lesquels elle s'élève et participe activement à la reproduction d'un modèle féminin basé sur l'hypersexualisation et l'ultraféminité. Cette contradiction fonde le malentendu sur lequel repose le rapport de l'écrivaine aux médias: les médias seront obnubilés par l'image de la jeune écrivaine sulfureuse et réduiront, du coup, Nelly Arcan à son image alors que c'est justement ce que cette dernière dénonce.

Il s'agit là du pari risqué sur lequel repose le pacte autofictionnel chez Nelly Arcan: en jouant le jeu des médias et en s'exhibant de façon provocatrice, elle court le risque d'être réifiée en objet de désir. Nelly Arcan s'est forgé une identité publique et s'est fait (littéralement) un nom en jouant sur la contradiction entre ce qu'elle écrit et son image de vamp. Or, en se mettant directement en jeu dans ses textes, elle court le risque que ses œuvres soient réduites à des témoignages autobiographiques et personnalistes tandis qu'il s'agit d'une façon de dénoncer la manière dont les médias réduisent les femmes à leur corps. L'autoreprésentation arcanienne dépasse ainsi largement le cadre du livre pour investir la sphère médiatique tant et si bien que la persona de Nelly Arcan, élaborée tant dans ses livres que dans ses interactions avec les médias, finit par devenir une mise en scène. Ainsi, il y a bel et bien concordance entre les personnes de l'écrivaine, de la narratrice et du personnage, mais il s'agit d'ores et déjà d'une fictionnalisation de soi. Or, cette spécificité du pacte autofictionnel chez Arcan a souvent amené son œuvre à être mal comprise et réduite à sa dimension personnaliste malgré sa qualité littéraire et malgré l'opposition de l'écrivaine à de telles interprétations. L'idée est d'ailleurs semblable à ce qu'écrit Christine Angot dans *Quitter la ville*: "Je veux rester l'hameçon c'est décidé, puisque c'est mon projet littéraire, le bout de viande pour leur montrer le cannibalisme à l'œuvre, sans me faire dévorer c'est ça. Sinon il n'y a plus de projet littéraire, il n'y a plus rien" (94). Cependant, plutôt que d'opter pour la voie de la confrontation avec les médias comme le fait Angot, Nelly Arcan, quant à elle, opte pour la voie de la séduction, se donnant comme objet à voir, à être consommé, plutôt que de résister. Elle exploite ainsi sa propre expérience pour appâter le lecteur à la recherche d'un sujet cru et provocateur en lui proposant des textes aux titres choquants tels que *Putain* et *Folle*—deux qualificatifs péjoratifs souvent associés à certaines images stéréotypées de la féminité; je discuterai d'ailleurs des effets négatifs que de tels stéréotypes ont eus sur la réception de l'œuvre de Nelly Arcan plus loin dans cette section. En somme, la dimension scandaleuse chez Nelly Arcan émerge ainsi de la disjonction entre son personnage médiatique, envoûtant et charmeur, et le discours pythique qu'elle entretient dans ses œuvres sur le culte de la beauté. Comme Richard Dyer l'avance au sujet de Marilyn Monroe dans son livre *Stars*, dans lequel il analyse la signification historique, idéologique et esthétique des *stars* d'Hollywood, on dira de Nelly Arcan qu'elle incarne aussi la tension qui traverse la société occidentale contemporaine: "You could see this as heroically *living out the tensions* or *painfully exposing them*" (31). Ainsi, si le pouvoir de provocation chez Marilyn Monroe, qui était à la fois innocente et éminemment sexuelle, provenait de la coexistence de qualités paradoxales chez elle, la persona de Nelly Arcan repose sur la contradiction entre ses identités de prostituée et d'écrivaine, réactivant l'éternelle dualité entre le corps et l'esprit.

Dans cette perspective, cette section propose d'examiner la relation entre l'écrivaine et les médias afin de mettre en lumière le fonctionnement des mécanismes autofictionnels chez Arcan. J'argumenterai que le pari risqué qui confond personne réelle, écrivaine et personnalité publique, sur lequel repose son autofiction, a amené les médias à la victimisation de Nelly Arcan, et à sa sacralisation comme "écrivaine maudite," particulièrement après son suicide (un sort, par ailleurs, semblable à celui réservé à Marilyn Monroe, qui meurt d'une surdose de barbituriques en 1962). En focalisant sur la posture d'écrivaine qu'elle a développée avec la parution de *Putain* et de *Folle*, et particulièrement sur la nouvelle "La honte," publiée de façon posthume dans le recueil *Burqa de chair*, je propose d'étudier plus en détails le rapport ambivalent qui lie Arcan aux médias à travers les questions de l'hypersexualisation et de la mise en scène de soi. Dans un premier temps, je m'intéresserai à la mise en scène du *je*-écrivain et à la dimension métafictionnelle de l'œuvre d'Arcan afin de mieux montrer la manière dont sa posture d'écrivaine est simultanément construite à l'intérieur et à l'extérieur de ses textes. Je porterai une attention particulière à *Putain* et à la façon dont Arcan confie la narration à une narratrice-écrivaine qu'elle met en scène en train d'écrire son autofiction, inscrivant du coup une distance critique entre son passé et le récit de son expérience. J'examinerai également la façon dont elle y propose une vision contradictoire de son identité: dans

"Accession à la subjectivité et autoréification: statut paradoxal de la prostituée dans *Putain* de Nelly Arcan," Isabelle Boisclair souligne que "[l]e paradoxe s'articule autour de la contradiction entre le statut d'objet du personnage féminin que suggère sa condition de prostituée et le statut de sujet que suggère son agentivité énonciative et narrative" (112). Dans un deuxième temps, je me pencherai sur le regard de son amant mis en scène dans *Folle,* lequel se substitut ici au regard de ses clients pour construire le personnage de la narratrice. Le concept de fantasme, élaboré par Slavoj Žižek, me permettra de mieux comprendre le rapport narcissique qui la lie à son amant, qui paraît être davantage amoureux de ce que "Nelly Arcan" représente (prestige littéraire, personnalité culturelle, etc.) que de "Nelly Arcan" elle-même. Pour terminer, je me tournerai vers la nouvelle "La honte." Ce texte, écrit à la troisième personne tandis que *Putain* et *Folle* prennent l'allure de récits confessionnels écrits au *je,* expose une "Nelly Arcan" désillusionnée à la suite d'une série d'interactions décevantes avec les médias qui l'ont réduite à son image en discréditant son discours dénonçant l'hypersexualisation des femmes. Je verrai de quelle façon, en relatant son passage à l'émission *Tout le monde en parle* en 2007 chez Guy A. Lepage, elle semble chercher à régler ses comptes avec les médias, lesquels ont fait d'elle une bête de cirque, et avec le public, lequel s'est laissé prendre par ses propres préjugés au sujet de l'écrivaine, de son image voluptueuse et de son passé de prostituée.

Nelly Arcan, pseudonyme et mise en abyme de l'écriture

Lorsque *Putain* paraît à l'automne 2001, le roman obtient un succès quasi-instantané et Nelly Arcan devient une figure publique. Une difficulté majeure à laquelle on est confronté avec l'œuvre d'Arcan, au-delà du fait que l'auteure investit les normes de genres et de sexualité qu'elle exècre, est la manière dont elle positionne le lecteur en jouant en particulier sur ce qu'il pense connaître d'elle à travers l'image qu'elle projette dans les médias. Personnalité intrigante et à la limite de l'exhibitionnisme, Nelly Arcan séduit rapidement les médias grâce notamment aux thèmes provocateurs sur lesquels elle revient de façon obsessive et grâce à son image sulfureuse. Elle n'hésite pas à discuter, entre autres

Chapitre huit

choses, de ses préférences sexuelles en entrevue; ou encore, elle pose en portant un corset suggestif pour la couverture du format poche de son deuxième livre *Folle*, publié en 2004. Elle utilise son charme et ses attributs féminins pour faire la promotion de ses livres. Arcan multiplie aussi les apparitions médiatiques et exhibe la persona d'écrivaine et de prostituée qu'elle a d'abord construite dans ses romans et ses récits. Elle a aussi été chroniqueuse dans l'hebdomadaire culturel *Ici* et signait de son nom de plume, donnant par là même une existence encore plus tangible à "Nelly Arcan" au-delà de l'univers romanesque. Elle utilise ainsi les médias comme une extension de son œuvre. Jouant avec des jeux de miroirs, l'écrivaine fusionne instance narrative et auteure, et fait plusieurs références à sa vie privée. Se multiplient alors les entrevues pour les journaux et les magazines, et les apparitions aux émissions de variétés; le personnage de Nelly Arcan devient alors de plus en plus réel à chaque nouvelle prestation. À cet égard, rappelons-nous son passage à *Tout le monde en parle* chez Thierry Ardisson à Paris en septembre 2001: une jeune femme de 26 ans, insécure et hésitante, s'amène alors vêtue d'un sobre chemisier bleu poudre et d'une croix dorée au cou, les cheveux remontés en chignon. Dès le départ, elle coupe l'animateur pour insister sur le fait que, dans son livre, il est bel et bien question de littérature et non de témoignage; sinon, pourquoi aurait-elle été publiée au Seuil, avance-t-elle comme argument. Elle acquiesce à tout ce qu'avance l'animateur et répond à toutes ses questions, incluant celles sur son expérience comme escorte. Le public, si on peut tirer des conclusions de l'attitude d'Ardisson, a ainsi tendance à condamner Nelly Arcan pour sa complicité dans l'hypersexualisation des femmes, particulièrement puisqu'il croit reconnaître un pacte autobiographique. Nelly Arcan, ex-prostituée, écrivaine, et personnalité publique dévoilerait ainsi son expérience personnelle dans ses livres puisqu'il y a concordance entre personnage, narratrice et écrivaine, croit-on. De surcroît, cette concordance est accentuée par le fait qu'elle apparaît dans les médias *en tant que* Nelly Arcan, consolidant le malentendu pour le spectateur. Or, c'est là que le pacte avec le lecteur se complique, car il faut se rappeler que Nelly Arcan, c'est aussi un pseudonyme. "Le monde entier est un théâtre," pour reprendre les vers de Shakespeare, et l'identité de Nelly Arcan ne ferait pas exception à la règle. À

Le pacte auto/métafictionnel

l'ère des médias de masse, de l'internet et de la spectacularisation du quotidien, la mise en scène de soi chez Nelly Arcan dépasse largement le cadre du livre pour englober toutes ses prestations publiques, entrevues, séances photo, etc. Comme l'avance Jérôme Meizoz, la posture de l'écrivain(e) se présente comme une identité littéraire qui situerait l'écrivaine d'ores et déjà dans la sphère de la *représentation*.

C'est ainsi que le nom "Nelly Arcan" opère comme un artifice: il s'agit du pseudonyme d'Isabelle Fortier. De celle-ci, on sait qu'elle est originaire des Cantons de l'Est, qu'elle a étudié la littérature à l'Université du Québec à Montréal et qu'elle a été escorte de luxe. Comme l'explique Véronique Ménard, bien que "[l]a narratrice porte le nom de l'auteur, [sic] [l]e nom de l'auteur [sic], quant à lui, est un pseudonyme; une façon de faire de l'autofiction une 'fiction,' d'écrire au je tout en masquant la parole. Une confusion qui sert bien l'auteur [sic]: à jouer sur la voix, le je ne peux qu'être autre." L'usage d'un pseudonyme permet à l'écrivaine de procéder à une mise en scène de soi dans laquelle elle ne peut intervenir qu'en tant que figure fictionnalisée. D'une part, *Putain* et *Folle*, deux autofictions écrites à la première personne, mettent en scène un personnage et une narratrice qui occupent également la posture d'écrivaine, si bien que le lecteur ne peut voir qu'une concordance entre la personne publique et la personne privée, et semble convaincu d'avoir affaire à un récit confessionnel. D'autre part, alors qu'Arcan entend brouiller la différence entre réalité et fiction, elle tente d'éviter que l'on réduise ses ouvrages à un fait divers ou un témoignage racoleur. Insistant sur la relation entre récit autobiographique et invention romanesque dans *Putain*, elle confie en entrevue à Navarro: "…je me suis détachée de cette histoire. Elle est autobiographique, c'est vrai; mais en même temps, je l'ai écrite 'à côté de la réalité': la forme que j'ai choisie est celle de l'enfermement, de l'excès, il y a un parti pris littéraire et esthétique…" ("Journal intime"). En tant qu'autoreprésentation intra- et extradiégétique, le personnage de Nelly Arcan incarne le fait que le *je* est toujours déjà une mise en scène dans, hors et "à côté" de la réalité, pour reprendre les termes de l'écrivaine.

Dans cette perspective, Arcan exploite le pacte autofictionnel par le biais d'un personnage "narratrice-écrivaine," et invite une confusion entre personnage et écrivaine chez le lecteur aussi bien qu'une lecture victimaire de son œuvre par les médias. De surcroît, comme je l'ai mentionné plus haut, la persona de Nelly Arcan, écrivaine et prostituée, fait une apparition remarquée pour la première fois dans le roman *Putain* et vient effectivement compliquer la question de la posture de l'écrivaine. Ainsi, *Putain* et *Folle* utilisent certains artifices propres à la mise en scène de l'écriture afin de créer une sorte de simulacre confessionnel autour du récit. *Putain* revêt l'apparence d'un journal intime qui s'inscrit dans le cadre d'une psychanalyse tandis que *Folle* est présenté comme une lettre adressée à son ex-amant suite à leur rupture. Ces deux récits exacerbent une certaine coïncidence entre la personne publique et la personne privée, ils sont écrits à la première personne et traitent de questions typiquement associées à la littérature des femmes dont l'obsession du corps, l'aliénation, l'hypersexualisation et l'impossibilité de l'amour, ce qui a pour effet de renforcer l'illusion de la confession. Comme elle le présente dans *Putain*, elle serait d'abord comme une fille de la campagne qui, arrivée en ville pour poursuivre des études de lettres, aurait été pervertie (7). De plus, la forme répétitive et circulaire des textes d'Arcan—par exemple, "…[l]e livre [*Putain*] est tout entier construit par associations, d'où le ressassement et l'absence de progression, d'où sa dimension scandaleusement intime" (Arcan, *Putain* 17)—vise à accentuer le sentiment d'authenticité qui se dégage de ses œuvres tout en donnant l'impression que la narratrice se confie sans retenue. Loin de la littérature érotique, *Putain* présente plutôt l'ambivalence douloureuse d'une prostituée, déchirée entre son désir d'émancipation et son insécurité, qui passe par un désir de validation à travers le regard masculin.

Agentivité littéraire et métafiction

Les narratrices de *Putain* et de *Folle* revendiquent néanmoins le caractère romanesque de ces écrits et exhibent les mécanismes de la fiction d'une manière ostensible pour le lecteur. Parmi plusieurs exemples, notons le stratagème spéculaire qu'Arcan déploie dans *Putain*. En effet, il n'est pas tout à fait vrai de dire, à la suite de Boisclair, que "…le texte ne présente absolument rien d'autre que [le] discours [de la narratrice]" (113), car le récit est précédé d'un passage en italique, "…prologue ambigu et sans titre, où la narratrice se justifie en donnant des détails de son enfance…"

(King 39). Ce prologue présente donc une sorte de récit d'origine dans lequel elle parle de sa famille, de son rapport à son père et à sa mère, et de ce qui l'a menée à la prostitution. Ce passage agit comme récit-cadre et crée un contraste avec le reste du texte dans lequel la narratrice "...assume son rôle, bien joué d'ailleurs, de 'putain'" (39). Elle met ainsi en place les artifices de sa fiction: elle interpelle le lecteur en écrivant qu' "[elle] n'[a] pas l'habitude de [s]'adresser aux autres lorsqu['elle] parle…" (Arcan, *Putain* 7), tout en créant une distance avec le reste du livre, comme j'en discuterai un peu plus loin. Tout ceci vise à renforcer la confiance du lecteur en lui donnant l'impression d'être de connivence avec l'écrivaine qui lui montre l'arrière-scène du récit qu'elle est en train d'écrire. En mettant en scène une supposée "narratrice-écrivaine," Arcan exacerbe la nature du pacte autofictionnel défini par la fusion entre auteur et personnage.

Dans "*Putain* de Nelly Arcan. Texte écran et 'je' de miroirs, une écriture de la dépersonnalisation," Cécile Hanania avance que le prologue du texte, qui apparaît comme une "...faculté d'auto-analyse annoncée dès le début[,] symbolise la dichotomie du sujet et la dualité d'une narratrice qui, durant tout le texte, s'observe agir et parler" (117). De même, Anne Brown voit ce décalage comme le résultat d'une subjectivité schizée suite à son expérience de la prostitution (71). Pour les féministes abolitionnistes qui s'opposent à la prostitution, celle-ci serait, dans tous les cas, une forme d'exploitation et de violence contre les femmes, que ce soit à cause de contraintes économiques ou à cause de l'assimilation de valeurs patriarcales objectifiant le corps féminin. Selon elles, les femmes exerçant le métier de prostituée ne pourraient en venir à consentir à vendre leur corps de façon libre et éclairée: "La violence primordiale de la situation prostitutionnelle est l'acte sexuel non désiré. Pour se protéger, la personne prostituée va tenter de s'en détacher. Cette défense inconsciente est appelée 'décorporalisation': c'est une sorte d'anesthésie physique partant de la sphère génitale pour s'étendre à l'ensemble du corps" (Mailfert 6). Il en découlerait ainsi un traumatisme, car 68% des personnes quittant la prostitution exhiberaient des symptômes de trouble de stress post-traumatique selon les psychologues Melissa Farley et Howard Barkan. Ainsi, plusieurs critiques s'accordent à dire que la narration de *Putain* met à jour la difficulté fondamentale de la narratrice à parler d'elle-même. Parallèlement, Shirley

Chapitre huit

Jordan soulève le fait que l'autofiction est souvent liée au trauma chez les femmes et qu'il s'agit d'une forme de mise à distance de l'événement traumatique ("Autofiction in the Feminine" 3). Dans cette perspective, Nelly Arcan explique en entrevue la dimension thérapeutique de son écriture: "À partir du moment où j'écris, tout est plus neutre et distancié, l'émotion se désamorce. Les mots deviennent un matériau, je me concentre sur les textes et les sons, [non] plus sur le problème. L'écriture n'est pas seulement un exutoire, la souffrance doit s'y muer en un objet artistique" (Nelson). Ainsi, parmi les plusieurs fonctions que remplissent l'inscription du récit-cadre et la mise en abyme de l'acte d'écriture chez Arcan, elles permettent non seulement à l'écrivaine de cultiver l'illusion de la confession, mais aussi d'inscrire à l'intérieur de ses livres une distance par rapport à l'histoire qu'elle raconte. Puisant son inspiration dans son propre passé et ses propres inquiétudes existentielles, Nelly Arcan se réclame d'une facture autofictionnelle, insistant sur le rapport ambigu qui existe chez elle entre autobiographie et invention romanesque. Pour le dire autrement, bien que ses romans prennent son expérience comme source d'inspiration, l'écrivaine la transforme pour en faire un sujet littéraire.

De façon semblable, plusieurs critiques ont insisté sur le fait que, bien que la narratrice alterne entre aliénation et agentivité, elle se trouve finalement réduite au statut d'objet. Dans "(Un)tying the Knot of Patriarchy: Agency and Subjectivity in the Autobiographical Writings of France Théoret and Nelly Arcan," Barbara Havercroft compare les œuvres des deux écrivaines québécoises en disant:

> [i]f both writers use the image of the knot (*le nœud*) to express a similar entanglement in patriarchal ideology and oppression, only Théoret succeeds in untying her knot…while Arcan, although acutely conscious of hers, remains bound up within it, perpetually untying and retying it through repetitive discourse and behavioural patterns, and oscillating between the contradictory aporia of life-death/active-passive opposition that Théoret…has managed to escape. (208)

Ainsi, malgré l'agentivité conférée par la mise en scène d'un sujet-écrivain, les critiques ont tendance à penser que, chez Arcan, la narratrice ne parvient pas à sortir de son objectification et qu'elle participe même à sa reproduction en se conformant à un modèle féminin hypersexualisé (Boisclair 111–13). Or, la mise à distance chez Arcan n'est pas qu'un symptôme de traumatisme ou une tentative échouée de subjectivation; j'avancerai qu'il s'agit plutôt d'une stratégie métanarrative. La mise en abyme dans laquelle Arcan insère le récit de *Putain* ainsi que l'inscription d'une narratrice-écrivaine à l'intérieur du texte permettent alors de créer un décalage qui permet de prendre la distance nécessaire pour inscrire un regard critique sur elle-même et sur son œuvre.

Au-delà de la composante thérapeutique de l'écriture d'Arcan, dont on a souvent soulevé les limites, il faut noter que la narratrice, même si elle est aux prises avec un certain degré de haine de soi, a une conscience aiguë de sa propre aliénation et entretient un discours critique au sujet de son assujettissement au regard masculin. *Putain* se présenterait comme une métafiction autobiographique—ou comme la surnomme Patricia Waugh, "*self-conscious fiction*"—puisque l'écriture de soi donne lieu à une auto-théorisation et auto-analyse. S'il existe plusieurs définitions de la métafiction, on s'entendra le plus souvent pour dire qu'il s'agit de textes autoréflexifs qui questionnent leur statut en tant qu'œuvre littéraire (Currie 1–2). En créant un récit au second degré, les textes de Nelly Arcan donnent l'impression que différentes couches de fiction se superposent pour créer le personnage public et livresque de Nelly Arcan. De même, tant *Putain* que *Folle,* en mettant en scène un personnage écrivain qui possède une existence au-delà de l'univers livresque, problématisent la question du rapport de la fiction à la réalité en nous amenant à questionner si tout Arcan ne serait pas, bel et bien, un artifice. Comme le note Waugh, la métafiction serait "…fictional writing which self-consciously and systematically draws attention to its status as an artifact in order to pose questions about the relationship between fiction and reality" (2). Or, contrairement à ce que l'on a vu chez Angot, chez qui la métafiction produit l'effet d'écraser la distance entre le texte littéraire et le sujet écrivant en mettant en scène l'acte d'écriture, chez Arcan la dimension métafictionnelle crée différentes couches d'abstraction qui lui permettent d'interpréter de manière théorique son propre statut, conférant du coup une agentivité textuelle au sujet-écrivain. Dans son mémoire "Aliénation, agentivité et ambivalence dans *Putain* et *Folle* de Nelly Arcan. Une subjectivité féminine divisée," Élyse Bourassa-Girard explique que l'agentivité serait la capacité du sujet à contester et à se repositionner à partir de l'intérieur d'une contrainte, d'une loi ou d'une norme donnée (57–58). L'autofiction chez Arcan prend dès lors l'allure d'une mise en *méta*fiction de sa vie, ce qui permet à l'auteure de jouer avec les conventions littéraires et d'interroger de manière consciente les codes de l'autofiction en en élargissant le cadre jusque dans la mise en scène de soi. Il existe donc un décalage entre la protagoniste-écrivaine, qui rapporte le récit de prostitution, et le personnage mis en scène à travers les événements de la prostitution. Je partage ainsi l'opinion de Martine Delvaux, qui note que la difficulté à saisir le personnage de Nelly Arcan demeure dans son "impossibilité à être contemporaine" (*impossibility of being contemporary*) ("On the impossibility" 53–63). Bref, le regard que pose la narratrice sur son personnage est toujours de biais, ce qui lui permet d'avoir une perspective critique sur les gestes posés et les paroles prononcées dans ses livres tels qu'ils sont donc *mis en scène*.

Transfiguration du passé et esthétique de l'excès

Si Arcan creuse la relation qui unit son expérience personnelle et l'obligation à la séduction à laquelle elle se sent soumise, elle le fait toujours en transfigurant le réel. C'est ainsi que Raymond Federman souligne le pouvoir subversif de la métafiction:

> [s]elf-reflexive writers have been attacked for turning their backs on social consciousness and human commitment, for refusing to explain reality, for refusing to pretend any longer that reality is equivalent to truth, and therefore failing to render reality coherent and rational. ...Such arguments fail to recognize that the techniques of parody, irony, introspection, and self-reflexiveness directly challenge the oppressive forces of social and literary authorities. (1156)

La métafiction permet donc de contester les forces oppressives des institutions sociales et littéraires, dont les diktats de beauté et de jeunesse auxquels sont aujourd'hui soumises les femmes. Pour répéter ce qu'elle dit à Navarro en entrevue, c'est à travers le parti-pris esthétique de l'enfermement, de l'exagération et de l'excès, et en mettant l'accent sur l'hyperféminité et l'hypersexualisation, que Nelly Arcan tente de faire le jour sur son paradoxe emblématique: d'un côté, elle a conscience de réitérer certains stéréotypes de la féminité en entretenant l'image d'une femme obsédée par les apparences et son désir de plaire au sexe opposé; de l'autre, elle ne peut s'empêcher de reproduire ce modèle de la féminité hypersexualisée tel qu'il est véhiculé dans la société actuelle. La narratrice explique qu'elle a intériorisé le regard masculin par l'entremise de son père, qui "…[l]'a prise sur ses épaules pour [lui] enseigner son point de vue sur le monde" (*Putain* 165). Mise en scène dans le roman est l'idée selon laquelle la narratrice ne pourrait avoir d'existence qu'à travers le regard d'autrui, principalement du regard masculin. La narratrice explique qu'il ne lui aura alors fallu que d'un pas à franchir pour vaciller dans le monde de la prostitution: "Il a été facile de me prostituer car j'ai toujours su que j'appartenais à d'autres, à une communauté qui se chargerait de me trouver un nom, de réguler les entrées et les sorties, de me donner un maître qui me dirait ce que je devais faire et comment, ce que je devais dire et taire…" (*Putain* 15). Voilà bien ce qui est à l'œuvre dans *Putain*; à travers le parti pris de l'exagération et de l'excès, l'écrivaine entend critiquer la façon dont les femmes sont réduites à leur corps et à leur fonction sexuelle par la société de consommation.

Parmi les stratégies qu'adopte l'écrivaine pour traduire ce sentiment d'enfermement, les descriptions exagérées qu'elle fait de ses rapports sexuels avec des clients mettent l'accent sur le morcellement du corps féminin qui réduit la narratrice à ses attributs sexuels. Certes,

> …la jeunesse demande tellement de temps, toute une vie à s'hydrater la peau et à se maquiller, à se faire grossir les seins et les lèvres et encore les seins parce qu'ils n'étaient pas encore assez gros, à surveiller son tour de taille et à teindre ses cheveux blancs en blond, à se faire brûler le visage pour effacer les rides, se brûler les jambes pour que disparaissent les varices, enfin se brûler tout entière pour que ne se voient plus les marques de la vie, pour vivre hors du temps et du monde, vivre morte comme une vraie poupée de magazine en maillot de bain, comme Michael Jackson dans la solitude de sa peau blanche, enfin mourir de n'être jamais tout à fait blanc, tout à fait blonde. (Arcan, *Putain* 102)

Comme le remarque Claudia Labrosse, dans "L'impératif de beauté du corps féminin: la minceur, l'obésité et la sexualité dans

Chapitre huit

les romans de Lise Tremblay et de Nelly Arcan," la réduction du corps à ses différentes parties participe d'un fétichisme et d'une dépersonnalisation du sujet féminin chez Arcan (39). Cependant, Arcan exagère ces attributs féminins déjà (hyper)sexualisés, dont les lèvres et les seins, dans une sorte de surinvestissement, et j'avancerai qu'elle *surjoue* sa féminité pour en faire ressortir l'aspect grotesque. Dans cette perspective, le corps mis en scène dans l'œuvre arcanienne rappelle ce que Jean Baudrillard écrit dans *La Transparence du mal*. Pour Baudrillard, après la libération de tous les domaines (sexuel, politique, de la production, de la femme, des forces inconscientes, de l'enfant, etc.), nous en sommes à nous demander: que faire alors? Il ne reste plus qu'à rejouer ces scénarios *ad infinitum*, il ne reste plus que la simulation (11–12). L'époque contemporaine serait donc celle du travestissement en ce sens où, "[si]...le sexuel est porté sur la jouissance (c'est le leitmotiv de la libération [auquel l'œuvre de Nelly Arcan ne se rattache nettement pas]), [alors] le transsexuel est porté sur l'artifice..." (Baudrillard 28). Il poursuit: "Dans tous les cas, opération chirurgicale ou démiurgique, signe ou organe, il s'agit de prothèses et, aujourd'hui où le destin du corps est de devenir prothèse, il est logique que le modèle de la sexualité devienne la transsexualité, et que celle-ci devienne partout le lieu de la séduction" (28). Ainsi, le corps féminin est exagéré et la simulation, en mettant l'accent sur ses parties signifiantes, en vient à signifier l'absence même du féminin, de la dissolution de son essence même; c'est un point sur lequel je reviendrai en discutant du rôle de la pornographie dans *Folle*.

Corps physique et corps textuel ont alors partie liée chez Arcan de par l'impératif de séduction qui semble les gouverner. Au-delà de l'intériorisation de la violence d'un regard masculin phallocentrique qui réduit les femmes à leur statut d'objet, l'écriture et la prostitution semblent être deux activités animées par un besoin de plaire à tout prix. Dans la préface de *Putain*, Arcan écrit:

> ...j'ai voulu en finir...et écrire ce que j'avais tu si fort, dire enfin ce qui se cachait derrière l'exigence de séduire qui ne voulait pas me lâcher et qui m'a jetée dans l'excès de la prostitution, ... et si le besoin de plaire l'emporte toujours quand j'écris, c'est qu'il faut bien revêtir de mots ce qui se tient là-derrière et que quelques mots suffisent pour être lus par les autres, pour n'être pas les bons mots. (16–17)

L'acte de séduction aurait ainsi partie liée avec la tromperie, avec l'idée d'induire quelqu'un en erreur. Ceci n'est pas sans évoquer l'usage que fait Butler de la figure de la *drag-queen* pour expliquer sa théorie de la performativité des genres. À son avis, les identités de genre seraient produites par la performance répétée de comportements et d'expressions sans lesquels la distinction entre le masculin et le féminin n'aurait pas de sens. Ainsi, la *drag-queen* expose le sexe comme un code culturel qui repose sur l'imitation et la répétition, dépourvu de toute vérité essentielle. Or, la parodie des *drag-queens* accentue, voire radicalise les normes de performance entre les sexes. L'exagération des codes culturels permet la reconnaissance du mimétisme à la base de toute la structure de l'identité, et l'absence de toute source authentique (Butler, *Gender* 79–149). L'œuvre d'Arcan met donc en scène la dimension marchande du corps féminin en exagérant non seulement les codes de la féminité, mais en mettant en scène un "corps-prothèse" (Baudrillard 27) qui exhibe ce qu'il y a d'artificiel dans la construction d'une féminité basée de plus en plus sur la sexualité. L'idée du "corps-sexe," qu'elle avance dans l'essai "La disparition des femmes" et que j'ai mentionné plus haut, exacerbe cela. Ainsi, le corps de la protagoniste-écrivaine est tout entier composé de signes et de symboles définissant une hyperféminité, voire une hypersexualité: "Dans le passé beaucoup de clients m'ont dit que j'avais le corps d'une Porn Star, par là on voulait dire que les centaines d'heures d'entraînement physique et les milliers de dollars en chirurgie plastique m'avaient particularisée, ça m'avait en quelque sorte séparée de la nature, désormais mon corps appartenait au domaine de la culture" (Arcan, *Folle* 94–95). On reconnaît ici une référence au débat nature versus culture (*nature versus nurture*), un débat central dans la pensée féministe qui voit les différences entre le masculin et le féminin comme des constructions arbitraires qui reproduisent l'inégalité entre les hommes et les femmes (Héritier). De plus, le thème de la chirurgie esthétique et de la beauté artificielle est omniprésent dans son œuvre: chez Arcan, il faudrait sans cesse *dépasser* la nature. C'est donc par le biais d'une esthétique de l'excès qu'Arcan parvient à dénaturer les idées de sexe et de genre. Par contre, le corps transsexuel chez Nelly Arcan demeure d'autant problématique qu'elle verse du côté du grotesque, du monstrueux, à force d'exagérer sa féminité.

Chapitre huit

Ainsi, elle est toujours hantée à tout le moins par *la possibilité* "...de basculer du côté des monstres, des Michael Jackson, des Cher, des Donatella Versace" (Arcan, *À Ciel* 200).

Plus encore, les critiques ont souvent remarqué la cruauté et la violence qui ressortent du portrait que Nelly Arcan brosse d'elle-même—il s'agit d'ailleurs d'une question qui refait surface au moment de son suicide. Pour Brown, la façon dont Nelly Arcan se dépeint dans *Putain* serait l'expression d'une agression intériorisée suite au traumatisme causé par son expérience de prostituée (71). Pour ma part, je propose qu'il s'agirait plutôt d'une façon de montrer l'excès et la violence des normes de la féminité auxquelles les femmes sont soumises, de leur gré ou non. Ainsi, c'est en se dépeignant de façon extrême et en se pliant à cela même qu'elle dénonce, qu'elle met en évidence l'obligation à la séduction qui gouverne le rapport des femmes à l'espace public et à la mise en scène de soi. À titre d'exemple, le passage suivant montre la narratrice qui semble tenir tout le monde responsable de sa situation de putain tout en sous-entendant que la société tente de faire taire son discours de dénonciation. Elle le fait, de plus, en invoquant l'image violente du meurtre en utilisant le conditionnel comme mode prédominant:

> Et je suis là en train de geindre, moi, issue d'une aberration, d'une impossibilité sexuelle qui s'est tout de même produite, et pour combien de temps encore faudra-t-il me vider la tête, la soulager de ce qui lui fait défaut, et pourquoi ne pas la faire éclater ici sous une rafale de balles, recouvrir de ma personne les murs de la chambre, alerter les voisins et forcer l'immeuble entier à tremper dans cette affaire de putain morte d'avoir trop détesté sa mère, pourquoi ne pas ruiner à jamais le travail du chirurgien qui m'a rapetissé le nez, qui m'a gonflé les lèvres, il vaudrait mieux que le prochain client me frappe une fois pour toutes, qu'on me fasse taire car je n'arrêterai pas, et même si je m'arrêtais ça n'arrêtera pas... (Arcan, *Putain* 37)

Dans cette perspective, si Nelly Arcan se présente dans toute l'horreur et le dégoût d'elle-même, c'est de façon à montrer ce à quoi les normes de la féminité et l'hypersexualisation de la société l'ont poussée afin de provoquer le lecteur et de le faire réagir.

Au final, si la dimension confessionnelle de *Putain* donne une illusion d'authenticité et d'immédiateté, à travers l'autofiction,

Arcan réécrit le *je* tout en le modifiant, en y intégrant des parts de fiction et en adoptant le parti-pris esthétique de l'excès. La narratrice de *Putain* semble prisonnière de ses propres contradictions: d'un côté, elle a une conscience aiguë de l'impératif de jeunesse et de beauté qui est exigé des femmes; de l'autre, elle se laisse elle-même prendre au jeu de la séduction. Ainsi, si le personnage de Nelly Arcan semble réduit à son statut d'objet dans la dépossession d'un corps artificiel et dans la prostitution, la narratrice-écrivaine présente un discours critique qui dénonce les impératifs de beauté et de jeunesse qui hantent les femmes occidentales du nouveau millénaire. Suivant la proposition de Havercroft dans son article "Quand écrire c'est agir: stratégies narratives d'agentivité féministe dans *Journal pour mémoire* de France Théoret," j'avancerai qu' "[a]insi conçue, l'agentivité implique une interaction complexe entre le sujet féminin et sa société, dans la mesure où ses actions sont susceptibles d'apporter des transformations sociales sur le plan des normes, des limites, des possibilités et/ou des contraintes" (94). D'un point de vue littéraire, ce concept permet d'aborder l'écriture féminine comme une démarche qui vise à modifier le rapport à la conscience de soi, la vie personnelle et la réalité sociale. En tant que réécriture du passé, le texte littéraire devient l'interface "politisable" entre réalité et fiction, visant en dernière instance à réhistoriser son récit personnel: "…s'il fait appel à ce qu'il y a en moi de plus intime, il y a aussi de l'universel, quelque chose d'archaïque et d'envahissant, ne sommes-nous pas tous piégés par deux ou trois figures, deux ou trois tyrannies se combinant, se répétant et surgissant partout, là où elles n'ont rien à faire, là où on n'en veut pas?" (Arcan, *Putain* 17). Elle refuse ainsi de réduire sa littérature à un récit nombriliste, et revendique la dimension sociale et politique de la littérature. Comme elle écrit dans *Putain*, "…[s]on discours est un écran paraît-il…" (96). En effet, il agit comme un écran qui renvoie au public ses préjugés et ses perversions. Ainsi, dans la section qui suit, j'examinerai la façon dont l'écrivaine dénonce la façon dont les médias l'ont réduite à son image dans *Folle*.

Chapitre neuf

Miroir, narcissisme et projection

Folle, ou le rapport au public

Folle prend d'emblée les apparences d'une lettre adressée à la deuxième personne du singulier à l'ancien amant de la narratrice. "Nelly Arcan" y occupe la triple posture de narratrice, de protagoniste et d'écrivaine. Dévastée par leur rupture récente, la narratrice fait retour sur une relation amoureuse pour tenter d'y trouver un sens. Elle y interpelle directement son ancien amant qui, en tant que "tu," sert de lecteur implicite. Ainsi, la lettre qu'elle écrit s'adresse à un narrataire qui exemplifie l'ensemble de son lectorat: "…on dit souvent que l'aveu soulage. Pourtant jusqu'à ce jour je ne l'ai pas senti en écrivant cette lettre, c'est peut-être parce qu'elle ne s'adresse pas vraiment à toi" (Arcan, *Folle* 69). En inscrivant son personnage de narratrice-écrivaine et le lecteur à l'intérieur de son récit, elle met en place les artifices de la narration, ce qui lui permettra de jouer avec la dimension métafictionnelle de son livre. Le narrataire (intradiégétique) est différent du lecteur (extradiégétique); il s'agit de l'inscription d'un lecteur fictionnel à l'intérieur du texte. Selon Yves Reuter, le fait d'inclure un lecteur modèle "…autorise notamment une liberté fondamentale pour l'écrivain: celle de construire textuellement l'image de son lecteur et de jouer avec celle-ci, quel que soit le public réel qui lira le livre" (13). Dans cette perspective, cela permet à Arcan de revenir sur les événements entourant la parution de *Putain,* et à en dégager une perspective critique sur son rapport avec le public et avec la culture médiatique contemporaine, en utilisant son ex comme archétype. Elle assimile ainsi le narrataire à son ancien amant, ce qui lui permet de prévoir la réaction de son lecteur implicite, voire même de le guider dans le sens qui lui convient. Notons que l'ancien amant était aussi journaliste. Alors que, comme je l'ai vu,

Chapitre neuf

Angot accusait son lecteur de faire une lecture paranoïaque de *L'Inceste* en réduisant le texte à "une merde de témoignage" (171), c'est Nelly Arcan, dans ce cas-ci, qui semble avoir une conception paranoïaque de son lecteur et qui semble convaincue que, comme l'ex-amant, lui aussi la trahira. C'est donc Arcan, avec son discours victimisant, qui amène le lecteur à la percevoir comme un corps hypersexualisé. Elle pourra alors attribuer au narrataire les défauts qu'elle reproche aux médias qui l'ont réduite, lors de la publication de *Putain,* à son image et à son passé de prostituée. Prenant appui sur Žižek, je propose d'examiner la manière dont Arcan dénonce la façon dont les médias l'ont réduite à son image en étudiant la manière dont le désir de l'Autre est construit dans un rapport narcissique plutôt que comme une preuve d'ouverture véritable sur l'autre.

Sentiment amoureux et projection narcissique

Selon la narratrice, sa relation avec son ex-amant commençait déjà sur un pied d'inégalité puisque, lui, la connaissait avant leur rencontre dans un *after-party* parce qu'elle était devenue, avec la publication de *Putain,* une personnalité publique. Se gardant de lui révéler son véritable nom (comme au lecteur, d'ailleurs), qu'elle ne garde que pour les amis intimes, c'est donc sous son pseudonyme d'écrivaine qu'il fait sa connaissance (Arcan, *Folle* 21). C'est sous le signe de l'artifice et du mensonge que débute alors leur relation et, pour la narratrice, tout se passe comme s'il y avait eu erreur sur la personne. L'amant avait d'abord été attiré par une idée qu'il s'était faite d'elle, une idée nécessairement fausse puisqu'elle avait été colportée par une machine médiatique qui l'avait réduite à son image de prostituée: "Me connaître avant de me connaître t'a induit en erreur" (18). C'est d'ailleurs par l'intermédiaire de l'écran de télévision qu'il l'aperçoit pour la première fois:

> ...c'était chez Christiane Charrette où j'étais l'invitée d'honneur. ...Tu as pensé que j'étais une snob, que j'étais au-dessus de mes affaires en repoussant les questions de mon air exaspéré et que jamais une femme comme moi ne s'intéresserait à un homme comme toi; j'avais eu la reconnaissance des Français et toi tu n'avais pas encore publié, pour toi, j'étais certainement une femme de tête. (Arcan, *Folle* 18)

Pour l'amant, l'existence de Nelly Arcan est donc virtuelle et, par extension, artificielle. Ceci viendra marquer la nature de la relation entre l'ex et la narratrice, car cette dernière sera réduite à son image médiatisée.

Folle dépeint ainsi la nature fondamentalement irréalisable du désir, car l'amant semble amoureux de l'image qu'il se fait de la narratrice-écrivaine, le corps de Nelly Arcan incarnant l'objet petit a de Lacan, l'inaccessible objet de désir. Dans son ouvrage *The Sublime Object of Ideology*, dans lequel il tisse les liens entre le marxisme et la psychanalyse, le philosophe Žižek reprend l'idée de Lacan selon laquelle le manque fonderait le désir. Or, Žižek ajoute que ce désir aurait nécessairement partie liée avec le fantasme: selon lui, l'objet de désir doit être irréaliste puisque du moment où l'on obtient ce que l'on cherche, on cesse de le désirer. Or, le désir comme pulsion inconsciente doit perdurer. Ainsi, le fantasme, par définition, ne correspondrait pas à quelque chose de réel; c'est ce qui lui fait dire que "through fantasy, we learn 'how to desire'" (Žižek 118). Dans une perspective lacanienne, le fantasme ne serait rien d'autre qu'une façon de donner forme au manque et de maintenir l'illusion que ce dernier peut être assouvi. Il n'est donc pas anodin que l'amant soit obsédé par la pornographie sur internet, image de la femme comme objet de désir par excellence. Son petit péché mignon: "…les Girls Nextdoor parmi lesquelles se trouvaient ta favorite Jasmine, avaient l'allure des vraies voisines, un peu comme les putes des agences d'escorte ont l'allure des filles de bonne famille" (Arcan, *Folle* 91). Elles maintiennent ainsi l'*illusion* d'être accessibles, elles semblent réelles alors qu'elles ne sont rien de plus que des images projetées sur un écran d'ordinateur. De même, Žižek écrit:

> Fantasy is basically a scenario filling out the empty space of a fundamental impossibility, a screen masking a void. "There is no sexual relationship," and this impossibility is filled out by the fascinating fantasy-scenario—that is why fantasy is, in the last resort, always a fantasy of the sexual relationship, a staging of it. As such fantasy is not to be interpreted, only "traversed": all we have to do is experience how there is nothing "behind" it, and how fantasy masks precisely this "nothing." (127)

Pour l'amant, "…le plaisir s'était [ainsi] lié à l'absence" (Arcan, *Folle* 59). Il accumule de manière obsessive les images et les vidéos de ses "filles du Net," "…regroupé[es] en grandes catégories, les Schoolgirls, les College Girls et les Girls Nextdoor, les Wild Girlfriends et celles qui portaient des bottes qui ne manquaient jamais de [l]e faire chavirer devant [s]on écran, les Fuckmeboots" (19). Alors que les filles sont tout simplement identifiées par un type ou un attribut, l'amant demeure dans l'accumulation de l'artifice qui devient une donnée signifiante pour lui, représentant la possibilité de combler son désir. Parallèlement, le corps de la narratrice, que l'on associera à celui de Nelly Arcan, l'écrivaine, possède lui aussi les artifices de l'hyperféminité et de l'hypersexualisation, à travers la chirurgie esthétique et son expérience comme prostituée. Il relève donc lui aussi de l'ordre du fantasme, de l'écran, tant et si bien que l'amant se désintéresse d'elle rapidement une fois qu'ils sont en couple. Ainsi, les différents scénarios fantasmés par son examant avec "[c]es *filles en séries*, …dont les mouvements s'agencent parfaitement, …qui ne se distinguent les unes des autres que par le détail d'un vêtement…" (Delvaux, *Les Filles* 10–11; c'est l'auteure qui souligne), seraient une sorte d'écran qui servirait à le protéger contre la réalisation de son propre manque.

Non seulement le désir fantasmé nous préserve-t-il de notre propre vide, mais l'objet de désir fonctionne aussi comme un écran pour nos projections narcissiques, comme le démontre bien la relation du copain à la narratrice. Dans cette perspective, on pourrait comparer l'*image* de Nelly Arcan à un *imago,* c'est-à-dire à une image inconsciente à travers laquelle le *je* émerge non comme une émanation de lui-même, mais comme le résultat d'une rencontre avec l'Autre (Laplanche et Pontalis 211). En d'autres termes, le *je* finit par se définir par opposition à l'altérité: son objet petit *a* est davantage un fantasme pour un moi idéal auquel il aspire qu'une ouverture envers autrui. Prétendu écrivain, l'amant est charmé par le prestige qui accompagne l'image de Nelly Arcan, qui est une écrivaine à succès et reconnue par la critique grâce à la publication de son premier livre aux prestigieuses Éditions du Seuil. De plus, puisqu'il est Français, il admire le succès qu'a remporté *Putain* en France, un exploit qui est donné à très peu d'écrivains québécois compte tenu du fait que le monde littéraire français demeure, encore aujourd'hui, très centré autour de l'Hexagone (à ce sujet, voir Le Bris et Rouaud, *Pour une littérature-monde*). Encore une fois, on peut faire un parallèle entre la persona de Nelly Arcan et ce que Dyer écrit au sujet des célébrités hollywoodiennes. Les stars, plus que quiconque, à cause de leur existence double à l'écran et hors-écran, dramatisent la tension entre performance et identité qu'observe Elizabeth Burns dans *Theatricality: A Study of Convention in the Theatre and in Social Life*. Cette tension est incarnée par la confusion entre la star, son image et ses rôles à l'écran. Ainsi, l'amant s'identifie dans un rapport projectif à Nelly Arcan et à son éthos d'écrivaine, qu'il voudrait bien faire sienne: "Tu n'aimais pas mon livre mais tu aimais mon succès, pour toi il n'y avait pas de liens entre les deux. En moi tu voyais une porte ouverte, tu te voyais déjà à ma place" (Arcan, *Folle* 143). L'amour, dans ce contexte, entendu comme le rapport entre sujet désirant et objet de désir, se fonde alors sur un rapport projectif. La narratrice, réduite à la fonction d'écran, est encore une fois réduite à son image.

Il y a deux manières relativement simples de comprendre l'une des maximes les plus connues de Lacan: "Le désir de l'homme est le désir de l'Autre" (*Séminaire XI* 235). Premièrement, ce désir est essentiellement un désir de reconnaissance de cet Autre; deuxièmement, ce désir est pour la chose que nous supposons que l'Autre désire, c'est-à-dire la chose qui manque à l'Autre. Dans cette perspective, le désir dans *Folle* intervient aussi comme un désir de reconnaissance, mais également comme un désir projectif de l'Autre parce qu'on croit qu'il nous désire. Dans *Folle,* comme le récit est rapporté par une narratrice-écrivaine intradiégétique (qui est elle-même l'objet du récit) en focalisation interne, les événements sont représentés à travers la sensibilité et le regard du personnage de la narratrice-écrivaine. L'écrivaine se perçoit ainsi à travers le regard de l'amant. Comme elle l'écrit dans *Putain*, "[i]l a été facile de me prostituer car j'ai toujours su que j'appartenais à d'autres..." (14), car elle s'est toujours sentie soumise à un impératif de séduction, à vouloir attirer le désir de l'autre. C'est pourquoi elle ne peut s'empêcher de se soumettre aux désirs de son amant malgré elle. Elle est absorbée par l'idée de vouloir combler tous les fantasmes de son amant qui semble préférer la compagnie virtuelle de sa pornographie internet. Elle anticipe ainsi les désirs de son amant comme lorsqu'elle lui fait une fellation dans la voiture pendant qu'il conduit en s'imaginant que cela lui plairait. Lorsqu'il tente de l'initier aux "plaisirs" de la cyberpornographie, la narratrice ne peut faire autrement que de se soumettre à ses désirs, dans la tristesse et la honte:

Chapitre neuf

> Après avoir regardé les photos, on a regardé les séquences vidéo où elle sortait ses petits seins d'un soutien-gorge rouge avant de tirer sa petite culotte blanche sur le côté…Là tu as baissé mon pantalon pour tirer ma petite culotte sur le côté et me prendre par-derrière. Ne sachant pas quoi faire j'ai fait la petite fille, j'ai baissé les yeux pour pleurer parce que te plaire me paraissait hors de portée et que je ne sentais rien d'autre qu'une grande peine probablement due à l'impression que tu couchais avec une autre sans que j'y puisse quoi que ce soit. (Arcan, *Folle* 103)

Il est donc impossible pour la narratrice d'être à la hauteur des images pornographiques d'internet, qui agissent alors comme un écran pour les fantasmes de l'amant. Par ailleurs, le fait que l'amant est Français tandis qu'elle est Québécoise est une autre marque de leur relation inégalitaire, selon Delvaux ("On the Impossibility" 57). Comme Frantz Fanon l'écrit au sujet du rapport colonial entre Noir et Blanc, on trouve au Québec un complexe d'infériorité, surnommé "le complexe du colonisé," qui lie les Québécois à leurs cousins français tandis que les Français, simultanément, ont l'habitude de tourner au ridicule l'accent du Québec, jugé provincial ou vieilli. Ainsi, lors de son passage à l'émission *Tout le monde en parle* en France, en 2001, l'animateur Thierry Ardisson termine son entrevue en disant à l'écrivaine qu'elle devrait perdre son "accent canadien" parce qu'il n'est soi-disant "pas sexy." À ce sujet, Arcan écrit: "Tu parlais ma langue en sachant que tu ne connaîtrais jamais l'opprobre où vivent les colonisés, en sachant aussi que l'assimilation n'atteindrait jamais les couches profondes de ta personne, et que ton pays d'origine te protègerait à jamais du besoin d'être reconnu" (Arcan, *Folle* 35). Or, cette assimilation dépasse largement le cadre de l'identité culturelle pour affecter l'identité personnelle de la narratrice, qui finit par se définir à travers le regard—ou le désir pour le regard—de son amant. C'est alors que la construction du désir se multiplie à travers un jeu de miroirs et d'écrans au point de devenir un simple fantasme. La narratrice se perçoit ainsi à travers le regard de l'amant qui lui, en a une image fantasmagorique. En somme, l'accès à la subjectivité de la narratrice n'est jamais direct tant dans *Folle* que dans *Putain:* celle-ci est toujours médiatisée, soit à travers une image construite par la pornographie, soit à travers le regard de son ancien amant ou de ses clients—ou encore, à travers le regard du lecteur implicite, inscrit à l'intérieur du texte.

Médias, lecteur et littérature

La narratrice reproche à son ex-amant de ne pas s'être réellement ouvert à elle et de s'être buté à l'image qu'il se faisait d'elle. Cette accusation rappelle les critiques qu'adresse Nelly Arcan aux médias, à qui elle reproche d'avoir fait leurs choux gras avec son succès littéraire et de ne s'être intéressés qu'au côté scabreux et sulfureux de *Putain*. Elle revient sur la réception problématique de *Putain* dans *Folle,* dans lequel elle écrit que "…le problème, avec ce premier livre, était que tout le monde l'avait aimé mais que personne ne l'avait lu jusqu'au bout" (Arcan, *Folle* 168). Le public s'en était construit une idée basée sur les préjugés liés au scandale de la prostitution. En effet, au-delà de leur enthousiasme pour la nouvelle coqueluche littéraire, les journalistes se sont surtout intéressés aux contradictions présentes dans son œuvre, la dépeignant comme une victime de la prostitution prisonnière de son aliénation, comme je l'ai souligné précédemment. Par contre, ce que les médias ne semblent pas réaliser, c'est que le parallèle entre le milieu journalistique et la prostitution est facile à faire, d'abord parce que "…les journalistes étaient comme les clients qui aiment découvrir la chair fraîche" (Arcan, *Folle* 54), mais aussi parce que Nelly Arcan y était réduite à l'image de son corps, à ses attraits féminins et à sa fonction sexuelle. L'ex-amant, quant à lui, ne voit pas d'inconvénient à cette posture. En tant que journaliste et aspirant écrivain, il ne lésinait pas sur les conseils et les opinions. Le succès littéraire, à son avis, était une question médiatique et il en tenait pour preuve la réussite de "Nelly Arcan." Pour l'amant, la célébrité, même dans le domaine littéraire, était liée à l'impératif occidental de beauté et de jeunesse:

> Après vingt-huit ans, c'était déjà l'âge mûr et se faire connaître dans sa maturité faisait partie du plus commun. Il valait mieux être connu dans l'extraordinaire de sa jeunesse, d'ailleurs plus la jeunesse était flagrante, plus les chances d'apparaître en page de couverture des grands quotidiens augmentaient. En tant que journaliste tu savais à quel point les journalistes penchaient vers les nouveaux venus et surtout vers les plus jeunes d'entre eux… . (Arcan, *Folle* 54)

Or, tous les commentaires de l'amant semblent suggérer que Nelly Arcan doit le succès de *Putain* à son image médiatique plus qu'à son talent d'écrivaine. Il semble vouloir la discréditer en sous-entendant que, pour obtenir un *bestseller*, il suffit de bien jouer le jeu des médias.

Par ailleurs, deux conceptions différentes de la littérature émergent de ce débat: pour Nelly Arcan, la littérature doit choquer le lecteur pour l'amener à voir le monde autrement tandis que, pour l'amant, il s'agit plutôt d'un divertissement qui doit se refermer sur lui-même et qui doit conforter le lecteur dans ses propres croyances. La narratrice-écrivaine reproche à son ex, à l'instar des journalistes et des médias, d'avoir une vision réductionniste de la littérature, qui se limiterait à la dimension scandaleuse de l'écriture et à écrire "…des idées nouvelles sur des sujets tabous…" (Arcan, *Folle* 167): "Tu étais du côté des super-héros, des types sympas, des tombeurs et des filles mouillées…Contrairement à moi, écrire devait dissiper tout malaise chez le lecteur qui devait se sentir chez lui et consentir aux tombeurs et aux filles mouillées…" (168). Ceci n'est pas sans rappeler la distinction que fait Roland Barthes dans *Le Plaisir du texte* entre plaisir et jouissance: le "[t]exte de plaisir [est ainsi] celui qui contente, emplit, donne de l'euphorie; celui qui vient de la culture, ne rompt pas avec elle, est lié à une pratique *confortable* de la lecture" (25; c'est l'auteur qui souligne). Le plaisir émane alors d'un retour à l'ordre qui cautionne la vision du monde du lecteur. Notons que dans le cas de la prostituée, des textes comme *Nana* d'Émile Zola ou encore *Les Mystères de Paris* d'Eugène Sue, dans lesquels le personnage de la prostituée est, en dernière instance, affligé d'un mal atroce comme pour la punir d'avoir mené une vie de débauchée, rétablissent l'ordre du monde et la division entre les prostituées et le reste de la société. Parallèlement, dans *Libérez le féminisme!* Merteuil parle d'une conférence-débat autour du thème "Étudiante et prostituée, état d'urgence," organisée par le regroupement féministe abolitionniste *Future, au féminin*. Merteuil y raconte la façon dont on a traité la jeune femme qui avait été appelée à témoigner de son expérience et qu'on présentait "…comme une véritable bête de foire" (97). Ainsi, même repentie, la prostituée continue d'être exclue et marginalisée. Le texte de jouissance, quant à lui, est "…celui qui met en état de perte, celui qui déconforte (peut-être jusqu'à un certain ennui), fait vaciller les assises historiques, culturelles, psychologiques, du lecteur, la consistance de ses goûts, de ses valeurs et de ses souvenirs, met en crise son rapport au langage" (Barthes 25–26).

Dans cette perspective, l'œuvre de Nelly Arcan met le lecteur directement en jeu, l'interpelle, le questionne et le perturbe.

À l'instar de Christine Angot et de Chloé Delaume, il semble que Nelly Arcan cherche aussi à ouvrir les yeux du lecteur pour bouleverser ses croyances et ses valeurs. Elle verse ainsi dans la provocation et l'excès en vue de l'amener à prendre conscience de son propre rôle, en tant que consommateur, dans la reproduction de diktats sociaux qui réduisent la femme à sa fonction sexuelle. Le pacte autofictionnel est compliqué de surcroît par l'image de la narratrice-écrivaine construite à travers le regard du lecteur et l'image qu'il s'est fait d'elle à travers son image publique hypersexualisée. Or, toute cette mise en scène est à dessein, car elle cherche à choquer le lecteur même si cela peut la mener à être mal comprise et rejetée. À ce sujet, elle écrit: "Disons qu'entre mes lecteurs et moi, il y avait une grande complicité, je leur ai appris que vomir pouvait être une façon d'écrire et ils m'ont fait comprendre que le talent pouvait soulever le cœur" (Arcan, *Folle* 168). Ainsi, en présentant son côté sombre, la narratrice renvoie au lecteur la part sombre de lui-même, c'est-à-dire une image de lui-même peu flatteuse qui met l'accent sur ses propres perversions. Pour Arcan, le rôle de la littérature était de montrer au lecteur sa part d'inavouable:

> Chez moi, écrire voulait dire ouvrir la faille, écrire était trahir, c'était écrire ce qui rate, l'histoire des cicatrices, le sort du monde quand le monde est détruit. Écrire était montrer l'envers de la face des gens et ça demandait d'être sadique, il fallait pour y parvenir choisir ses proches et surtout il fallait les avoir follement aimés, il fallait les pousser au pire d'eux-mêmes et vouloir leur rappeler qui ils sont. (Arcan, *Folle* 168)

Elle accuse donc les journalistes de s'être intéressés à elle comme à un objet de curiosité, d'avoir joué sur l'aspect sulfureux de son personnage et sur la dimension scandaleuse de son œuvre sans porter attention à son message. De plus, les médias québécois se sont flattés d'avoir produit une écrivaine qui avait percé en France. Ainsi, elle reproche tant à son ex-amant qu'aux médias de s'être réapproprié son image et de l'avoir utilisée à leurs propres fins afin de consolider leur idéal du moi. Nelly Arcan devient aussi un personnage envoûtant parce qu'elle personnifie ce qu'elle dénonce;

Chapitre neuf

la culture de la beauté éternelle et de la séduction qui est véhiculée par les médias. En même temps, elle tente de faire voir au public de quelle manière il déforme son image en la discréditant et en la réduisant à son statut d'objet sexuel afin de se conforter dans ses propres croyances, particulièrement par rapport à la stigmatisation des prostituées. Or, cette dernière vérité sera trop difficile à accepter pour la société actuelle dans laquelle les médias carburent au voyeurisme et à l'hypersexualisation, et les médias et les journalistes discréditeront le discours de l'écrivaine, qui sera réduite à son statut de victime et de prostituée. C'est cette tragédie vécue par Nelly Arcan qui sera rapportée dans la nouvelle "La honte."

Chapitre dix

"La honte"
Postface

"La honte" et les médias

Lorsque le recueil *Burqa de chair* paraît à l'automne 2011, deux ans après le suicide de Nelly Arcan, les médias en ont long à dire. La nouvelle "La honte," dans *Burqa de chair,* raconte plus particulièrement l'expérience difficile de son passage à l'émission *Tout le monde en parle* en septembre 2007. À ce moment-là, l'animateur Guy A. Lepage bombarde une Nelly Arcan visiblement mal à l'aise de ce qui semble être une suite interminable de questions compromettantes sur son personnage sulfureux, son rapport au corps et à son image, et ses propres contradictions, bien plus que sur son roman *À Ciel ouvert*, dont il s'agissait de faire la promotion. Racontée de la perspective de l'écrivaine, on reconnaît certains procédés chers à Nelly Arcan, dont l'exagération et la spécularité. "Chaque fois qu'elle repensait à l'émission, chaque fois qu'elle revoyait le visage haineux, autiste, inentamable, de l'homme debout—et elle y repensait et elle le revoyait tout le temps—, le monde s'effondrait dans son esprit" ("La honte" 99), écrit-elle. À la lecture, on ne peut effectivement faire autrement que d'être envahi par une sensation sinistre. Sur le plan textuel, la narration au passé donne une sensation de fatalité aux événements racontés; les jeux sont faits, il n'y a plus rien qu'on puisse y faire. Les niveaux de récit sont alors confondus: une narration à la troisième personne, qui donne tout de même au lecteur l'impression d'être à l'intérieur du récit, raconte au passé l'histoire d'un personnage que l'on reconnaîtra comme étant Nelly Arcan. Sachant que Nelly Arcan s'est enlevé la vie deux ans plus tôt, on a alors l'impression qu'il s'agit d'une voix d'outre-tombe qui vient hanter le public. La nouvelle présente donc le ressassement obsessif de l'expérience de *Tout le monde en parle*. Toujours aux prises avec

Chapitre dix

ses propres contradictions, l'écrivaine s'y était sentie ridiculisée par une culture médiatique principalement masculine qui l'avait réduite à son image hypersexualisée. Décrivant l'ambiance qui régnait sur le plateau de tournage, la narration traduit bien le sentiment de claustrophobie du personnage de Nelly Arcan et on a l'impression que le regard des autres est comme un piège qui se referme sur elle, bête traquée et sans défense:

> Rien ni personne, pas même l'embarras du public qui encerclait le panel d'invités entièrement masculin, monolithe dispensé d'être une femme, donc un sexe, et tourné vers la grande question de la guerre, celle d'Irak, pas même la petite croix en or blanc qu'elle tenait au creux de la main au moment de l'entrevue, sous les pierres lancées du haut de l'homme qui l'interrogeait, n'aurait pu la disculper de son décolleté qui, ce soir-là, lui valut d'être dévisagée par une audience de deux millions de téléspectateurs. (Arcan, "La honte" 95)

Vêtue d'une petite robe noire au large décolleté, elle donne à voir ses attributs féminins au plus grand plaisir des autres panélistes, ce que "le fou du roi" Dany Turcotte ne manque pas de lui faire remarquer. Dans "La honte," elle se présente comme ayant été victime de la persécution de Lepage. Elle le dépeint de manière caricaturale comme un personnage cruel qui prend plaisir à l'humilier, ce à quoi ce dernier s'opposera vivement lors de la parution de *Burqa de chair,* quatre ans après les événements rapportés. Comme pour prouver ses accusations, Nelly Arcan intègre aussi dans "La honte" plusieurs des questions qui lui ont été adressées:

> "On dit que dans les entrevues, vous parlez davantage de vos photos que de littérature."
>
> La haine dans ses questions lui entama le visage qui s'ouvrit comme un livre où son âme s'était donnée à lire, péché télévisuel entre tous. Être lue en dehors du jeu, en dehors du théâtre, en dehors du cinéma, revient à être humiliée, à laisser échapper de soi les articulations de la décontenance derrière l'opacité, l'aristocratie du masque social.
>
> Elle perdit la face, tandis que son décolleté remontait à la surface. ...
>
> "Au mois de septembre de l'an 2001, vous avez dit que, dans le monde, il y avait d'un côté les putes et de l'autre les larves. Avez-vous peur de devenir une larve?"

"La honte": postface

> Nelly était donc une pute, et bientôt son âge ne lui permettrait plus de l'être. Elle deviendrait alors une larve. Il n'y avait rien à répondre à cela. (Arcan, "La honte" 104)

Certains diront de "La honte," à la suite de la note de l'éditeur dans *Burqa de chair*, que Nelly Arcan "…selon un processus qui lui est habituel…[y] amplifie la brûlure au fond d'elle-même, la pousse à son paroxysme, seul moyen d'en dégager le sens" (93). La réaction des médias à *Putain* rappelle étrangement le sort réservé aux prostituées, qui sont marginalisées et réduites à leur aura sexuelle, et la façon dont le livre sera perçu simplement comme étant le témoignage d'une prostituée en dit bien davantage sur les préjugés du public par rapport à la prostitution que sur ce qu'écrit Arcan. En effet, bien que l'œuvre d'Arcan s'inscrive dans une mouvance récente pour les récits à la première personne mettant en scène la sexualité féminine, elle s'en distingue non seulement parce qu'elle traite de la prostitution, mais aussi parce que le sujet-écrivain présente un point de vue divisé sur son propre récit. Ainsi, comme le souligne Françoise Gil dans son article "La prostituée, une invention sociale," les sentiments qu'évoque la figure de la prostituée dans l'imaginaire occidental ne sont pas clairs: d'une part, elle semble louche et indigne de confiance, et d'autre part, elle représente le fantasme masculin tout en créant un malaise qui émane du désir de vouloir une femme peu vertueuse et sale (26–27). L'animateur et son fou du roi lui ramènent donc ses propres paroles pour les discréditer de façon à souligner la contradiction au cœur du personnage de Nelly Arcan.

C'est ainsi que, dans "La honte," Nelly Arcan tente de trouver l'explication de sa "'contre-performance,' comme on le rapporta dans les journaux le lendemain matin," du côté de son apparence, "[l]a robe et le décolleté devaient expliquer le spectacle de son visage piégé, captif de la caméra" (96). Dans la nouvelle, elle interroge ses amies; l'une lui répond que "[c]'est une question de centimètres[, que] [s]on décolleté en avait deux ou trois de trop" (95), après quoi un décolleté n'était plus approprié pour la télévision tandis que l'autre lui propose que "[c]e n'[était] pas le décolleté le problème, mais [s]on corps…" (98) et qu'elle avait de trop gros seins pour cette robe. "C'est ton corps le problème, celui que tu as construit. Tu fais trop d'efforts" (99), lui dit encore une autre amie. Dans tous les cas, on lui rapporte un problème avec son image, qui dépasse les limites de l'acceptable et du bon goût. Cela fait l'effet d'une sentence: "Ce verdict était terrible pour Nelly qui n'avait pas, comme la plupart des femmes, reçu son corps à la naissance, qui n'était pas sortie avec ces seins-là de sa mère, qui avait plutôt déboursé pour les avoir, ces seins-là ainsi que bien d'autres parties d'elle-même. D'avoir dû payer en humiliation publique le fait de s'être offert un corps augmenta sa honte" (Arcan, "La honte" 99). On dira alors que Nelly Arcan se sera laissée prendre à son propre jeu: utilisant son corps pour satisfaire sa "perversion des yeux," c'est-à-dire "[s]on insatiabilité quant à la perception que le monde avait d'elle..." (103), c'est la honte qui prendra le dessus sur tout.

Mais qu'est-ce que la honte, exactement, et pourquoi ce sentiment occupe-t-il une place aussi importante chez Nelly Arcan? Pour Bruno Chaouat, il s'agit de l'impression "...d'être à la fois victime et bourreau, son propre bourreau" (10). Liée à la croyance d'être responsable de son propre malheur, la honte est profondément intériorisée et en vient à définir l'identité du sujet; il s'agirait d' "...une émotion négative déclenchée par une croyance à propos de sa propre personne," contrairement à la culpabilité, "...une émotion négative déclenchée par une croyance à propos de ses propres actions" (Longin 5). La honte, c'est aussi l'impression d'être responsable de son propre malheur et de ne pas avoir été capable d'y mettre un frein, voire même d'y avoir corroboré. Dans le cas de Nelly Arcan, sa posture littéraire s'élabore ainsi dans un double mouvement entraînant la honte: d'un côté, elle a conscience de réitérer certains stéréotypes de la féminité en entretenant l'image d'une femme obsédée par les apparences et son désir de plaire au sexe opposé, tandis que, de l'autre, elle ne peut s'empêcher de reproduire ce modèle de la féminité hypersexualisée tel qu'il est véhiculé dans la société actuelle. Par ailleurs, comme l'explique Dominique Longin, la honte est provoquée par "...la violation d'une norme sociale par un comportement inapproprié par rapport à une société donnée..." (5). Ainsi, Nelly Arcan écrit que:

> Depuis [la diffusion de l'émission], elle traînait les deux millions de téléspectateurs avec elle et ils n'en finissaient pas de la juger, de rire, de la trouver risible.... Elle détestait pouvoir imaginer des regards sur elle qu'elle n'avait même pas vus. Ces regards la déshabillaient en même temps qu'ils rejetaient sa nudité. C'était ça, l'humiliation: être dévêtue et repoussée sans même avoir été prise, *être impropre à la consommation, malgré l'offrande*. ("La honte" 104; c'est l'auteure qui souligne)

"La honte": postface

De même, la honte est liée au jugement et à l'exclusion; ayant tenté de séduire son public, ce dernier la rejette à cause de ses efforts pour se conformer à son idéal de jeunesse et de beauté, et plaire à tout prix. Comme l'écrit Martine Delvaux, il semble que c'est là un des pièges dans lesquels se laisse prendre la posture paradoxale de Nelly Arcan: "Si l'auteure apparaît par l'entremise d'un pseudonyme, la femme, elle, présente son corps en public, se donne à voir…" (*Histoires* 60). Si ce corps était censé donner plus de réalité à son œuvre, et donc être au service des livres, c'est aussi de son corps qu'elle payera le prix, alors que les médias en viendront à se l'approprier. La honte émerge alors lorsqu'elle réalise qu'elle s'est faite prendre à son propre piège.

Autofiction et controverse médiatique

Tout un débat éclate dans les médias lorsque *Burqa de chair* paraît à l'automne 2009, les médias s'étant sentis pris à parti dans "La honte." Comme le soulignent David Martens et Anne Reverseau dans leur article "Iconographies de l'écrivain au XXe siècle. Usages et enjeux: un portrait en pied," "[l]es figurations iconographiques de l'écrivain nourrissent ainsi de nombreuses lectures prospectives et rétrospectives, voire destinales, de l'histoire de celui qui, figurant sur une image, est devenu écrivain" (164); il s'agirait là d'un des risques encourus lorsque l'écrivain devient une personnalité publique connue. C'est bien ce qui fait dire à Danielle Laurin qu'il est difficile de ne pas faire une lecture biographique puisque l'on reconnaît l'écrivaine présente dans les médias à travers son œuvre: "C'est toujours risqué de confondre un auteur et son œuvre. Dans le cas de Nelly Arcan, c'était hypertentant. D'autant qu'elle se prêtait elle-même au jeu... tout en se disant blessée qu'on la confonde avec ses héroïnes." De même, elle ajoute aussi que "[c]'est toujours risqué, aussi, de relire l'œuvre de quelqu'un en sachant qu'il s'est suicidé. De tout relire, à la lumière de cette noirceur, de ce tunnel, de cette souffrance qui n'est pas arrivée à trouver une porte de sortie vers la vie." Lepage réagit aussi à la parution de la nouvelle; il s'adresse aux médias par voie de communiqué de presse, se défendant en disant que Nelly Arcan l'avait démonisé "…en [lui] prêtant des intentions viles et mesquines à son endroit… ." Si telle était la nature de l'émission *Tout le monde en parle*—de distraire le public, souvent

Chapitre dix

en mettant les invités mal à l'aise avec des questions difficiles—il écrit qu' "[i]l serait très malvenu de [s]a part de répliquer à Nelly puisque celle-ci est décédée dans des circonstances tragiques deux ans plus tard [après son passage à l'émission]. Mais [il]aimerai[t] dire qu['il a] été très troublé par la lecture de cette nouvelle, car [il a] lu avec plaisir toute l'œuvre de cette auteure qu['il a] toujours appréciée." De la même manière, la sexologue Jocelyne Robert vient à la défense de Lepage; à son avis, l'animateur et son fou, deux humoristes bien connus au Québec, ont joué sur les contradictions habituelles de la belle vamp avec leur attitude malicieuse et prétentieuse habituelle, sans plus. Pour elle, "[o]n peut, sans être déplacé, supposer que ses démons la torturaient davantage durant cette période, et qu'elle ne pouvait choisir pire moment pour aller se jeter dans une gueule de 64 000 000 millions de dents (2M spectateurs). Aussi, qu'elle n'avait pas l'étoffe pour jouer à ce jeu dangereux de la confrontation publique." Robert n'hésite donc à retourner la situation contre Nelly Arcan et à la blâmer pour sa descente aux enfers. Elle réagit d'ailleurs à Nancy Huston qui, en entrevue avec Chantal Guy, avait accusé Lepage d'avoir sexuellement humilié Nelly Arcan lors de son passage à *Tout le monde en parle*. En accusant ainsi la victime, on permet aussi à l'ensemble de la société de demeurer intacte sans se questionner sur sa propre complicité. Robert, toujours dans l'article "Si vulnérable," poursuit son pronostic de la situation:

> Si "l'hôte" de *Tout le monde en parle* "doit se culpabiliser" d'avoir mal traité Nelly Arcan, et bien nous devons tous et toutes en faire autant. Nancy Huston incluse. Car si personne n'est monté aux barricades en septembre 2007, après cette entrevue, ni vous, ni moi, ni Nancy Huston, c'est que a) soit il n'y avait pas matière, ou b) soit nous sommes tous des lâches. J'opte, sans l'ombre d'une hésitation, pour l'hypothèse A.

En mettant l'accent sur la fragilité et le mal-être de l'écrivaine, et en blâmant la maladie mentale, il apparaît que les médias stigmatisent et marginalisent l'écrivaine. La logique, celle de la culpabilisation, rappelle étrangement ce qu'on entend au sujet des femmes victimes de viol ou de violence conjugale: oui, mais... Que portait-elle? Où était-elle? Avait-elle bu? Et pourquoi est-elle restée? L'accusation implicite n'est-elle pas que ces femmes sont responsables de leur propre malheur? Et c'est là où le bât blesse: en considérant la situation de Nelly Arcan comme un cas personnel, Robert *et al*. perpétuent une culture qui refuse d'examiner sa propre complicité dans la détresse psychologique de l'écrivaine. Or, l'œuvre de Nelly Arcan peut se lire comme un miroir de la société: alors que l'on a l'impression que celle-ci ressasse sans cesse les mêmes problèmes, il existe une dimension politique et sociale indéniable à son œuvre, qui critique le sort réservé aux femmes dans la société occidentale du vingt-et-unième siècle. Parce que son message attaque directement la sexualisation de l'espace public en reproduisant *ad nauseam* des images de femmes dépersonnalisées et sexuellement disponibles, il semblerait que les médias aient fait en sorte de discréditer son discours en la réduisant au statut d'objet sexuel.

Nelly Arcan et le don de soi

Tournons notre attention maintenant vers la dernière partie de la nouvelle "La honte"; elle agit comme une sorte de parabole qui symbolise le rapport tragique de l'écrivaine à son public. Il est difficile de ne pas entendre, d'outre-tombe, la voix de Nelly Arcan accuser le lecteur de l'avoir poussée trop loin, le tout avec la complicité de la machine médiatique. Obsédée par son passage à l'émission, l'écrivaine n'arrive pas à trouver d'explication valable pour l'humiliation vécue sur le plateau de *Tout le monde en parle.* C'est ainsi qu'elle décide de rendre visite à une voyante. Dans un monde qui n'avait plus de sens, peut-être que la voyante pourrait illuminer le passé en lisant l'avenir de la jeune femme—un avenir que sa tante, dans *Folle*, qui tirait au tarot, n'était pas parvenue pas à lire. Graduellement, la perception de l'instance narrative se déplace et le lecteur est amené à revisiter un ancien souvenir, du temps où Nelly travaillait encore comme prostituée. Il n'y a pas de rupture, temporelle ou autre, dans la narration: l'épisode, narré au passé simple comme le reste de la nouvelle, semble suivre le flot de pensées du personnage derrière le volant en pleine heure de pointe sur le boulevard de Maisonneuve. Passé, présent et futur sont confondus alors que le lecteur ne distingue plus ce qui est vrai de ce qui est faux, ce qui est réel de ce qui est imaginaire. Le personnage se remémore un épisode terrifiant dans lequel, tentant d'échapper à un client drogué, elle saute du balcon de l'immeuble où elle travaillait au 11e étage. Voulant rejoindre le balcon du

Chapitre dix

dessous, elle se rattrape de justesse et se tient par les jambes à la balustrade, la tête en bas. Le client, amusé par la scène et "…le visage extasié…" (Arcan, "La honte" 148), semble prendre plaisir à la voir ainsi, alors que "[j]amais elle ne s'était trouvée dans une situation d'aussi grande vulnérabilité…" (148). Il la rassure sur le fait qu'il n'est pas dangereux et Nelly, "…faite comme un rat…" (148), n'a d'autre choix que de faire confiance à la main "…contaminée, qui sait, infectieuse…" (148) qu'il lui tend. Elle agrippe sa main et il tire son corps vers le haut. Lorsqu'elle croit être en sureté, il la relâche, la laissant à nouveau balancer dans le vide, exposée et vulnérable au cœur de Montréal. La nouvelle se termine ainsi, en suspens, sans jamais que Nelly ne se rende chez la voyante qui lirait son avenir.

Mais que peut-on comprendre de cette parabole obscure? Aux yeux d'Arcan, l'écriture et la prostitution ne sont pas deux activités si éloignées l'une de l'autre:

> …j'ai voulu en finir…et écrire ce que j'avais tu si fort, dire enfin ce qui se cachait derrière l'exigence de séduire qui ne voulait pas me lâcher et qui m'a jetée dans l'excès de la prostitution, …et si le besoin de plaire l'emporte toujours quand j'écris, c'est qu'il faut bien revêtir de mots ce qui se tient là-derrière et que quelques mots suffisent pour être lus par les autres, pour n'être pas les bons mots. (*Putain* 16–17)

Or, comme je l'ai vu plus tôt, l'œuvre de Nelly Arcan dépasse largement le cadre de ses livres; c'est à la fois une voix singulière dans l'écriture et une posture provocatrice dans l'espace public. Ce désir de plaire à tout prix envahit alors, de surcroît, ses rapports avec les médias. Ce client de la prostituée à la fin de "La honte," c'est donc aussi le public, celui qui consomme à la fois les textes et la personne d'Arcan. C'est ainsi qu'en prenant sa vie comme source de l'écriture, et en fusionnant son personnage littéraire et sa personnalité publique, Nelly Arcan a tenté d'amener le public à réaliser de quelle façon, lui aussi, participait à une culture de la beauté et de la jeunesse. L'esthétique de l'excès de Nelly Arcan, qui allie l'exagération et la démesure à l'artifice de la mise en scène de soi, tente de choquer le lecteur pour l'amener à réfléchir sur ses propres comportements. Comme elle l'écrit dans *Folle,* "[c] hez moi écrire voulait dire ouvrir la faille, écrire était trahir, c'était écrire ce qui rate, l'histoire des cicatrices, le sort du monde quand le monde est détruit. Écrire était montrer l'envers de la face des gens et ça demandait d'être sadique, il fallait pour y parvenir choisir ses proches et surtout il fallait les voir follement aimés, il fallait les pousser au pire d'eux-mêmes et vouloir leur rappeler qui ils sont" (168). En exhibant ses propres contradictions par rapport à son corps, elle visait à ouvrir les yeux du public quant aux impératifs de jeunesse et de beauté qui sont véhiculés partout dans les médias et desquels lui aussi est victime. Elle espérait qu'il puisse réussir là où elle avait échoué et qu'il puisse mettre un frein à la reproduction de tels diktats sociaux.

Tout se passe comme si l'écrivaine cherchait son salut du côté du public, mais qu'elle a l'impression qu'il la rejette au moment où elle a le plus besoin de lui. Cette scène avec le client drogué, c'est aussi son passage à *Tout le monde en parle*. Dans la chronique qu'elle tenait dans le journal hebdomadaire *Ici*, elle fait d'ailleurs retour sur son expérience quelques jours plus tard:

> Une entrevue étrange empreinte de malaise, a-t-on remarqué dans certains journaux. Un chien dans un jeu de quilles. Une bête traquée dans une robe de soirée—qui a d'ailleurs déterminé l'orientation de l'entrevue. Qui a constitué l'unique sujet (ou presque) de l'entrevue. C'était prouver par l'absurde que le propos de mon dernier livre, où les femmes sont perçues comme des images (par elles-mêmes aussi, j'en conviens) décrit un phénomène de société. D'époque. Donc pas que personnel. Un col roulé n'aurait rien changé à ce monde-là, qui aurait continué son chemin, comme un grand.

Ainsi, il s'agissait d'utiliser sa propre personne comme matériau pour aussi mettre le lecteur face à ses propres contradictions, ce qui s'est avéré un pari risqué pour Nelly Arcan. En effet, la fin de "La honte" nous le montre bien: la tête en bas, elle a besoin d'aide, puis alors qu'il lui tendait la main en signe d'ouverture, il la relâche, la projetant vers le vide. C'est l'effet que lui font toutes ces invitations à des entrevues, des *shootings* photos ou des émissions de télévision: on a l'impression qu'on se sert d'elle pour faire vendre plutôt que d'écouter son message. Et c'est essentiellement ce qu'écrit Laurin dans *Le Devoir*, au lendemain du suicide de Nelly Arcan: "Cette image plastique, dans laquelle elle s'empêtrait, avec laquelle elle jouait en même temps qu'elle se débattait, lui nuisait à tel point comme écrivaine, que plusieurs refusaient même de la lire. D'autres la lisaient, mais sans la prendre au sérieux, en regardant ses livres de haut." Les médias l'auront alors réduite à son corps, ce qui, encore une fois, n'est pas sans rappeler le sort souvent réservé aux prostituées.

Hospitalité et prostitution

Plus encore, il s'agit là de la preuve de l'inhospitalité, pour reprendre l'expression de Jacques Derrida, de la société face à la prostituée. Plutôt que d'être accueillie inconditionnellement, Nelly Arcan a été marginalisée et exclue: elle porte ce que Pheterson appelle "le stigmate de la pute." Il s'agit là d'un instrument de contrôle social permettant de distinguer les femmes dites "respectables" de celles qui ne le sont pas. Alors qu'elle exprimait à Navarro, lors de la publication de *Putain,* sa crainte "…que l'on s'intéresse à l'image de la prostituée comme objet de curiosité," il semble que les médias l'aient réduite à ce stéréotype, c'est-à-dire à une image fantasmatique et ambivalente, qui incarne, depuis la nuit des temps, "…simultanément et allégoriquement: la vie et la mort, la chair et la viande, la jeunesse et la décrépitude, le luxe et le dénuement" (Chaleil 298); n'est-ce pas là la dichotomie dans laquelle Nelly Arcan s'empêtrait, aux dires des critiques, réduite à son statut de "putain" ou de "folle"? N'est-ce pas là la dichotomie que l'œuvre entière de Nelly Arcan incarne? Pour Gil, cette ambivalence est liée au statut de prostituée: "L'exclusion de la population prostitutionnelle dans son ensemble a pour finalité de préserver un ordre social et n'est possible que grâce au vecteur qu'est l'image statique de LA prostituée, c'est-à-dire une femme qui n'est pas à sa place puisqu'elle a transgressé les normes dominantes…" (26). On croit alors que "[l]e pouvoir de séduction qu'elle [la prostituée] exerce doit être symboliquement invalidé par sa relégation sociale" (Gil 24) afin de préserver l'équilibre social. C'est bien ce dont parle Merteuil lorsqu'elle parle de "putophobie" (80); à ses yeux, "…la peur qui anime les féministes anti-prostitution[, mais aussi l'ensemble de la société] semble avant tout la peur d'une domination, d'une invasion de putes!" (Merteuil 80). Tout se passe comme si la liberté des unes de se prostituer venait remettre en cause la liberté des autres de ne pas le faire, ou encore comme si la banalisation

"La honte": postface

de la prostitution allait faire en sorte de transformer toutes les femmes en putes. La figure de la prostituée a donc, de tout temps, été considérée comme louche, voire équivoque, car elle représente les fantasmes masculins et la féminité incarnée, tout en court-circuitant l'économie du mariage hétérosexuel. Ainsi, les médias stigmatisent Nelly Arcan non seulement à cause de son passé répréhensible de prostituée, mais aussi parce qu'elle propose une critique radicale de la culture de beauté et de jeunesse véhiculée par les médias, un point de vue qui lui serait impossible à avoir si elle n'avait pas justement été prostituée. Comme l'explique Jérôme Langevin, le succès de Nelly Arcan repose simultanément sur ce qui mène à sa marginalisation:

> Lorsque dans une société donnée le rapport à l'image devient à ce point sacré, il est couru d'avance que certaines instances qui participent de cette glorification glamour se défendent d'être des putains. La putain devenue écrivaine n'est-elle pas la mieux placée pour dévoiler en quoi la culture de masse est un peu pute? En quoi les marchands du temple sont devenus ses nouveaux curés? Que ceux-ci veuillent, de manière aussi superficielle, renvoyer la messagère d'où elle vient traduit à la fois cette peur et cette fascination...Le procès de la culture narcissique ne pouvait avoir plus duelle égérie, plus brillante avocate portant en elle, dans sa chair même, la scène du crime.

Le public refuse donc d'entendre le message de Nelly Arcan, et préfère la discréditer et la réduire à son statut de prostituée. D'autres la lisaient, mais sans la prendre au sérieux, en regardant ses livres de haut." On se limite alors à l'image que projette Nelly Arcan plutôt que de réellement entendre sa voix et lire ses textes. Si la main tendue du client dans "La honte" de même que les invitations répétées à différentes émissions de télévision sont perçues comme des gestes d'ouverture, voire d'hospitalité, Nelly Arcan finira par réaliser qu'elle s'était trompée au sujet de son public qui, en réalité, l'exclut. Comme elle l'écrit dans "La honte," "[d]e la gentillesse, c'était tout ce qu'elle demandait au monde. De la gentillesse et de l'indulgence. Mais le monde préférait réglementer et punir" (102).

Dans cette perspective, l'autofiction, dans le cas de Nelly Arcan, devient une forme d'engagement qui exige de l'écrivaine

Chapitre dix

qu'elle prenne le risque de se mettre elle-même en péril. C'est ainsi qu'en prenant sa vie comme source de l'écriture et en fusionnant son personnage littéraire et sa personnalité publique, Nelly Arcan a tenté d'amener le public à réaliser de quelle façon, lui aussi, participe à une culture de la beauté et de la jeunesse. Pour reprendre ce qu'avance Bouju dans *L'Engagement littéraire*, cité dans l'introduction de cet ouvrage, la notion d'engagement de l'auteur(e) dépasse aujourd'hui largement le cadre de la politisation explicite d'une œuvre, mais se joue plutôt dans l'engagement personnel de l'écrivain(e) dans son écriture (11). Du coup, l'œuvre de Nelly Arcan prend une dimension engagée indéniable: "J'étalais mes tripes sur la place publique. C'était presque un sacrifice de moi-même que j'étais en train de faire. Je n'ai pas de regrets, mais je ne veux plus de ça," comme elle le dit en entrevue à Guy au sujet de *Putain*. De même, la vulnérabilité dans laquelle l'écrivaine se trouve à la fin de "La honte" fait miroir à ce qu'elle ressent dans l'écriture. L'esthétique de l'excès de Nelly Arcan, qui allie l'exagération et la démesure à l'artifice de la mise en scène de soi et au fantasme, tente de choquer le lecteur pour l'amener à réfléchir sur ses propres comportements. Dans cette perspective, Miller et Tougaw affirment que "[i]n complex and often unexpected ways, the singular 'me' evolves into a plural 'us' and writing that bears witness to the extreme experiences of solitary individuals can sometimes begin to repair the tears in the collective social fabric" (3). Privilégiant une écriture spéculaire, que l'on a souvent qualifiée de narcissique et d'égocentrique, l'œuvre de Nelly Arcan renvoie au lecteur une image peu flatteuse de lui-même en l'accusant d'être complice de l'hypersexualisation de la société contemporaine. Face à cette vérité difficile à accepter, les médias ont préféré la marginaliser et discréditer son discours en la réduisant à son image sulfureuse d'ex-prostituée alors que nous n'aurons pas compris que son message ne vise pas à critiquer les comportements du public par dédain, mais à les amener à une prise de conscience par amour. C'est dans cette perspective que Huston, avide défenseur de Nelly Arcan, lance cet appel au lecteur:

> Nelly ma sœur, ma semblable, ma fille, chère amie, cousine, compatriote, brillante philosophe et étonnante écrivaine, Nelly admirable et écrasé, je ne sais où va le monde. ...En revanche, je peux te dire que nous sommes quand même de plus en plus

> nombreux, hommes et femmes, à ne pas répondre "présent!" quand on nous demande de jouer notre rôle dans ce vieux théâtre éculé [des rôles de sexe et de l'érotisme].
> Voici ce à quoi on peut rêver, et œuvrer: à faire advenir des tendresses enfouies ou inconnues.
> En te remerciant, au passage, pour ta sagesse. ("Arcan, philosophe" 31)

En conclusion, la *persona* de Nelly Arcan, construite simultanément dans ses livres et à travers ses apparitions médiatiques, repose sur un paradoxe: d'un côté, elle a une conscience aiguë de l'impératif de jeunesse et de beauté qui est exigé des femmes; de l'autre, elle se laisse elle-même prendre au jeu de la séduction. Comme l'écrit Laurin, "…ce paradoxe était tout entier dans ses livres. Ses héroïnes, à bout de souffle, se débattent avec leur propre image. Toujours ce désir de plaire, cette obsession du corps, de la beauté, de la jeunesse éternelle, de la perfection. Toujours ce même cul-de-sac. Et en même temps, ce refus d'être prisonnière des diktats. On n'en sort pas." Ainsi, au-delà de son propre endoctrinement, l'hypersexualisation de Nelly Arcan vise à amener le public à questionner sa propre soumission aux modèles de féminité, de beauté et de jeunesse auxquels les femmes sont contraintes. Le décolleté à *Tout le monde en parle* devient un appât pour attirer et séduire le public en même temps d'être une provocation. Pour obtenir l'approbation, Nelly Arcan se faisait "un peu pute" avec les médias—sous l'œil de la caméra, c'était comme si les regards étaient décuplés, elle obtenait du même coup deux millions d'yeux sur elle, semblait-elle croire. Plutôt que d'attirer l'attention sur la complicité du public et des médias dans son hypersexualisation, ces derniers ont préféré la ramener à son passé de prostituée. On utilisera alors le "stigmate de la pute," et les préjugés que l'on associe à *la* prostituée—cette femme "…dépravée, peu encline au travail, inapte à l'intelligence des situations, incapable de réflexion sur sa condition de dominée" (Gil 22; c'est l'auteure qui souligne)—pour la discréditer justement *parce qu*'elle critique les médias et la culture de masse qui font à tous les jours pression sur les jeunes filles en leur répétant qu' "…elles doivent être belles, sexy et disponibles sexuellement" (Poirier et Garon 18). Comme je l'ai mentionné plus tôt, cette hypersexualisation dans les médias s'apparenterait

Chapitre dix

à "…une formation à la prostitution," selon l'écrivaine (Arcan, "La disparition" 106). Il semble ainsi que la posture de Nelly Arcan incarnait cette dichotomie: à la fois personnage ambigu et mystérieux, elle représentait aussi le fantasme masculin ainsi que le malaise qui émane souvent de ce désir considéré vil et sale de la prostituée. Coqueluche des médias québécois, Nelly Arcan a joué le jeu de la célébrité et cela s'est même prolongé jusqu'après son suicide alors que les médias ont pleuré le sort de la belle en se lavant les mains de toute responsabilité dans sa chute aux enfers. Nelly Arcan aura alors été toute entière engagée dans sa mise en scène de soi, laissant planer l'idée que cela serait jusque dans la mort, comme elle le suggère dans "La honte." Une écrivaine certes scandaleuse, son héritage est à chercher du côté du paradoxe; les médias adoraient parler d'elle, mais ils prenaient aussi plaisir à la ridiculiser et à la réduire au statut d'objet sexuel. Bref, voilà peut-être bien le paradoxe dans lequel toutes les femmes seraient aujourd'hui prises: entre résistance et aliénation, les femmes d'aujourd'hui doivent à la fois résister à l'impératif de jeunesse et de beauté qui est exigé des femmes, et se soumettre au jeu de la séduction qu'entretient les médias; et c'est précisément dans cette contradiction que Nelly Arcan s'est trouvée, elle aussi, prisonnière.

Conclusion

Engagement, médias et nouveaux médias

Selon Annie Richard, dans *L'Autofiction et les femmes: Un chemin vers l'altruisme?*, l'autofiction est à la fois "...un scandale d'ordre logique...[et] d'ordre éthique..." (54). Selon elle, l'autofiction repose sur un pacte extrêmement restreint avec le lecteur. D'une part, l'autofiction combine les genres contradictoires de l'autobiographie et de la fiction romanesque; d'autre part, l'écrivain d'autofiction se réclame de la véracité de ses inventions littéraires tout en laissant toujours ouverte *la possibilité* du mensonge. À ce sujet, Christine Angot écrit dans *L'Usage de la vie* que "[l]a vérité, fût-elle littéraire, est un engagement, à condition que plane, au-dessus de chaque affirmation, l'ombre du doute" (21). L'autofiction est ainsi un genre fondamentalement scandaleux, car elle emprunte certaines caractéristiques à l'autobiographie tout en subvertissant le pacte, son lien à la réalité n'étant pas nécessairement un rapport de référence vérifiable. Par ailleurs, l'autofiction déstabilise la relation de concordance entre l'auteur, le narrateur et le personnage en refusant explicitement le pacte factuel sur lequel se fonde l'autobiographie.

De plus, des écrivaines à scandales comme Christine Angot, Chloé Delaume, Nelly Arcan et d'autres font récemment leur apparition et brouillent à dessein la distinction entre la réalité et la fiction en tentant de maintenir le lecteur dans le doute. Ceci est d'autant plus marquant dans le cas de récits intimes où les auteures dévoilent une expérience personnelle (traumatique, sexuelle ou autre) en combinant des faits vécus et inventés sous le couvert de l'autofiction. Il s'agit bien d'inviter le lecteur à demeurer dans l'indécidable: "Claude pose la question: À balader le lecteur ainsi entre réalité et fiction, est-ce que tu jouis? Il n'y a même que ça qui me fait jouir, je réponds" (*L'Usage* 31). Comme je l'ai vu dans cet ouvrage, Angot, Delaume et Arcan sont trois

Conclusion

écrivaines qui transforment le rapport entre littérature, histoire et mémoire grâce à la (con)fusion de leur personnalité publique et de leur personnage fictionnel à travers l'autofiction. Chacune à leur manière, elles déstabilisent les codes de la littérature (semi-)autobiographique avec différentes stratégies de réappropriation, de subversion, de détournement ironique et de réécriture afin d'amener le lecteur à se questionner sur ses propres croyances. Ainsi, si les événements racontés ne sont pas nécessairement réels ni véridiques, à tout le moins le lecteur croit-il en un genre de pacte de sincérité avec l'auteure qui propose d'être authentique et sincère. En effet, les thèmes personnels que l'on retrouve chez plusieurs de ces écrivaines (corps et sexualité, traumatisme, identité, relations amoureuses, maternité, quête de soi, etc.) sont typiquement associés à l'écriture de soi. Il s'agit d'interpeler le lecteur et de troubler sa lecture pour tenter de le faire sortir de ses automatismes, en le provoquant avec des thèmes choquants comme le traumatisme, l'inceste et la prostitution et avec un langage brutal, graphique et détaillé. Les limites de la fiction dépassent alors largement le cadre de leurs livres pour Angot, Delaume et Arcan. Pour Christine Angot, il s'agit d'entretenir un personnage rébarbatif tant dans les médias que dans ses textes en rejetant tout le monde en bloc, reprochant à ses concitoyens d'enfreindre quotidiennement les limites de l'inceste, entendu comme toute forme d'exclusion qui mène à créer une distinction entre l'*humain* et l'*inhumain*. Pour Chloé Delaume, il importe de réécrire son récit personnel afin de se forger une nouvelle identité délivrée de l'emprise des normes individuelles et collectives qui sont imposées dès le plus jeune âge et dont on n'a pas le pouvoir de critiquer. Nelly Arcan, quant à elle, a voulu dénoncer les diktats de beauté et de jeunesse qui existent dans la société de consommation tout en incarnant ce soi-disant idéal. Les médias ont été obnubilés par son image et ont occulté le discours critique déployé dans ses textes d'autofiction. Ainsi, ces trois écrivaines se mettent directement en jeu de différentes manières à l'intérieur et à l'extérieur de leurs œuvres de façon à ce que le personnage qu'elles construisent d'elles-mêmes dépasse le cadre de la fiction. Ce faisant, elles cherchent à amener le lecteur à questionner ses préjugés et ses valeurs, et à changer sa perception du monde; leurs œuvres poursuivent ainsi une visée politique puisqu'il s'agit d'amener le lecteur à changer ses propres comportements.

En tentant d'impliquer directement le lecteur, les autofictions d'Angot, de Delaume et d'Arcan se distinguent du reste de la production contemporaine à cause de leur dimension interlocutoire, le lecteur étant "...susceptible d'occuper à son tour la place du 'je' à condition d'accepter la violence de son appropriation par l'utilisateur de la langue que chacun est tour à tour" (Richard 157). De plus, ces écrivaines poussent cette violence à son comble en tentant d'imposer au lecteur leur point de vue sur le monde pour l'amener à changer sa façon de voir et de faire. Ce faisant, elles l'attaquent de différentes façons en l'accusant de tenir des croyances mensongères et fausses sur la littérature (telle la distinction entre réalité et fiction), et sur les identités individuelles et collectives (le genre, les classes sociales, la race, la nationalité, etc.). Dans cette perspective, Angot attaque les pouvoirs de l'État et toute la société française en les accusant d'avoir été complices de son inceste en poussant son père à reconnaître sa fille avec la loi sur la filiation. Delaume blâme sa famille d'avoir voulu sauver les apparences après le meurtre de sa mère et le suicide de son père, au prix de son propre bien-être psychologique, et va jusqu'à reprocher au lecteur de reproduire aveuglément des modèles sociaux petit-bourgeois comme sa famille l'avait fait. Arcan veut que le public fasse face à ses propres perversions, et elle sous-entend que c'est à cause de lui et de son rôle dans la reproduction d'un culte de beauté et de jeunesse qu'elle en ainsi arrivée à être obsédée par son image. Polémistes, Angot, Delaume et Arcan poussent certainement à l'extrême leurs attaques contre le lecteur en se construisant une *persona* litigieuse qui pousse parfois les limites du bon goût dans ce qu'elles disent et ce qu'elles font, tant dans l'univers de la littérature que dans leurs interactions avec les médias. Cependant, elles le font avec l'intention de pulvériser les idées reçues.

Par contre, et c'est là qu'elles prennent un pari risqué, si elles veulent effectivement en arriver à ouvrir les yeux de leur lecteur sur ses préjugés, il faut que ce dernier reconnaisse les conditions de ce pacte autofictionnel bien particulier. Pour Richard, "[c]'est cette liberté du lecteur que l'autofiction substitue à la légitimité contraignante du pacte autobiographique, sous forme de défi: non pas, tu dois me croire, lecteur, parce que je dis la vérité, mais je peux mentir, je peux broder, à toi de me prendre ou non au sérieux, d'accorder ta croyance ou de la suspendre, je ne peux t'y

Conclusion

obliger" (54). Ainsi, le caractère contractuel de leurs autofictions, s'il demeure ambigu, n'entraîne pas forcément l'adhésion du lecteur. En poussant à l'extrême leur critique sociale, elles dépassent les limites de la bienséance et versent dans la provocation, voire dans la grossièreté et l'indécence par moments (on peut penser au discours homophobe que tient Angot, ou encore aux propos dénigrants que tient Arcan au sujet de son corps). Elles risquent alors de ne pas être comprises; ou bien les gens peuvent ne pas voir la critique sociale, ou bien ils peuvent croire qu'elles exagèrent et simplement ne pas tenir compte de ce qu'elles disent, ou bien ils décident qu'elles ne sont pas crédibles parce qu'elles font exactement ce qu'elles dénoncent. C'est d'ailleurs le sort que les journalistes et les médias leur réservent la plupart du temps: Angot est discréditée en tant qu'écrivaine scandaleuse, Delaume est considérée comme une écrivaine difficile, voire maniérée qui signe des textes illisibles à dessein, et Arcan est réduite à un statut victimaire et marginalisée à cause de son passé de prostituée. En invitant leur lecteur à revoir ces positions tout en cultivant un rapport antagonique avec leur public, ces trois écrivaines se positionnent alors de manière à être insaisissables et à maintenir le lecteur dans l'indécidabilité, voire l'ambivalence. Or, ce que Derrida souligne avec acuité dans *Mémoires, pour Paul de Man,* c'est que la "…distinction entre fiction et autobiographie…non seulement reste indécidable, mais, ce qui est beaucoup plus grave, dans l'indécidabilité de laquelle, précise de Man, il est impossible de *se tenir,* de se maintenir de façon stable ou stationnaire. On se trouve alors dans une fatale et double impossibilité: impossibilité de décider mais impossibilité de *demeurer* dans l'indécidable" (44). Ce serait donc dans cette position intenable que l'autofiction d'Angot, de Delaume et d'Arcan place le lecteur, lequel aura de la difficulté à faire autrement que d'en être irrité et de rejeter les conditions de réception qui pourraient lui permettre de bien recevoir la critique sociale qu'elles tentent de lui communiquer et qui pourrait l'amener à se questionner à son tour sur ses propres croyances et préjugés.

Au final, si ces auteures donnent l'impression de vouloir ouvrir "un chemin vers l'altruisme," selon l'expression de Richard, en positionnant le lecteur au centre des questionnements identitaires qu'elles soulèvent, elles s'engagent dans une réception problématique, car elles entretiennent à dessein la confusion du lecteur en mélangeant réalité et fiction dans leurs œuvres. Ce faisant, elles refusent de donner un sens clair à leurs textes et résistent à l'interprétation. À la suite de la proposition de Rye, ces textes de femmes semblent exiger un nouveau mode de lecture qui demande au lecteur de se confronter à l'écriture ("Christine Angot" 436). Comme le dit Domeneghini, "[l']écriture de Christine Angot demande au lecteur de [laisser] tomber le[s] masque[s] et de se confronter au texte, la confrontation est violente et provoque souvent une admiration soudaine, ou au contraire un rejet définitif"; ceci pourrait être dit des trois écrivaines auxquelles cet ouvrage s'est intéressé. Par ailleurs, comme le soulève Richard, le pacte autofictionnel repose sur une relation d'intersubjectivité qui lie le lecteur et l'auteur: "Récit de 'soi' en somme dans les deux acceptions indissociables de cette forme tonique du pronom: sens réfléchi du miroir tourné vers sa propre image… [et] regard de l'autre nécessaire pour se voir, pour exister dans le miroir" (54–55). L'autofiction ouvre ainsi vers une plus grande intersubjectivité dans la littérature en acceptant à la fois (et ceci n'est pas nouveau) qu'il n'existe pas de sujet monolithique et que le sujet porte toujours en lui-même les marques d'autrui tout en mettant directement en jeu le rapport spéculaire qui permet au *je* d'advenir. "Mais *nous* ne sommes jamais *nous-mêmes,* et entre nous, identiques à nous, un 'moi' n'est jamais en lui-même, identique à lui-même, cette réflexion spéculaire ne se ferme jamais sur elle-même… ," écrivait Derrida (*Mémoires* 49; c'est l'auteur qui souligne). Or, chez Angot, Delaume et Arcan, cette confrontation à l'Autre n'est jamais sur le mode pacifiste. En somme, ce qui différencie Christine Angot, Chloé Delaume et Nelly Arcan du reste de la production autofictionnelle contemporaine est le fait que ce rapport intersubjectif est d'autant plus exacerbé que leurs (auto)fictions dépassent le cadre de leur livre pour être directement mises en jeu dans leur rapport médiatique avec le public. Refusant de reconnaître les parts de réel et d'imaginaire dans leurs œuvres, ces trois femmes sont inévitablement fictionnalisées à travers leur mise en scène d'un "soi" qui dépasse le cadre romanesque.

On peut aussi voir une nouvelle avenue pour une littérature exploitant la mise en dialogue avec les nouveaux médias et leur insertion dans leur œuvre avec l'intermédialité. Certain(e)s écrivain(e)s sont d'ailleurs déjà engagé(e)s dans cette voie comme Régine Robin qui, avec *Cybermigrances: Traversées fugitives,* fait la

Conclusion

promotion d'une écriture qui tire parti du lien intime entre le sens et le médium. Le roman est structuré suivant la logique de l'hypertexte de façon à briser la linéarité de la lecture grâce à sa disposition en constellation. Ce faisant, elle propose "…des écritures hors genre pour rendre compte de l'événement…" et de nouveaux "…genres hybrides, inachevés, ni fictionnels, ni historiques, ni récits, ni explications" (Robin 23). On peut aussi penser à François Bon, Alain Mabanckou, Emmanuelle Pagano de même que Chloé Delaume qui, depuis plusieurs années déjà, investissent le web en tenant régulièrement leurs blogs. D'autres écrivain(e)s font exploser les limites du texte littéraire pour explorer les possibilités qu'offrent les nouveaux médias afin d'intégrer le lecteur dans leurs œuvres de façon à créer de nouvelles formes de "récits dont vous êtes le héros," version 2.0, comme Delaume l'a fait en créant un avatar Sims à son image, par exemple. Des artistes médiatiques, dont J. R. Carpenter, Braxton Soderman, et le trio Mary Phillips, Jim Andrews et Talan Memmot, mélangent la narration (semi-)autobiographique avec les possibilités qu'offrent les nouveaux médias et créent ainsi des hypertextes, qui contiennent différents points d'entrée et qui permettant au lecteur de naviguer à l'intérieur d'un même document ou d'un document à un autre, ce qui modifie les habitudes de lecture du lecteur. Finalement, les lecteurs eux-mêmes investissent aussi les nouveaux médias pour offrir des réécritures de leurs séries télévisées ou littéraires préférées sous la forme de la *fanfiction,* c'est-à-dire "[d]es récits publiés sur internet, écrits par des auteurs amateurs, [qui] consistent en des réécritures d'œuvres (littéraires, télévisées ou cinématographiques, par exemple) issues de différents genres et tendances de la culture populaire" (Déry-Obin 45). À l'heure des nouveaux médias de masse, les frontières entre littérature et différentes formes d'expression médiatiques sont de plus en plus poreuses. Du même coup, la distinction entre écrivain et lecteur comme *auteur de l'œuvre* devient de plus en plus floue. On pourra alors espérer que les médias et les journalistes cesseront d'accuser l'autofiction de narcissisme, et que cette nouvelle forme d'hybridation des genres romanesques et transmédiatiques nous permettra de pousser plus avant l'exploration de soi, de son inconsistance et de son mouvement constant, afin de faire surgir le potentiel de changement social et politique de la littérature autofictionnelle.

Bibliographie

"Abjection." *Larousse.fr.* Web. 7 janv. 2015.

Angot, Christine. "En littérature la morale n'existe pas." Entrevue avec Thierry Guichard, *Le Matricule des anges,* no. 21, 1997, pp. 21.

———. Entrevue avec Thierry Ardisson. *Tout le monde en parle.* France 2, 13 nov. 1999.

———. *L'Inceste.* Stock, 1999.

———. *Interview.* Fayard, 1995.

———. *Le Marché des amants.* Seuil, 2008.

———. "La page noire." *Libération,* 6 nov. 1999, pp. 8.

———. *Une Partie du cœur.* Stock, 2004.

———. *Les Petits.* Flammarion, 2011.

———. "Le problème de DSK avec nous." *Libération,* 24 mai 2011. Web. 3 juil. 2013.

———. *Quitter la ville.* Stock, 2000.

———. *Sujet Angot.* Fayard, 1998.

———. *L'Usage de la vie.* Fayard, 1999.

Arcan, Nelly. *À Ciel ouvert.* Seuil, 2007.

———. *Burqa de chair.* Seuil, 2011.

———. "La disparition des femmes." *L'Actualité,* 15 sept. 2007, pp. 105–06.

———. Entrevue avec Guy A. Lepage. *Tout le monde en parle.* Radio-Canada, 16 sept. 2007.

———. Entrevue avec Thierry Ardisson. *Tout le monde en parle.* France 2, 29 sept. 2001.

———. *Folle.* Seuil, 2004.

———. "Journal intime." Entrevue avec Pascale Navarro. *Voir.ca,* 6 sept. 2001. Web. 18 juin 2013

———. "Nelly Arcan: l'amour au temps du collagène." Entrevue avec Chantal Guy. *LaPresse.ca,* 25 sept. 2009. Web. 3 juil. 2012.

———. *Putain.* Seuil, 2001.

Artaud, Antonin. *L'Arve et l'aume.* Décines/L'Arbalète, 1989.

———. *Œuvres Complètes.* Gallimard, 1970.

———. "Sur le suicide." *Le Disque Vert,* vol. 3, no. 4, 1925, pp. 23–25.

Barash, David P., et Judith Eve Lipton. *Payback: Why We Retaliate, Redirect Aggression, and Take Revenge.* Oxford UP, 2011.

Bibliographie

Barthes, Roland. *Le Plaisir du texte*. Seuil, 1973.

Baudrillard, Jean. *La Transparence du mal*. Galilée, 1990.

Bersani, Leo. *Is the Rectum a Grave?: And Other Essays*. U of Chicago P, 2010.

Bertelsen, Lone, et Andrew Murphie. "An Ethics of Everyday Infinities and Powers: Félix Guattari on Affect and the Refrain." *The Affect Theory Reader*. Dir. Melissa Gregg et Gregory J. Seigworth. Duke UP, 2010, pp. 138–59.

Bessière, Jean. "Hybrides romanesques, interdiscursivité et intelligibilité commune: Claude Simon, Italo Calvino, Botho Strauss." *Hybrides romanesques: fiction (1960–1985)*. Dir. Jean Bessière. Presses universitaires de France, 1988, pp. 127–43.

Bisenius-Penin, Carole. "Métafiction." Dir. Anthony Glinoer et Denis Saint-Amand. *Le lexique socius*. Web. 9 mai 2018.

Blanckeman, Bruno. "L'écrivain *impliqué*: écrire (dans) la Cité." *Narrations d'un nouveau siècle: romans et récits français, 2001–2010* (Colloque de Cerisy, août 2011). Dir. Bruno Blanckeman et Barbara Havercroft. Presses Sorbonne Nouvelle, 2012, pp. 71–81.

Boisclair, Isabelle. "Accession à la subjectivité et autoréification: statut paradoxal de la prostituée dans *Putain* de Nelly Arcan." *L'écriture du corps dans la literature québécoise depuis 1980*. Dir. Daniel Marcheix et Nathalie Watteyne. Presses universitaires de Limoges, 2007, pp. 111–23.

Boisclair, Isabelle, Christina Chung, Joëlle Papillon, et Karine Rosso, dir. *Nelly Arcan: Trajectoires fulgurantes*. Remue-ménage, 2017.

Bon, François. *Le Tiers Livre*. S.d. Web. 27 fév. 2014.

Borrillo, Daniel. *L'Homophobie*. PUF, 2000.

Bouju, Emmanuel, dir. *L'Engagement littéraire*. Presses universitaires de Rennes, 2005.

Bourassa-Girard, Élyse. "Aliénation, agentivité et ambivalence dans *Putain* et *Folle* de Nelly Arcan. Une subjectivité féminine divisée." Mémoire, Université du Québec à Montréal, 2013.

Bowen, Murray. *Family Therapy in Clinical Practice*. J. Aronson, 1985.

Brown, Anne. "Une Lecture sociologique de *Putain* ou la démystification de la femme corps-sexe." *Québec Studies*, no. 41, 2006, pp. 63–82.

Burns, Elizabeth. *Theatricality: A Study of Convention in the Theatre and in Social Life*. Harper & Row, 1973.

Butler, Judith. *Antigone's Claim: Kinship Between Life and Death*. Columbia UP, 2000.

———. *Frames of War: When Is Life Grievable?* Verso, 2009.

———. *Gender Trouble: Feminism and the Subversion of Identity.* Routledge, 1990.

———. *Humain, inhumain: le travail critique des norms. Entretiens.* Éditions Amsterdam, 2005.

———. *Le Récit du soi.* PUF, 2007.

———. *Undoing Gender.* Routledge, 2004.

Carpenter, J. R. *Story Generation(s),* 2009. Web. 16 janv. 2013.

Cata, Isabelle, et Eliane DalMolin. "Écrire et lire l'inceste: Christine Angot." *Women in French Studies,* no. 12, 2004, pp. 85–101.

Chaleil, Max. *Prostitution, le désir mystifié.* Parangon, 2002.

Chaouat, Bruno, dir. *Lire, écrire la honte.* (Colloque de Cerisy-la-Salle, juin 2003). Presses universitaires de Lyon, 2007.

"Chloé Delaume: conseils pour être publié." *Crise dans les médias. Des infos sur les médias, le web, les blogs...* 3 oct. 2007. Web. 10 fév. 2011.

Clough, Patricia Ticineto. *The Affective Turn: Theorizing the Social.* Duke UP, 2007.

Colin-Simard, Valérie. "L'ego d'Angot, ce qu'ils disent d'elle." *Psychologies. com,* juil. 2003. Web. 8 janv. 2013.

Colonna, Vincent. "L'autofiction: Essai sur la fictionalisation de soi en littérature." Thèse de doctorat, Ecole des hautes études en sciences sociales, 1989.

Cornelio, Dawn M. "Les limites de la narration minée dans *Certainement pas* de Chloé Delaume." *Contemporary French and Francophone Studies,* vol. 13, no. 4, 2009, pp. 423–30.

Cruickshank, Ruth. "Christine Angot: Trauma, transgression and the *write to reply.*" *Fin de millénaire French Fiction: The Aesthetics of Crisis.* Dir. Ruth Cruickshank. Oxford UP, 2009, pp. 168–213.

Currie, Mark, dir. *Metafiction.* New York, 1995.

Darrieussecq, Marie. "L'autofiction, un genre pas sérieux." *Poétique,* no. 107, 1996, pp. 369–80.

———. *Tom est mort.* P.O.L., 2007.

Décimo, Marc. "De quelques histoires de famille à la naissance de Chloé Delaume: Traumas et usage singulier de la langue." *Relations familiales dans les littératures française et francophone des XXe et XXIe siècles: La Figure de la mère.* Dir. Murielle Lucie Clément et Sabine van Wesemael. L'Harmattan, 2008, pp. 315–22.

"Déclaration des droits de l'homme et du citoyen de 1789." *Assemblée nationale.* S.d. Web. 17 janv. 2011.

Bibliographie

Delaume, Chloé. *chloedelaume.net: Personnage de fiction en seconde partie de vie.* 2003–2012. Web. 8 déc. 2013.

———. *Corpus Simsi: Incarnation virtuellement temporaire.* Léo Scheer, 2003.

———. *Le Cri du sablier.* 2ᵉ éd. Gallimard, 2006.

———. *Dans ma maison sous terre.* Seuil, 2009.

———. Entrevue avec Colette Fellous. *24h dans la vie de…* France Culture, 9 août 2009.

———. *Une Femme avec personne dedans.* Seuil, 2012.

———. "Ils doivent trouver les mots justes." *Psychologies.com*, s.d. Web. 18 juin 2012.

———. *J'habite dans la télévision.* Verticales, 2006.

———. "Laboratoire de génétique textuelle." Entrevue avec Thierry Guichard. *Le Matricule des anges,* no. 100, 2009, pp. 22–27.

———. "Un livre qui n'a pas de synopsis, c'est problématique pour les journalistes." Entrevue. *BUZZ… littéraire: Les livres, d'hier et d'aujourd'hui, de bouche-à-oreille.* 23 sept. 2001. Web. 8 juil. 2009.

———. *Les Mouflettes d'Atropos.* Farrago, 2000.

———. *La Règle du je.* Presses universitaires de France, 2010.

———. "Le soi est une fiction." Entrevue avec Barbara Havercroft. *Revue critique de fixxion française contemporaine,* no. 4, 2012. Web. 3 sept. 2017.

———. "S'écrire, mode d'emploi." Colloque sur l'autofiction. Centre culturel international de Cerisy-La-Salle. 25 juil. 2008.

———. *La Vanité des somnambules.* Farrago/Léo Scherer, 2002.

Delaume, Chloé, et Franck Dion. *Alienare.* Fiction numérique. Seuil, 2015.

Deleuze, Gilles, et Félix Guattari. *Mille Plateaux.* Minuit, 1980. Imprimé. Vol. 2 de *Capitalisme et schizophrénie.*

———. *A Thousand Plateaus: Capitalism and Schizophrenia.* Translated by Brian Massumi, U of Minnesota P, 1987.

Delvaux, Martine. *Les Filles en séries: des Barbies aux Pussy Riot.* Remue-ménage, 2013.

———. *Histoires de fantômes: spectralité et témoignage dans les récits de femmes contemporains.* Presses de l'Université de Montréal, 2005.

———. "On the Impossibility of Being Contemporary in Nelly Arcan's *Folle.*" *Novels of the Contemporary Extreme.* Dir. Alain-Philippe Durand et Naomi Mandel. Continuum, 2006, pp. 53–63.

Den Toonder, Jeanette. "L'autoreprésentation dans une époque mass-médiatisée: Le cas Angot." *Territoires et terres d'histoires: Perspectives, horizons, jardins secrets dans la littérature française d'aujourd'hui*. Dir. Christine Delzons, Danièle De Ruyter-Tognotti et Sjef Houppermans. Rodopi, 2005, pp. 39–59.

Derrida, Jacques. *De l'Hospitalité*. Calmann-Levy, 1997.

———. *Mémoires, pour Paul de Man*. Galilée, 1988.

———. "Le parjure, peut-être ('brusques sautes de syntaxe')." Études françaises, vol. 38, nos. 1–2, 2002, pp. 15–57.

Déry-Obin, Tanya. "Se mettre en danger pour changer le monde: subjectivité et web 2.0." *Remous, ressacs et dérivations autour de la troisième vague féministe*. Dir. Mercédès Baillargeon et le collectif Les Déferlantes. Remue-ménage, 2011, pp. 39–49.

Despentes, Virginie. *Baise-moi*. Grasset, 1993.

———. *King Kong Théorie*. Grasset, 2006.

Domeneghini, Eva. "Quitter la ville de Christine Angot." Écrits…vains? s.d. Web. 3 avr. 2013.

Dorais, Michel. "La politique de la marginalisation sexuelle ou l'identité déviante: Le cas de l'homosexualité masculine et de la prostitution féminine." *Le Travailleur social*, vol. 56, no. 2, 1988, pp. 54–59.

Doubrovsky, Serge. *Fils*. Galilée, 1977.

———. *Le Livre brisé*. Grasset, 1989.

Dubois, Jacques. "Angot ou la guérilla littéraire." *Balises: Cahiers de poétique des Archives et Musée de la littérature*, nos. 1–2, 2002, pp. 219–36.

———. "Christine Angot: l'enjeu du hors-jeu." *COnTEXTES*, no. 9, 2011, s.p. Web. 3 fév. 2014.

———. *L'Institution de la littérature: Introduction à une sociologie*. Nathan, 1978.

Ducas, Sylvie. "Fiction auctoriale, postures et impostures médiatiques: le cas de Chloé Delaume, 'personnage de fiction.'" *Le Temps des médias*, vol. 1, no. 14, 2010, pp. 176–92.

Dumont, Isabelle. "Le Sujet delaumien: Une 'incarnation virtuellement temporaire'?" *Nouvelles Études francophones*, vol. 24, no. 1, 2009, pp. 42–64.

Duras, Marguerite. "Sublime, forcément sublime Christine V." *Libération*, 17 juil. 1985, p. 4.

Dyer, Richard. *Stars*. BFI Publishing, 1998.

Eco, Umberto. *Lector in Fabula*. Grasset, 1985.

Bibliographie

Edelman, Lee. *No Future: Queer Theory and the Death Drive.* Duke UP, 2004.

Enns, Diane. *The Violence of Victimhood.* Pennsylvania State UP, 2012.

Faerber, Johan. *Nouvelles écrivaines: Nouvelles voix?* Dir. Nathalie Morello et Catherine Rodgers. Rodopi, 2002, pp. 47–62.

Fanon, Frantz. *Peau noire masques blancs.* Seuil, 1971.

Farley, Melissa, et Howard Barkan. "Prostitution, Violence Against Women, and Posttraumatic Stress Disorder." *Women & Health,* vol. 27, no. 3, 1998, pp. 37–49.

Fassin, Éric. "Le double 'je' de Christine Angot: sociologie du pacte littéraire." *Sociétés & Représentations,* vol. 1, no. 11, 2001, pp. 143–66.

Federman, Raymond. "Self-Reflexive Fiction." *Columbia Literary History of the United States.* Dir. Emory Elliott. Columbia UP, 1988, pp. 1142–57.

Fisher, Dominique D. "L'esthétique et la politique du réel dans la littérature aujourd'hui." *Art et politique: La représentation en jeu.* Dir. Lucille Beaudry, Caroline Ferrer et Jean-Christian Pleau. Presses de l'Université du Québec, 2011, pp. 59–73.

Flaubert, Gustave. *Madame Bovary.* Bookking International, 1993.

Foucault, Michel. "Le sujet et le pouvoir." *Dits et écrits.* Vol. IV. *1954–1988.* Gallimard, 1994, pp. 222–43.

———. *La Volonté de savoir.* Gallimard, 1976. Imprimé. Vol. 1 de *Histoire de la sexualité.* 3 vols. 1976–1984.

Freud, Sigmund. *Cinq Psychanalyses.* PUF, 2001.

———. *Trois essais sur la théorie de la sexualité.* Gallimard, 1948.

Galakof, Alexandra. "'Les mouflettes d'Atropos' de Chloé Delaume: Les monologues du vagin dévasté…" *BUZZ… littéraire: Les livres, d'hier et d'aujourd'hui, de bouche-à-oreille.* 3 nov. 2006. Web. 8 juil. 2010.

Gautier, Théophile. *Mademoiselle de Maupin.* Garnier-Flammarion, 1966.

Gefen, Alexandre. "Compassion et réflexivité: les enjeux éthiques de l'ironie romanesque contemporaine." *Hégémonie de l'ironie?* Fabula / Les colloques, 23 juin 2008. Web. 21 janv. 2014.

Genette, Gérard. *Figures III.* Seuil, 1972.

Genon, Arnaud. *Autofiction: pratiques et théories.* Mon petit éditeur, 2013.

Gil, Françoise. "La prostituée, une invention sociale." *Sociétés,* vol. 1, no. 99, 2008, pp. 21–32.

Greimas, Algirdas J. et Joseph Courtés. *Sémiotique: Dictionnaire raisonné de la théorie du language.* Librairie Hachette, 1979.

Bibliographie

Guibert, Hervé. *À l'ami qui ne m'a pas sauvé la vie*. Gallimard, 1990.

Haase, Donald, dir. *Fairy Tales and Feminism: New Approaches*. Wayne State UP, 2004.

Halberstam, Judith. "The Anti-Social Turn in Queer Studies." *Graduate Journal of Social Science* vol. 5, no. 2, 2008, pp. 140–56.

Hanania, Cécile. "*Putain* de Nelly Arcan. Texte écran et 'je' de miroirs, une écriture de la dépersonnalisation." *Dalhousie French Studies,* no. 92, 2010, pp. 113–25.

Hanisch, Carole. "The Personal is Political." *Writings by Carol Hanisch*, 2009. Web. 13 avr. 2018.

Havercroft, Barbara. "Quand écrire, c'est agir: stratégies narratives d'agentivité féministe dans *Journal pour mémoire* de France Théoret." *Dalhousie French Studies,* no. 47, 1999, pp. 93–113.

———. "Le refus du romanesque ? Hybridité générique et écriture de l'inceste chez Christine Angot." *Temps zéro*, no. 8, 2014. Web. 26 avr. 2018.

———. "(Un)tying the Knot of Patriarchy: Agency and Subjectivity in the Autobiographical Writings of France Théoret and Nelly Arcan." *Auto/biography in Canada: Critical Directions*. Dir. Julie Rak. Wilfrid Laurier UP, 2005, pp. 207–34.

Hennig, Jean-Luc. *Grisélidis Courtisane*. Albin Michel, 1981.

Héritier, Françoise. *Masculin/Féminin: La pensée de la différence*. Odile Jacob, 1996.

Hillis Miller, John. *Narrative Reading*. U of Oklahoma P, 1998.

Houellebecq, Michel. *Les Particules élémentaires*. Flammarion, 1998.

Huston, Nancy. "Arcan, philosophe." Préface à *Burqa de chair* de Nelly Arcan. Seuil, 2011, pp. 9–31.

———. "Nelly Arcan, philosophe nihiliste selon Nancy Huston." Entretien avec Chantal Guy. *LaPresse.com*, 12 sept. 2011. Web. 3 juil. 2012.

Iacub, Marcela. *Belle et bête*. Stock, 2013.

Ijsseling, Sam. "Une philosophie de la tragédie." *Oedipe contemporain ?: Tragédie, tragique, politique*. Dir. Christian Biet, Paul Vanden Berghe et Karel Vanhaesebrouck. Éditions l'Entretemps, 2007, pp. 19–28.

Jonckheere, Philippe de. "À propos de *La Vanité des somnambules* de Chloé Delaume." *Le Portillon*. 3 août 2003. Web. 7 mai 2011.

Jordan, Shirley. "Autofiction in the Feminine." *French Studies,* no. 67, 2012, pp. 76–84.

Bibliographie

———. "Reconfiguring the Public and the Private: Intimacy, Exposure and Vulnerability in Christine Angot's *Rendez-vous*." *French Cultural Studies,* vol. 18, no. 2, 2007, pp. 201–18.

Joubert, Lucie. *Le Carquois de velours: L'ironie au féminin dans la littérature québécoise, 1960–1980.* Hexagone, 1998.

Jourde, Pierre. *La Littérature sans estomac.* Pocket, 2003.

Kincaid, Jamaica. *The Autobiography of My Mother.* Farrar, Straus and Giroux, 1996.

King, Andrea. "Nommer son mal: *Putain* de Nelly Arcan." *Atlantis: A Women's Studies Journal/Revue d'études sur les femmes,* vol. 31, no. 1, 2006, pp. 37–44.

Kristeva, Julia. *Pouvoirs de l'horreur: essai sur l'abjection.* Seuil, 1980.

Labrosse, Claudia. "L'impératif de beauté du corps féminin: la minceur, l'obésité et la sexualité dans les romans de Lise Tremblay et de Nelly Arcan." *Recherches féministes,* vol. 23, no. 2, 2010, pp. 25–43.

Lacan, Jacques. *Écrits.* Seuil, 1966.

———. *Le Séminaire.* 23 vol. Seuil, 1973.

La Fontaine, Jean de. *Fables.* Gallimard, 1991.

Lakoff, George, et Mark Johnson. *Metaphors We Live By.* U of Chicago P, 2003.

Lamoureux, Diane. "La réflexion *queer*: apports et limites." *Dialogues sur la troisième vague féministe.* Dir. Maria Nengeh Mensah. Remue-Ménage, 2005, pp. 91–103.

Langevin, Jérôme. "La honte." *nellyarcan.com*, s.d. Web. 23 nov. 2013.

Laouyen, Mounir. "Préface." *L'Esprit créateur,* vol. 42, no. 4, 2002, pp. 3–7.

Laplanche, Jean, et Jean-Bertrand Pontalis. *Vocabulaire de la psychanalyse.* PUF, 2007.

Laplantine, François. *De tout petits liens.* Mille et une nuits, 2003.

Laurens, Camille. *Philippe.* P.O.L., 1995.

Laurin, Danielle. "Ni putain ni folle, juste brisée." *Le Devoir.* 26 sept. 2009. Web. 3 août 2010.

Le Bris, Michel, et Jean Rouaud. *Pour une Littérature-monde.* Gallimard, 2007.

Le Dorze, Albert. *La Politisation de l'ordre sexuel.* L'Harmattan, 2009.

Ledoux, Lucie. "*Good girls* et *bad girls:* la nouvelle pornographie au féminin." *Remous, ressacs et dérivations autour de la troisième vague féministe.* Dir. Mercédès Baillargeon et le collectif Les Déferlantes. Remue-ménage, 2011, 127–44.

Bibliographie

Lejeune, Philippe. *Le Pacte autobiographique*. Seuil, 1975.

Lévi-Strauss, Claude. *Les Structures élémentaires de la parenté*. Mouton, 1967.

Liger, Baptiste. "Chloé Delaume: auteur, narratrice, héroïne, stop!" *L'Express.fr*, 26 janv. 2012. Web. 29 avril 2011.

Lindon, Mathieu. "Trois, deux, un … Angot!" *Libération*. 26 août 1999. Web. 22 déc. 2012.

Longin, Dominique. *La honte versus la culpabilité: analyse conceptuelle et formelle en logique modale*. Rapport de recherche. Institut de recherche informatique de Toulouse, 2012.

Mabanckou, Alain. *Black Bazar: Le blog d'Alain Mabanckou*. 13 déc. 2013. Web. 27 fév. 2014.

Madelénat, Daniel. "La biographie en 1987." *Le Désir biographique* (Colloque de Nanterre, 1988). Dir. Philippe Lejeune. *Cahiers de sémiotique textuelle*, Publidix, 1989, pp. 9–21.

Maffesoli, Michel. *L'Instant éternel: le retour du tragique dans les sociétés postmodernes*. Denoël, 2000.

Mahfouz, Naguib. *Palace of Desire*. Anchor Books, 1992.

Mailfert, Anne-Cécile. "La prostitution, une violence en soi?" *Osez le féminisme!*, no.13, 2011, p. 6.

Marcelli, Sylvain. "Un mélange incestueux." *L'Interdit*. Fév. 2001. Web. 27 sept. 2005.

Martens, David, et Anne Reverseau. "Iconographies de l'écrivain au XXe siècle. Usages et enjeux: un portrait en pied." *Image & Narrative*, vol. 13, no. 4, 2012, pp. 154–68.

Massumi, Brian. *Parables for the Virtual: Movement, Affect, Sensation*. Duke UP, 2002.

Meizoz, Jérôme. "La fabrique d'une notion: Entretien avec Jérôme Meizoz au sujet du concept de 'posture.'" Avec David Martens. *Interférences littéraires/Literaire interfereties*, no. 6, 2011, pp. 199–212.

———. *Postures littéraires*. 2 vol. Slatkine, 2007–2011.

Merteuil, Morgane. *Libérez le féminisme!* L'Éditeur, 2012.

Miller, Nancy K., et Jason Tougaw, dir. *Extremities: Trauma, Testimony, and Community*. U of Illinois P, 2002.

Morello, Nathalie, et Catherine Rodgers. "Introduction" *Nouvelles Écrivaines: nouvelles voix?* Dir. Nathalie Morello et Catherine Rodgers. Rodopi, 2002, pp. 7–46.

Müller, Jürgen E. "Vers l'intermédialité: histoires, positions et option d'un axe de pertinence." *Médiamorphoses*, no. 16, 2006, pp. 99–110.

Bibliographie

Noguez, Dominique. *Le Grantécrivain et autres textes*. Gallimard, 2000.

Ogien, Ruwen. *La honte est-elle immorale?* Bayard, 2002.

Pagano, Emmanuelle. *Emmanuelle Pagano*. S.d. Web. 27 fév. 2014.

Payot, Marianne. "Bye-bye la provoc." *L'Express.fr*, 23 août 2004. Web. 8 fév. 2009.

Pheterson, Gail. *Le Prisme de la prostitution*. L'Harmattan, 2001.

Phillips, Mary, Jim Andrews, et Talan Memmot. *Correspondance*. 2007. Web. 1 avr. 2007.

Plon, Michel, et Élisabeth Roudinesco. *Dictionnaire de la psychanalyse*. Fayard, 1997.

Poirier, Lucie et Joane Garon. *Hypersexualisation? Guide pratique d'information et d'action*. Centre d'aide et de lutte contre les agressions à caractère sexuel, 2009.

Ramadanovic, Petar. "From Haunting to Trauma: Nietszche's Active Forgetting and Blanchot's Writing of the Disaster." *Postmodern Culture,* vol. 11, no. 2, 2001, s.p. Web. 23 juil. 2013.

Réal, Grisélidis. *La Nuit écarlate ou le repas des fauves*. Association HIMEROS, 2006.

Reuter, Yves. *L'Analyse du récit*. Armand Colin, 2009.

Rey, Alain, dir. *Grand Robert de la langue française*. 6 vol. Paris: Dictionnaire Le Robert, 2001. Imprimé.

Richard, Annie. *L'Autofiction et les femmes: Un chemin vers l'altruisme?* L'Harmattan, 2013.

Robert, Jocelyne. "Si vulnérable." *LaPresse.com,* 14 sept. 2011. Web. 3 juil. 2012.

Robert-Diard, Pascale. "Le jugement qui condamne Christine Angot pour atteinte à la vie privée." *Chroniques judiciaires,* Le Monde.fr, 28 mai 2013. Web. 21 fév. 2014.

Robin, Régine. *Cybermigrances: Traversées fugitives*. VLB Éditeur, 2004.

Rorty, Richard. *Contingence, ironie et solidarité*. Armand Colin, 1993.

Rothberg, Michael. "Between the Extreme and the Everyday: Ruth Klüger's Traumatic Realism." *Extremities: Trauma, Testimony, and Community*. Dir. Nancy K. Miller et Jason Tougaw. U of Illinois P, 2002, pp. 55–70.

Rothko, Mark, Adolph Gottlieb, et Barnett Newman. "A Brief Manifesto." *New York Times,* 13 juin 1943, sec. 2, p. 9.

Rye, Gill. "Christine Angot et l'écriture de soi." *Le Roman français de l'extrême contemporain*. Dir. Barbara Havercroft, Pascal Michelucchi et Pascal Riendeau. Nota bene, 2010, pp. 423–39.

———. "'Il faut que le lecteur soit dans le doute': Christine Angot's Literature of Uncertainty." *Dalhousie French Studies,* no. 68, 2004, pp. 117–26.

———. "Public Places, Intimate Spaces: Christine Angot's Incest Narratives." *Dalhousie French Studies,* no. 93, 2010, pp. 63–73.

Rye, Gill, et Michael Worton, dir. *Women's Writing in Contemporary France: New Writers, New Literatures in the 1990s.* Manchester UP, 2002.

Sadoux, Marion. "Christine Angot's Autofictions: Literature and/or Reality?" *Women's Writing in Contemporary France: New Writers, New Literatures in the 1990s.* Dir. Gill Rye et Michael Worton. Manchester UP, 2002, pp. 171–81.

Saint-Amand, Denis, et David Vrydaghs. "Retours sur la posture." *COnTEXTES,* no. 8, 2011, s.p. Web. 30 déc. 2013.

Saint-Augustin. *Dialogues philosophiques, De Ordine = L'ordre.* Institut d'Études augustiennes, 1997.

Schaeffer, Jean-Marie. "À propos de 'Le témoignage, entre autobiographie et roman': la place de la fiction dans les récits de déportation." *Art, création, fiction: entre philosophie et sociologie.* Dir. Jean-Marie Schaeffer et Nathalie Heinich. Jacqueline Chambon, 2004, pp. 153–61.

———. *Pourquoi la fiction?* Seuil, 1999.

———. "Pourquoi la fiction? Entretien avec Jean-Marie Schaeffer." Avec Alexandre Prstojevic. *Vox-poetica: lettres et sciences humaines.* s.d. Web. 5 mai 2011.

Sedgwick, Eve. *Touching Feeling: Affect, Pedagogy, Performativity.* Duke UP, 2003.

Soderman, Braxton. *Theorizing the Self.* 2001. Web. 9 sept. 2013.

Solanas, Valerie. *SCUM Manifesto.* Olympia Press, 1968.

Sophocle. *Antigone.* Gallimard, 2007.

———. *Oedipe roi.* Gallimard, 2015.

Sue, Eugène. *Les Mystères de Paris.* Gallimard, 2009.

Tamagne, Florence. "Genre et homosexualité. De l'influence des stéréotypes homophobes sur les représentations de l'homosexualité." *Vingtième Siècle. Revue d'histoire,* vol. 3, no. 75, 2002, pp. 61–73.

Terrisse, Christiane. "Le cri du sablier de Chloé Delaume." *Apprendre de l'artiste.* 9 déc. 2001. Web. 31 juil. 2011.

Thiboutot, Claire. "Lutte des travailleuses du sexe: perspectives féministes." *Rapport du Comité de réflexion sur la prostitution et le travail du sexe: Document de travail préparatoire à la tournée provinciale.* Fédération des femmes du Québec, 2001.

Bibliographie

Tomkins, Silvan. *Affect, Imagery, Consciousness.* 2 vols. Springer Pub. Co., 1962.

Trudel, Sylvain. "La faute épicée: quelques considérations sur le narrateur enfant dans le livre de fiction." *Québec français,* no. 122, 2001, p. 76.

Varda, Agnès. *Les Glaneurs et la glaneuse.* Zeitgeist Video, 2002.

Vian, Boris. "La java des bombes atomiques." *Chansons possibles et impossibles.* Philips Minigroove, 1956.

———. *L'Écume des jours.* Christian Bourgeois, 1994.

Viart, Dominique. "'Fictions critiques': La littérature contemporaine et la question du politique." *Formes de l'engagement littéraire (XVe–XXe siècles).* Dir. Jean Kaempfer, Sonya Florey, et Jérôme Meizoz. Antiposes, 2005, pp. 185–204.

Vilain, Philippe. *Défense de Narcisse.* Grasset, 2005.

Vincent, Denise. "Regard posé…sur *L'Inceste* de Christine Angot." *FémiWeb.* S.d. Web. 8 fév. 2009.

Waugh, Patricia. *Metafiction: The Theory and Practice of Self-Conscious Fiction.* Methuen, 1984.

Žižek, Slavoj. *The Sublime Object of Ideology.* Verso, 1989.

Zola, Émile. *Nana.* Garnier-Flammarion, 1968.

Index alphabétique

abject, 29, 57–58
affect, 27, 29, 84–90, 97, 135, 137
agentivité, 145, 150–52, 157
agressivité, 56, 92–94, 98, 135
aliénation, 21, 102, 109, 136, 142, 148, 150–51, 165, 182
anacoluthe, 130, 132
Antigone, 16, 56, 61–63, 65–68, 71
Artaud, Antonin, 15, 26, 44, 52, 80, 92
attentes. *Voir* lecteur: attentes du
authenticité, 30, 85, 89, 148, 155–56, 184,
autobiographie, 2, 6–7, 11, 15, 18–19, 21–22, 38, 70, 113, 122, 143, 146–47, 151, 184, 188
    codes de l', 10, 32–33, 183
    Derrida, Jacques, 186
    genre, 4–5, 18, 29–31, 150, 183
    pacte autobiographique, 5, 7, 15, 38, 146, 185
autofiction, 1, 8, 19–20, 37, 115, 127
    affect, 85–86
    définition, 4–5
    des femmes, 2, 150, 183
    Doubrovsky, Serge, 2–5, 83, 114
    engagement, 179–80
    expérimentale, 78, 81, 84, 90, 95, 108
    genre, 2–3, 6, 10, 17–18, 29, 78, 113–14, 183, 187
    je autofictionnel, 29, 61, 80, 82, 109, 112, 124, 132–33, 134, 157
    pacte autofictionnel, général, 5, 7, 9–10, 13–14, 183, 185
        chez Christine Angot, 26, 29–30, 35, 39, 43
        chez Chloé Delaume, 77, 81–82, 122, 128–29
        chez Nelly Arcan, 143–44, 147, 149–50, 152, 167
    politique de l', 9, 13, 18, 20, 81, 109, 112, 121, 124–25, 136–37
    rapport au lecteur, 133–34, 138, 186–87
    réception, 6, 11, 13, 25, 70, 77, 135, 184, 188
Autre, 29, 51, 53, 57, 66–67, 71, 88, 160, 162–63, 187
aveu, 2, 5, 8, 32, 42, 113–15, 159

Barthes, Roland, *Le Plaisir du texte*, 166
Baudrillard, Jean, 154–55
Bessière, Jean, 5, 131, 134
biopouvoir, 16, 21, 78, 108, 113–14
Bowen, Murray, 117
Butler, Judith, 16, 42, 46, 66–67, 69, 72, 106, 108, 129, 155

campagne publicitaire, marketing, 11–13, 25, 146, 169
chirurgie esthétique, 16, 155–56, 162

Deleuze, Gilles, 88–89
Derrida, Jacques, 129–30, 178, 186–87
désir (Lacan, Jacques), 29, 161, 163–64
Despentes, Virginie, 100, 103, 108
Doubrovsky, Serge, 2–5, 83, 114
Dubois, Jacques, 59–60, 70

engagement, 14, 16, 18, 21, 82, 86, 88, 179–80, 183
esthétique, 6, 8–10, 13–4, 20, 41, 81, 144
    choix, 86
    de l'excès, 22, 147, 152–57, 167, 176, 180

Index alphabétique

esthetique *(suite)*
   expérience, 82
   pornographique, 15, 99
   recherche, 7, 16–18, 34, 60, 86, 89, 147
éthique, 14, 17–18, 36, 41–42, 47, 81, 129, 136, 183
expérimentation, 17, 20, 81, 89–90, 124
   style expérimental, 77–78, 82–84, 85, 87, 96

famille, 14, 91, 149
   comme espace de silence, 56, 109, 135
   comme institution, 48, 137, 185
   illégitime, 26, 47–49
   nom de, 79
   réputation, image de la, 16, 111–12, 115–16, 118, 121
   tradition, 51
   unité (Bowen, Murray), 117
fantasme (Žižek, Slavoj), 145, 161–62
féminisme, 2–3, 8, 14, 16, 41, 66, 101–04, 106, 141, 149, 155, 157, 166, 178
fiction(s), 2, 20–21, 28, 31, 33, 61, 148–49
   familiale, 80, 91–92, 109
   fonction de la, 28–29, 41–42, 98
   individuelles et collectives, 78–79, 90–92, 99–109, 123, 136
   et réalité, 3, 5, 7–10, 17, 22, 25–27, 29, 33–34, 36–40, 64, 70, 72, 77, 79–81, 83, 98, 127–28, 137, 147, 147, 151, 157, 183–87
fictionalisation, 72, 80, 92, 128, 136, 147, 187
   personnage, 121, 127, 131, 134, 137
   de soi, 131, 143

Foucault, Michel, 113, 128–29, 136

glossolalie, 44
Guibert, Hervé, 43, 59

hétéronormativité, 48, 101, 106, 122
homophobie, 46–47, 119, 186
homosexualité, 2, 26, 43, 45–49, 67, 70, 119
honte, 115–17, 120, 135, 163–64, 172–73
horizon d'attente, 5, 8
Houellebecq, Michel, 38
humain, inhumain (Butler, Judith), 16, 42, 46–47, 56, 67, 69, 71–73, 106, 108, 184
hybridité, 5, 20, 30, 131–32, 134, 188
hypersexualisation, 12, 22, 141–48, 151–53, 156, 160, 162, 167–68, 170, 172, 180–81

identification, 15, 29, 53, 128, 134
identité, 7–8, 14, 69, 99, 184–85
   comme performance, 146, 163
   construction de l', 21, 80–81, 109, 121, 136–37, 155, 164
   correspondance, 6, 11, 29, 34, 117
   de genre, 3, 101, 142, 155
   pseudonyme
      Arcan, 143–44, 147, 160
      Delaume, 79, 80 89, 95, 184
      "pute," 104, 106, 144
   du sujet, 37, 123, 130, 134, 172
imago, 162
inceste, 19, 43, 49, 184
   figure de l', 12, 50, 64, 66, 91
   interdit de l', 28, 39, 45, 47–48, 50–51, 56, 63–65, 67–69
   politique de l', 57
   récit de l', 19, 25, 29–31, 52, 55–56, 58
   thème de l', 26, 28, 32, 42

Index alphabétique

vécu, 10, 14–15, 25, 47, 57, 62–63, 66, 185
individualisme, 11, 14, 69, 77, 138
institution, famille traditionnelle comme, 48
   langue comme, 44
   littéraire, 13, 26–27, 56, 59, 91, 152
   Dubois, Jacques, 59–60
   sociale, 109, 137, 152
internet, 12, 17, 20, 79, 141, 147, 161, 163–64, 188
ironie, 45, 118–20, 134, 184,

Lacan, Jacques, 29, 136, 161, 163
langue, 34, 43, 44, 77–78, 85, 94, 97, 118, 164, 184
Laplantine, François, 41–43, 68
lecteur
   adresse au, 33–34, 36, 149, 167, 180–81
   attentes du, 5, 8, 15–16, 26, 28, 30–32, 40, 87, 114, 133, 184
   attitude du, 6, 55, 57, 114, 147
   confusion auteure, narratrice et lecteur, 52, 89, 134, 188
   effet sur le, 8, 34–35, 71
   engagement du, 14, 21, 37, 52, 112–13
   expérience du, 20, 28–30, 61, 82, 148–49
      expérience esthétique, 87–88, 90
   fictionnel, 37, 159
   implication du, 10, 16–17, 88–89, 98, 124, 167, 184–85, 188
   implicite, 10, 159, 164
   inscription du, 10, 18, 37, 53, 114, 134, 145, 159
   modèle, 10, 159
   pacte avec le, 81, 183, 186
   participation du, 53, 97, 124–25, 134

posture du, 70
prise de conscience du, 47, 70, 78, 108, 135, 138, 166, 177, 180, 184–87
projection du, 28–29, 104, 167
rapport au, 33, 96, 133
   accusations contre le, 33, 36–37, 52, 64, 68–69, 71, 87, 175
   agression contre le, 51, 53, 78, 93–96, 109, 128, 132–34, 185
   appât, 15, 25, 69–70, 95–96, 143, 181,
   choc, 10, 15, 22, 26, 28, 43, 58, 166–67, 176, 180
   confrontation, 46, 69–70
   contamination du, 78, 92, 132–33, 137, 176
   cruauté, 54, 92
   dénonciation, 26
   déstabilisation du, 71, 78, 81, 128, 166
   indécidabilité, 7, 39, 127, 132, 183, 186
   provocation du, 10, 19, 26, 37, 39, 43–44, 47, 53, 85, 98, 156, 167, 176
   témoin, 53, 112–13
   transmettre son expérience au, 82, 85–86, 89, 97, 135
   réaction anticipée du, 10, 15, 19, 22, 26–27, 29, 38, 52, 53, 133, 147
   regard du, 167
lecture
   acte de, 10, 72, 88, 97–98
   biographique, 33, 173
   interprétation, 22, 70, 78, 148
   pacte de, 30, 132
   paranoïaque, 19, 27, 31, 33, 71–72, 160
   Le Plaisir du texte (Barthes, Roland), 166

203

Index alphabétique

lecture *(suite)*
  politique, 14, 18, 187
  processus, expérience, 14, 31, 36–38, 53, 88, 97, 124, 130, 169, 175, 184, 188
  trope, 31, 53
Lejeune, Philippe, 6
logique, 29
  Aristote, 41, 70
  incestueuse, 15, 26, 39, 41, 43, 70

Massumi, Brian, 84, 88
médias, 2, 6–7, 9–12, 14, 16–19, 21–22, 25, 30, 53, 141–46, 148, 157, 160, 165–69, 171, 173–84, 188
  de masse, 6, 12, 19, 104, 147, 181
  multimédia, 77, 89
  nouveaux, 13, 17, 87, 187–88
Meizoz, Jérôme, 11–12, 147
mensonge, 5–7, 9, 32, 128–30, 160, 183, 185
métafiction, 10, 34, 37, 39, 144, 151–52, 159
mise en scène, 26, 69, 73, 113, 132–33, 137, 143, 144, 147, 148, 150, 167
  de soi, 6, 10, 13, 19, 144, 147, 152, 156, 176, 180, 182, 187

narcissisme, 19, 32, 69, 77, 82, 95, 142, 145, 160, 162, 179, 180, 188
narrataire, 10, 159–60
néolibéralisme, 77, 122
normalisation, 16, 108
normes, de genre, 116–17, 145, 155–57
  (hétéro)sexistes, 98–99
  humain, inhumain, 56
  individuelles et collectives, 14, 184

narratives, 42, 90
prostituées, 108, 178
sociales, 51, 58, 135–36
sujet, 42, 48, 82, 94, 129
vie vivable, 71

objectification, 141–42, 149–50
Œdipe, 16, 56, 61–63

Pacte civil de solidarité (PaCS), 47–48
paranoïa, 19, 26–27, 31, 33–34, 36, 51, 53, 68, 71, 124, 160
  Sedgwick, Eve, 26–27, 31, 53, 71–72
parjure, 129–30, 132
persona, 7, 10, 30, 69, 143–44, 146, 148, 162, 181, 185
politique, 3, 6, 8–10, 13–14, 17–18, 20–21, 41–42, 46, 57, 77, 81, 84, 88–91, 106, 109, 112, 121–23, 128, 136, 138, 157, 175, 184, 188
pornographie, 8, 15, 99, 101–02, 154, 164
  internet, 161, 163–64
posture, 12–13, 18, 27, 44, 68–70, 72, 79, 124, 132, 144, 148, 159, 173, 176, 182
  concept, 13
  littéraire, 172
  médiatique, 37, 39
  Meizoz, Jérôme, 11–12, 147
prostituée, 60, 91, 96, 101–08, 144, 145–49, 156, 160, 162, 166, 168, 171, 175–76, 178–82, 186
prostitution, 2, 10, 15, 21, 78, 98, 135, 142, 153–54, 157, 171, 176, 182, 184
  débat prostitution/travail du sexe, 103, 108
  marginalisation, 106, 178–79
  récit de, 102, 152
traumatisme, 14, 149, 165

Index alphabétique

travail du sexe, 20, 91–92, 99, 101–06, 108–09
provocation, 10, 16, 19, 33, 37, 40, 45, 47, 55, 72, 78, 135, 144, 167, 181, 186
public, 2, 9–10, 19, 21–22, 25–27, 31, 52–53, 55, 57–58, 62–64, 68–71, 104, 112, 135, 145–46, 157, 159, 165, 168–71
    espace public, 141, 156, 175–76
    grand public, 2, 61, 104
    lectorat, 60, 99
    personnage public, 141, 151
    public/privé, 2, 4, 18–19, 48
    rapport au, 6, 11–17, 51, 66, 69, 72, 128, 173, 186
pulsion, *Voir* voyeurisme

réception, 5, 9, 14, 16, 21, 26–27, 31, 34, 39, 51, 53, 56, 70–72, 133, 143, 165, 186
récit de soi, 2, 93, 137
    Butler, Judith, 129
réhistoricisation, 9, 13, 157
réparation, 35, 71, 98
    lecture réparatrice (Sedgwick, Eve), 71–72
représentation de soi, autoreprésentation, 6, 10, 13, 143, 147
rôles de sexe, rôles sociaux de sexe, 99, 101, 108, 181
scandale, 1, 3–4, 10, 16–17, 28, 38, 55, 67–68, 73, 141, 144, 165–67, 182–83, 186
    Laplantine, François, 41–43

Sedgwick, Eve, 26–27, 31, 53, 71–72, 86, 88
séduction, 16, 22, 57, 71, 95, 143, 152, 154–57, 168, 178, 181–82
sexe, sexualité, 2–3, 6, 8–10, 13, 18, 21, 32, 46, 141–42, 145, 153–55, 171, 184

sexe et genre, 3, 8, 41, 46–47, 49–50, 99, 101, 133, 141–42, 145, 155, 172, 185
sincérité (pacte de), 7–8, 15, 30, 184
stéréotypes, 15, 43, 46–48, 70, 99–102, 104, 119, 143, 153, 172, 178
subjectivité, 58, 88, 114, 136–37, 145, 149, 151, 164

tabou, 10, 28, 78, 166
témoignage, 5, 18–19, 25, 31–33, 38, 52, 56, 70, 85, 114, 134, 143, 146–47, 160, 171
    prostitution, 102
Tomkins, Silvan, 84
Tout le monde en parle
    Christine Angot (France), 12
    Nelly Arcan
        (France), 146, 164
        (Québec), 17, 22, 145, 169, 173–75, 177, 181
tragique, 62–63, 65–66, 69, 175
traumatisme, 3, 7–9, 12, 18, 32, 70, 78, 92–93, 151, 184
    constitution du sujet, 19, 81, 89, 94–95, 132
    inceste, 10, 14, 19, 26
    matricide, suivi du suicide du père, 8, 14, 20, 80–81, 86, 89, 94–95, 112–14, 121, 127, 129
    prostitution, 10, 14, 149, 156
travail du sexe. *Voir* prostitution: travail du sexe

vérité, 2, 5, 6–9, 36, 57, 66–67, 128–30, 135, 155, 168, 180, 183, 185
victime, 123, 134
    abus (psychologie), 93, 95, 98, 112, 115–16
    bourreau (et), 54, 98, 120, 172
    culpabilisation des victimes, 174
    exclusion, 48, 71

Index alphabétique

victime*(suite)*
    impératifs de beauté, 142, 177
    inceste, 15
    du lecteur, 35, 37
    des médias, du public, 27, 53, 56, 61, 68–69, 170
    prostitution, 101, 104, 109, 165, 168
victimisation, 22, 81, 94, 101–03, 109, 114, 134, 144, 160
violence, 16, 35, 62–63, 100–01, 156, 185
    cycle de, 53, 93, 121
    de l'écriture, 10, 44–45, 94, 97
    envers le lecteur, 53, 92, 96, 109
    faite aux femmes, 108, 149, 154, 156, 174
    inceste, 53
    mineure, 15–16
    physique, 8, 95, 115–16, 118, 128
    thème, 10, 135
    symbolique, 47
    victime, 22, 98, 134
voyeurisme (pulsion), 29, 53, 61–62, 70, 78, 114, 141, 168

Žižek, Slavoj, 145, 160–61

À propos du livre

Regardant les questions de témoignage, de confession, de traumatisme, de sexualité et de violence dans les œuvres (semi-)autobiographiques, ce livre explore la co-construction d'identités personnelles et collectives par des femmes écrivains à l'ère des médias et de l'autoreprésentation. À une époque où la littérature française est souvent accusée d'être égocentrique et trop narcissique, Mercédès Baillargeon avance que l'autofiction des femmes a été reçue avec controverse depuis le tournant du millénaire parce qu'elle perturbe les idées reçues à propos des identités nationale, de genre et de race, et parce qu'elle questionne la distinction entre fiction et autobiographie. En effet, Christine Angot, Chloé Delaume et Nelly Arcan se distinguent du reste de la production française actuelle, car elles cultivent une relation particulièrement tumultueuse avec leur public, à cause de la nature très personnelle, mais également politique de leurs textes (semi-)autobiographiques et à cause de leurs "performances" comme personnalité publique dans les médias. On y examine donc simultanément la façon dont les médias stigmatisent ces écrivaines ainsi que la manière dont ces dernières manipulent la culture médiatique comme une extension de leur œuvre littéraire. Ce livre analyse ainsi simultanément les implications textuelles et sociopolitiques qui sous-tendent la (dé)construction du sujet autofictionnel, et en particulier la façon dont ces écrivaines se redéfinissent constamment à travers la performance rendue possible par les médias et la technologie. De plus, ce travail soulève des questions importantes par rapport à la relation complexe qu'entretiennent les médias avec les femmes écrivains, en particulier celles qui discutent ouvertement de traumatisme, de sexualité et de violence, et qui reme également en question la distinction entre réalité et fiction. Cet ouvrage contribue à une meilleure compréhension des rapports de pouvoir mis en jeu dans l'autofiction, tant au niveau de la production que de la réception des œuvres. Privilégiant l'autofiction comme phénomène principalement français, cet ouvrage s'intéresse à la valeur politique de ce genre (semi-)autobiographique par-delà sa mort annoncée avec la disparition de la littérature engagée de l'après-guerre et des avant-gardes des années 50–60, dans le contexte français et francophone actuel, traversé par une crise des identités, le multiculturalisme et une redéfinition du nationalisme à travers l'écriture.

About the Book

Looking at questions of testimony, confession, trauma, sexuality, and violence in (semi-)autobiographical works, this book explores the co-construction of personal and collective identities by women writers in the age of self-disclosure and mass media. In a time when literature is accused of being self-centered and overly narcissistic, Mercédès Baillargeon argues that French women's autofiction since the turn of the millennium has been received with controversy because it disrupts readily accepted ideas about personal and national identities, gender and race, and fiction versus autobiography. Writers Christine Angot, Chloé Delaume, and Nelly Arcan, stand out from the rest of today's literary production because of their tumultuous relationship to the public, through their personal, yet highly political (semi-)autobiographical narratives, as well as through their performances as mediatic figures. This book analyzes concurrently the textual and sociopolitical implications that underlie the (de)construction of the autofictional subject, and particularly how these writers constantly redefine themselves through performance and self-fashioning made possible by media and technology. Moreover, this work raises important questions relating to the media's complicated relationship with women writers, especially those who discuss themes of trauma, sexuality, and violence, and who also question the distinction between fact and fiction. Proposing a new understanding of autofiction as a form of *littérature engagée*, this work contributes to a broader understanding of the French publishing establishment and of the literary field as a cultural institution, as well as new insight on shifting notions of identity, the Self, and nationalism in today's ever-changing and multicultural French context.

À propos de l'auteure

Mercédès Baillargeon est professeure adjointe de français et d'études francophones à l'Université du Maryland. Ses recherches portent principalement sur l'éthique, l'esthétique, et la politique des textes (semi-)autobiographiques des XXe et XXIe siècle, sur l'intersection entre espaces et discours publics et privés, et sur la (dé)construction des identités personnelles et collectives. Elle a contribué à plusieurs volumes, et a publié des articles dans les revues *Québec Studies, Women in French Studies* et *The Rocky Mountain Review of Language and Literature*. Elle coédite présentement un numéro spécial de la revue *Contemporary French Civilization* sur "Le transnationalisme du cinéma et des (nouveaux) médias québécois" avec Karine Bertrand (Queen's University, Kingston, Canada). Elle a également coédité un recueil d'essais sur la troisième vague féministe au Québec, *Remous, ressacs et dérivations autour de la troisième vague féministe*, publié aux Éditions du Remue-ménage en 2011. Sa recherche actuelle explore la question de (post/trans)nationalisme dans le cinéma québécois du nouveau millénaire.

About the Author

Mercédès Baillargeon is an assistant professor of French and Francophone Studies at the University of Maryland. Her research focuses on the aesthetics, ethics, and politics of twentieth- and twenty-first-century first-person narrative, the intersection between public/private spaces and discourses, and the (de)construction of personal and/or collective identities. She has contributed to several edited volumes, and has published in the journals *Québec Studies, Women in French Studies* and *The Rocky Mountain Review of Language and Literature*. She is coediting an upcoming special issue of the journal *Contemporary French Civilization* on "The Transnationalism of Québec Cinema and (New) Media" with Karine Bertrand (Queen's University, Kingston, Canada). She is also a coeditor for a collection of essays on third-wave feminism in Québec, *Remous, ressacs et dérivations autour de la troisième vague féministe*, published by Éditions du Remue-ménage in 2011. Her current research explores the question of (post/trans)nationalism in Québec cinema of the new millennium.

"Cet ouvrage, intelligent et actuel, magnifiquement écrit et résultat d'une recherche approfondie, se penche sur la manière dont Christine Angot, Chloé Delaume et Nelly Arcan négocient realité et fiction, refusant de céder à leur mise en boîte par les médias. Par l'entremise d'une lecture précise des œuvres, Baillargeon nous permet de saisir la profondeur des enjeux politiques entourant ces écritures autofictionnelles."
    Martine Delvaux, Université du Québec à Montréal

"A smart, timely, thoroughly researched and beautifully written book on how three female writers (Angot, Delaume and Arcan) negotiate reality and fiction, refusing to give in to a mainstream media conversation about them. Baillargeon allows us to grasp, through a careful reading of the writers' works, the politics of self-writing."
    Martine Delvaux, University of Quebec at Montreal

www.ingramcontent.com/pod-product-compliance
Lightning Source LLC
Chambersburg PA
CBHW061444300426
44114CB00014B/1827